EUROPEAN COMMISSION OF HUMAN RIGHTS

★

COMMISSION EUROPEENNE DES DROITS
DE L'HOMME

EUROPEAN COMMISSION OF HUMAN RIGHTS

✶

COMMISSION EUROPEENNE DES DROITS DE L'HOMME

DOCUMENTS *and/et* DECISIONS

1955 - 1956 - 1957

SPRINGER-SCIENCE+BUSINESS MEDIA, B.V. 1959

ISBN 978-94-017-7157-3 ISBN 978-94-017-7173-3 (eBook)
DOI 10.1007/978-94-017-7173-3

Originally published by Martinus Nijhoff, The Hague, Netherlands in 1959
Softcover reprint of the hardcover 1st edition 1959

Correspondence relating to this Yearbook should be addressed to:
Pour toute correspondance relative à cet Annuaire s'adresser à:

Directorate of Human Rights / Direction des Droits de l'Homme
Council of Europe / Conseil de l'Europe
Strasbourg, France / Strasbourg, France

INTRODUCTION

The Convention for the Protection of Human Rights and Fundamental Freedoms, which was signed in Rome on 4th November, 1950, by the Member States of the Council of Europe, came into force on 3rd September, 1953. The Protocol, signed in Paris on 20th March, 1952, came into force on 18th May, 1954.

Out of the fifteen Member States of the Council of Europe, fourteen are today bound by this legal instrument which subjects the rights and freedoms listed therein to a collective guarantee exercised under a single international control.

Apart from their obligations under the Convention in respect of applications by Member States, nine of the States which have ratified the Convention have now accepted the competence of the European Commission of Human Rights to receive individual applications. Eight Parties, moreover, recognised as compulsory the jurisdiction of the European Court of Human Rights.

Between 12th July, 1954, when the Commission held its first session, and the end of 1957, which is the end of the period covered by the present publication, some 300 individual applications and 2 State applications have been received by the Commission.

During the period covered by this first edition, the Commission drafted its decisions with comparative brevity. It has since become the Commission's practice to include in their decisions a much fuller statement of their reasoning and it will become even more apparent in future editions of the Yearbook that an international jurisprudence is being established which will provide an important contribution to international law.

In the case of several States, the Convention was by its ratification incorporated into the domestic legislations concerned. For others, particularly the Scandinavian and Anglo-Saxon countries, the Convention sets out the rules of international law to which the State is bound to conform in its municipal law, but the Convention itself is not an integral part of their municipal laws. A short introductory note is clearly not the place to discuss the numerous legal aspects of this very wide problem.

It is important to make known that there is not only a domestic jurisprudence in each country, but also, due to the Convention, an international jurisprudence which relates to the protection of the rights set out in the Convention.

It is essentially for this purpose that the present publication is being made: to make known, on the one hand, what rights and freedoms have been put by the Convention under the collective

INTRODUCTION

La Convention de sauvegarde des Droits de l'Homme et des Libertés fondamentales, signée à Rome le 4 novembre 1950 par les pays membres du Conseil de l'Europe, est entrée en vigueur le 3 septembre 1953. Son Protocole additionnel, signé à Paris le 20 mars 1952, est entré en vigueur le 18 mai 1954.

Aujourd'hui, quatorze des quinze États membres du Conseil sont liés par cet instrument juridique, qui soumet les droits et libertés y énumérés à une garantie collective exercée sous un contrôle solidaire international.

En dehors des recours étatiques prévus par la Convention, neuf des Etats qui ont ratifié la Convention ont à ce jour accepté la compétence de la Commission européenne des Droits de l'Homme à être saisie de requêtes individuelles. Huit ont, en outre, reconnu comme obligatoire la juridiction de la Cour européenne des Droits de l'Homme.

Du 12 juillet 1954, date à laquelle la Commission a tenu sa première session, jusqu'à la fin de 1957, date à laquelle s'arrête la présente publication, la Commission a été saisie de quelque 300 requêtes individuelles et de deux requêtes étatiques.

Au cours de la période couverte par cette première édition, la Commission a rédigé ses décisions sous une forme relativement concise. Depuis lors, elle s'est attachée à motiver ses décisions d'une manière beaucoup plus complète, et les futures éditions de l'Annuaire feront apparaître plus nettement encore l'établissement d'une jurisprudence internationale qui apportera une importante contribution au droit international.

En ce qui concerne plusieurs Etats, la Convention s'est trouvée, du fait de sa ratification, incorporée à leur législation interne. Pour d'autres, notamment pour les pays scandinaves et anglo-saxons, la Convention énonce des règles de droit international auxquelles l'Etat est tenu de conformer son droit interne, mais la Convention ne devient pas, en tant que telle, partie intégrante du droit national. Ce n'est évidemment pas le lieu, dans cette brève note liminaire, de discuter les nombreux aspects juridiques de ce très vaste problème.

Il importe de relever qu'en plus de la jurisprudence nationale de chaque pays, il existe maintenant, du fait de la Convention, une jurisprudence internationale relative à la sauvegarde des droits énumérés dans la Convention.

C'est essentiellement à ce souci que répond la présente publication: faire connaître, d'une part, quels sont les droits et libertés placés par la Convention sous la garantie collective des Parties guarantee of the Contracting Parties and, on the other hand, what are the conditions required for the operation of the various international instances established by the Convention. It is equally important to make known what are the effects of this legal instrument from the point of view of both national and international law.

It is necessary to emphasise this double effect of the Convention:

- the first resulting from the operation of the collective guarantee and from the decisions of the organs set up by the Convention;
- the second resulting from the direct application of the Convention by domestic tribunals without any intervention by the organs created by the Convention.

It appears that the Convention is little known to jurists in general and to practising lawyers in particular, even in those countries where it has been incorporated in the domestic legislations.

The drafting Committee, accordingly, feel that the publication of the instruments relating to the Convention, as contained in Chapter I, as well as of the jurisprudence of the Commission, should be of definite interest to lawyers both professional and academic and, generally, for all those who quite apart from the study of international law are interested in the basic question of the protection of human rights.

This first publication inevitably contains much basic information which will not be repeated in subsequent volumes and, owing to pressure of space, it has been found necessary to make a selection of decisions for printing while, in future, all the more important decisions of the Commission will be included in full. The drafting committee also hope to reproduce all decisions in English and French as being the two official languages of the Council of Europe and it is intended, for the convenience of readers, to precede each decision by a short paraphrase of its legal and factual substance. A chapter will also be included in future editions dealing with the status and application of the Convention in the countries of the High Contracting Parties.

Finally, the European Court of Human Rights will be set up in 1959, following the achievement in September, 1958, of the necessary minimum of acceptances of the optional competence, and it seems probable that the Yearbook of the Commission will be expanded so as also to act as the Yearbook of the Court. As the matter contained in this Yearbook will relate exclusively to the European Commission and the European Court, there is no fear of the present publication being duplicated by the United Nations Yearbook on Human Rights.

Strasbourg, 20th November, 1958.

Contractantes et, d'autre part, quelles sont les conditions requises pour avoir recours aux divers organes prévus par la Convention. Il convient également d'indiquer quels sont les effets de cet instrument juridique sous le double aspect du droit national et du droit international.

Il est nécessaire de souligner que la Convention exerce un double effet:

- le premier découle du fonctionnement de la garantie collective et des décisions des organes institués par la Convention;
- le second est dû à l'application directe de la Convention par les tribunaux nationaux, sans aucune intervention des organes créés par celle-ci.

Il faut admettre que la Convention est peu connue des juristes en général et des praticiens en particulier, même dans les pays qui l'ont incorporée dans leur législation interne.

Aussi le Comité de rédaction a-t-il estimé que la publication des actes relatifs à la Convention (Chapitre I) ainsi que de la jurisprudence de la Commission présenterait un intérêt certain pour les milieux judiciaires ou universitaires et, en général, pour tous ceux qui, abstraction faite des principes de droit international, s'intéressent au problème fondamental de la protection des Droits de l'Homme.

Cette première édition contient naturellement des textes fondamentaux qui ne seront pas reproduits dans les volumes suivants. D'autre part, il a fallu, pour ne pas sortir des limites assignées à l'ouvrage, opérer un choix parmi les décisions; cependant, à l'avenir, toutes les décisions les plus importantes de la Commission figureront intégralement à l'Annuaire. Le Comité de rédaction espère aussi pouvoir reproduire toutes les décisions en français et en anglais qui sont les deux langues officielles du Conseil de l'Europe et il est prévu que, pour la commodité du lecteur, chaque décision sera précédée d'un bref résumé des faits et de leurs aspects juridiques. Dans les futures éditions figurera également un chapitre indiquant la place qu'occupe la Convention dans le système juridique de chacune des Parties Contractantes.

Enfin, la Cour européenne des Droits de l'Homme sera instituée en 1959, le nombre minimum d'acceptations de sa compétence facultative ayant été atteint en septembre 1958. Aussi faudra-t-il élargir l'Annuaire de la Commission pour en faire également celui de la Cour. La matière traitée dans cet Annuaire concernant exclusivement la Commission et la Cour européennes, il n'y a pas lieu de craindre que la présente publication fasse double emploi avec l'Annuaire des Droits de l'Homme des Nations Unies.

Strasbourg, le 20 novembre 1958.

TABLE OF CONTENTS

TABLE DES MATIERES

BASIC TEXTS

A. EXTRACTS FROM THE STATUTE OF THE COUNCIL OF EUROPE

signed at London on 5th May, 1949

Clauses relating to Human Rights

Preamble

The Governments of the Kingdom of Belgium, the Kingdom of Denmark, the French Republic, the Irish Republic, the Italian Republic, the Grand Duchy of Luxembourg, the Kingdom of the Netherlands, the Kingdom of Norway, the Kingdom of Sweden and the United Kingdom of Great Britain and Northern Ireland,

. . . .

Reaffirming their devotion to the spiritual and moral values which are the common heritage of their peoples and the true source of individual freedom, political liberty and the rule of law, principles which form the basis of all genuine democracy;

. . . .

Article 1

(*a*) The aim of the Council of Europe is to achieve a greater unity between its Members for the purpose of safeguarding and realising the ideals and principles which are their common heritage and facilitating their economic and social progress.

(*b*) This aim shall be pursued through the organs of the Council by discussion of questions of common concern and by agreements and common action in economic, social, cultural, scientific, legal and administrative matters and in the maintenance and further realisation of human rights and fundamental freedoms.

. . . .

Article 3

Every Member of the Council of Europe must accept the principles of the rule of law and of the enjoyment by all persons within its jurisdiction of human rights and fundamental freedoms, and

TEXTES FONDAMENTAUX

A. EXTRAITS DU STATUT DU CONSEIL DE L'EUROPE

signé à Londres le 5 mai 1949

Clauses relatives aux Droits de l'Homme

Préambule

Les Gouvernements du Royaume de Belgique, du Royaume de Danemark, de la République française, de la République irlandaise, de la République italienne, du Grand-Duché de Luxembourg, du Royaume des Pays-Bas, du Royaume de Norvège, du Royaume de Suède et du Royaume-Uni de Grande-Bretagne et d'Irlande du Nord,

. . . .

Inébranlablement attachés aux valeurs spirituelles et morales qui sont le patrimoine commun de leurs peuples et qui sont à l'origine des principes de liberté individuelle, de liberté politique et de prééminence du Droit, sur lesquels se fonde toute démocratie véritable;

. . . .

Article 1er

(*a*) Le but du Conseil de l'Europe est de réaliser une union plus étroite entre ses Membres afin de sauvegarder et de promouvoir les idéaux et les principes qui sont leur patrimoine commun et de favoriser leur progrès économique et social.

(*b*) Ce but sera poursuivi au moyen des organes du Conseil, par l'examen des questions d'intérêt commun, par la conclusion d'accords et par l'adoption d'une action commune dans les domaines économique, social, culturel, scientifique, juridique et administratif, ainsi que par la sauvegarde et le développement des droits de l'homme et des libertés fondamentales.

. . . .

Article 3

Tout Membre du Conseil de l'Europe reconnaît le principe de la prééminence du Droit et le principe en vertu duquel toute personne placée sous sa juridiction doit jouir des droits de l'homme et des collaborate sincerely and effectively in the realisation of the aim of the Council as specified in Chapter I.

Article 4

Any European State which is deemed to be able and willing to fulfil the provisions of Article 3 may be invited to become a Member of the Council of Europe by the Committee of Ministers. Any State so invited shall become a Member on the deposit on its behalf with the Secretary-General of an instrument of accession to the present Statute.

. . . .

Article 8

Any Member of the Council of Europe which has seriously violated Article 3 may be suspended from its rights of representation and requested by the Committee of Ministers to withdraw under Article 7. If such Member does not comply with this request, the Committee may decide that it has ceased to be a Member of the Council as from such date as the Committee may determine.

. . . .

B. CONVENTION FOR THE PROTECTION OF HUMAN RIGHTS AND FUNDAMENTAL FREEDOMS

The Governments signatory hereto, being Members of the Council of Europe,

Considering the Universal Declaration of Human Rights proclaimed by the General Assembly of the United Nations on 10th December 1948;

Considering that this Declaration aims at securing the universal and effective recognition and observance of the Rights therein declared;

Considering that the aim of the Council of Europe is the achievement of greater unity between its Members and that one of the methods by which that aim is to be pursued is the maintenance and further realisation of Human Rights and Fundamental Freedoms;

Reaffirming their profound belief in those Fundamental Freedoms which are the foundation of justice and peace in the world and are best maintained on the one hand by an effective political democracy and on the other by a common understanding and observance of the Human Rights upon which they depend;

Being resolved, as the Governments of European countries which are likeminded and have a common heritage of political traditions, ideals, freedom and the rule of law, to take the first steps for the libertés fondamentales. Il s'engage à collaborer sincèrement et activement à la poursuite du but défini au chapitre Ier.

Article 4

Tout Etat européen considéré comme capable de se conformer aux dispositions de l'article 3, et comme en ayant la volonté, peut être invité par le Comité des Ministres à devenir Membre du Conseil de l'Europe. Tout Etat ainsi invité aura la qualité de Membre dès qu'un instrument d'adhésion au présent Statut aura été remis en son nom au Secrétaire Général.

. . . .

Article 8

Tout Membre du Conseil de l'Europe qui enfreint gravement les dispositions de l'article 3 peut être suspendu de son droit de représentation et invité par le Comité des Ministres à se retirer dans les conditions prévues à l'article 7. S'il n'est pas tenu compte de cette invitation, le Comité peut décider que le Membre dont il s'agit a cessé d'appartenir au Conseil à compter d'une date que le Comité fixe lui-même.

. . . .

B. CONVENTION DE SAUVEGARDE DES DROITS DE L'HOMME ET DES LIBERTES FONDAMENTALES

Les Gouvernements signataires, Membres du Conseil de l'Europe,

Considérant la Déclaration Universelle des Droits de l'homme, proclamée par l'Assemblée Générale des Nations Unies le 10 décembre 1948;

Considérant que cette Déclaration tend à assurer la reconnaissance et l'application universelles et effectives des droits qui y sont énoncés;

Considérant que le but du Conseil de l'Europe est de réaliser une union plus étroite entre ses Membres, et que l'un des moyens d'atteindre ce but est la sauvegarde et le développement des Droits de l'homme et des libertés fondamentales;

Réaffirmant leur profond attachement à ces libertés fondamentales qui constituent les assises mêmes de la justice et de la paix dans le monde et dont le maintien repose essentiellement sur un régime politique véritablement démocratique, d'une part, et d'autre part, sur une conception commune et un commun respect des Droits de l'homme dont ils se réclament;

Résolus, en tant que gouvernements d'Etats européens animés d'un même esprit et possédant un patrimoine commun d'idéal et de collective enforcement of certain of the Rights stated in the Universal Declaration;

Have agreed as follows:

Article 1

The High Contracting Parties shall secure to everyone within their jurisdiction the rights and freedoms defined in Section I of this Convention.

Section I

Article 2

(1) Everyone's right to life shall be protected by law. No one shall be deprived of his life intentionally save in the execution of a sentence of a court following his conviction of a crime for which this penalty is provided by law.

(2) Deprivation of life shall not be regarded as inflicted in contravention of this Article when it results from the use of force which is no more than absolutely necessary:

(*a*) in defence of any person from unlawful violence;

(*b*) in order to effect a lawful arrest or to prevent the escape of a person lawfully detained;

(*c*) in action lawfully taken for the purpose of quelling a riot or insurrection.

Article 3

No one shall be subjected to torture or to inhuman or degrading treatment or punishment.

Article 4

(1) No one shall be held in slavery or servitude.

(2) No one shall be required to perform forced or compulsory labour.

(3) For the purpose of this Article the term "forced or compulsory labour" shall not include:

(*a*) any work required to be done in the ordinary course of detention imposed according to the provisions of Article 5 of this Convention or during conditional release from such detention;

(*b*) any service of a military character or, in case of conscientious traditions politiques, de respect de la liberté et de prééminence du droit, à prendre les premières mesures propres à assurer la garantie collective de certains des droits énoncés dans la Déclaration Universelle;

Sont convenus de ce qui suit:

Article 1

Les Hautes Parties Contractantes reconnaissent à toute personne relevant de leur juridiction les droits et libertés définis au Titre I de la présente Convention.

Titre I

Article 2

1. Le droit de toute personne à la vie est protégé par la loi. La mort ne peut être infligée à quiconque intentionnellement, sauf en exécution d'une sentence capitale prononcée par un tribunal au cas où le délit est puni de cette peine par la loi.

2. La mort n'est pas considérée comme infligée en violation de cet article dans les cas où elle résulterait d'un recours à la force rendu absolument nécessaire:

a) pour assurer la défense de toute personne contre la violence illégale;

b) pour effectuer une arrestation régulière ou pour empêcher l'évasion d'une personne régulièrement détenue;

c) pour réprimer, conformément à la loi, une émeute ou une insurrection.

Article 3

Nul ne peut être soumis à la torture ni à des peines ou traitements inhumains ou dégradants.

Article 4

1. Nul ne peut être tenu en esclavage ni en servitude.

2. Nul ne peut être astreint à accomplir un travail forcé ou obligatoire.

3. N'est pas considéré comme "travail forcé ou obligatoire" au sens du présent article:

a) tout travail requis normalement d'une personne soumise à la détention dans les conditions prévues par l'article 5 de la présente Convention, ou durant sa mise en liberté conditionnelle;

b) tout service de caractère militaire ou, dans le cas d'objecteurs objectors in countries where they are recognised, service exacted instead of compulsory military service;

(*c*) any service exacted in case of an emergency or calamity threatening the life or well-being of the community;

(*d*) any work or service which forms part of normal civic obligations.

Article 5

(1) Everyone has the right to liberty and security of person.

No one shall be deprived of his liberty save in the following cases and in accordance with a procedure prescribed by law:

(*a*) the lawful detention of a person after conviction by a competent court;

(*b*) the lawful arrest or detention of a person for non-compliance with the lawful order of a court or in order to secure the fulfilment of any obligation prescribed by law;

(*c*) the lawful arrest or detention of a person effected for the purpose of bringing him before the competent legal authority on reasonable suspicion of having committed an offence or when it is reasonably considered necessary to prevent his committing an offence or fleeing after having done so;

(*d*) the detention of a minor by lawful order for the purpose of educational supervision or his lawful detention for the purpose of bringing him before the competent legal authority;

(*e*) the lawful detention of persons for the prevention of the spreading of infectious diseases, of persons of unsound mind, alcoholics or drug addicts or vagrants;

(*f*) the lawful arrest or detention of a person to prevent his effecting an unauthorised entry into the country or of a person against whom action is being taken with a view to deportation or extradition.

(2) Everyone who is arrested shall be informed promptly, in a language which he understands, of the reasons for his arrest and of any charge against him.

(3) Everyone arrested or detained in accordance with the provisions of paragraph 1 (*c*) of this Article shall be brought promptly before a judge or other officer authorised by law to exercise judicial power and shall be entitled to trial within a reasonable time or to release pending trial. Release may be conditioned by guarantees to appear for trial.

(4) Everyone who is deprived of his liberty by arrest or detention shall be entitled to take proceedings by which the lawfulness of his detention shall be decided speedily by a court and his release ordered if the detention is not lawful.

de conscience dans les pays où l'objection de conscience est reconnue comme légitime, à un autre service à la place du service militaire obligatoire;

c) tout service requis dans le cas de crises ou de calamités qui menacent la vie ou le bien-être de la communauté;

d) tout travail ou service formant partie des obligations civiques normales.

Article 5

1. Toute personne a droit à la liberté et à la sûreté. Nul ne peut être privé de sa liberté, sauf dans les cas suivants et selon les voies légales:

a) s'il est détenu régulièrement après condamnation par un tribunal compétent;

b) s'il a fait l'objet d'une arrestation ou d'une détention régulières pour insoumission à une ordonnance rendue, conformément à la loi, par un tribunal ou en vue de garantir l'exécution d'une obligation prescrite par la loi;

c) s'il a été arrêté et détenu en vue d'être conduit devant l'autorité judiciaire compétente, lorsqu'il y a des raisons plausibles de soupçonner qu'il a commis une infraction ou qu'il y a des motifs raisonnables de croire à la nécessité de l'empêcher de commettre une infraction ou de s'enfuir après l'accomplissement de celle-ci;

d) s'il s'agit de la détention régulière d'un mineur, décidée pour son éducation surveillée ou de sa détention régulière, afin de le traduire devant l'autorité compétente;

e) s'il s'agit de la détention régulière d'une personne susceptible de propager une maladie contagieuse, d'un aliéné, d'un alcoolique, d'un toxicomane ou d'un vagabond;

f) s'il s'agit de l'arrestation ou de la détention régulières d'une personne pour l'empêcher de pénétrer irrégulièrement dans le territoire, ou contre laquelle une procédure d'expulsion ou d'extradition est en cours.

2. Toute personne arrêtée doit être informée, dans le plus court délai et dans une langue qu'elle comprend, des raisons de son arrestation et de toute accusation portée contre elle.

3. Toute personne arrêtée ou détenue, dans les conditions prévues au paragraphe 1 *c*) du présent article, doit être aussitôt traduite devant un juge ou un autre magistrat habilité par la loi à exercer des fonctions judiciaires et a le droit d'être jugée dans un délai raisonnable, ou libérée pendant la procédure. La mise en liberté peut être subordonnée à une garantie assurant la comparution de l'intéressé à l'audience.

4. Toute personne privée de sa liberté par arrestation ou détention a le droit d'introduire un recours devant un tribunal, afin qu'il

(5) Everyone who has been the victim of arrest or detention in contravention of the provisions of this Article shall have an enforceable right to compensation.

Article 6

(1) In the determination of his civil rights and obligations or of any criminal charge against him, everyone is entitled to a fair and public hearing within a reasonable time by an independent and impartial tribunal established by law. Judgment shall be pronounced publicly but the press and public may be excluded from all or part of the trial in the interests of morals, public order or national security in a democratic society, where the interests of juveniles or the protection of the private life of the parties so require, or to the extent strictly necessary in the opinion of the court in special circumstances where publicity would prejudice the interests of justice.

(2) Everyone charged with a criminal offence shall be presumed innocent until proved guilty according to law.

(3) Everyone charged with a criminal offence has the following minimum rights:

(*a*) to be informed promptly, in a language which he understands and in detail, of the nature and cause of the accusation against him;

(*b*) to have adequate time and facilities for the preparation of his defence;

(*c*) to defend himself in person or through legal assistance of his own choosing or, if he has not sufficient means to pay for legal assistance, to be given it free when the interests of justice so require;

(*d*) to examine or have examined witnesses against him and to obtain the attendance and examination of witnesses on his behalf under the same conditions as witnesses against him;

(*e*) to have the free assistance of an interpreter if he cannot understand or speak the language used in court.

Article 7

(1) No one shall be held guilty of any criminal offence on account of any act or omission which did not constitute a criminal offence under national or international law at the time when it was committed. Nor shall a heavier penalty be imposed than the one that was applicable at the time the criminal offence was committed.

(2) This Article shall not prejudice the trial and punishment of

statue à bref délai sur la légalité de sa détention et ordonne sa libération si la détention est illégale.

5. Toute personne victime d'une arrestation ou d'une détention dans des conditions contraires aux dispositions de cet article a droit à réparation.

Article 6

1. Toute personne a droit à ce que sa cause soit entendue équitablement, publiquement et dans un délai raisonnable, par un tribunal indépendant et impartial, établi par la loi, qui décidera, soit des contestations sur ses droits et obligations de caractère civil, soit du bien-fondé de toute accusation en matière pénale dirigée contre elle. Le jugement doit être rendu publiquement, mais l'accès de la salle d'audience peut être interdit à la presse et au public pendant la totalité ou une partie du procès dans l'intérêt de la moralité, de l'ordre public ou de la sécurité nationale dans une société démocratique, lorsque les intérêts des mineurs ou la protection de la vie privée des parties au procès l'exigent, ou dans la mesure jugée strictement nécessaire par le tribunal, lorsque dans des circonstances spéciales la publicité serait de nature à porter atteinte aux intérêts de la justice.

2. Toute personne accusée d'une infraction est présumée innocente jusqu'à ce que sa culpabilité ait été légalement établie.

3. Tout accusé a droit notamment à:

a) être informé, dans le plus court délai, dans une langue qu'il comprend et d'une manière détaillée, de la nature et de la cause de l'accusation portée contre lui;

b) disposer du temps et des facilités nécessaires à la préparation de sa défense;

c) se défendre lui-même ou avoir l'assistance d'un défenseur de son choix et, s'il n'a pas les moyens de rémunérer un défenseur, pouvoir être assisté gratuitement par un avocat d'office, lorsque les intérêts de la justice l'exigent;

d) interroger ou faire interroger les témoins à charge et obtenir la convocation et l'interrogation des témoins à décharge dans les mêmes conditions que les témoins à charge;

e) se faire assister gratuitement d'un interprète, s'il ne comprend pas ou ne parle pas la langue employée à l'audience.

Article 7

1. Nul ne peut être condamné pour une action ou une omission qui, au moment où elle a été commise, ne constituait pas une infraction d'après le droit national ou international. De même il n'est infligé aucune peine plus forte que celle qui était applicable au moment où l'infraction a été commise.

2. Le présent article ne portera pas atteinte au jugement et à la

any person for any act or omission which, at the time when it was committed, was criminal according to the general principles of law recognised by civilised nations.

Article 8

(1) Everyone has the right to respect for his private and family life, his home and his correspondence.

(2) There shall be no interference by a public authority with the exercise of this right except such as is in accordance with the law and is necessary in a democratic society in the interests of national security, public safety or the economic well-being of the country, for the prevention of disorder or crime, for the protection of health or morals, or for the protection of the rights and freedoms of others.

Article 9

(1) Everyone has the right to freedom of thought, conscience and religion; this right includes freedom to change his religion or belief and freedom, either alone or in community with others and in public or private, to manifest his religion or belief, in worship, teaching, practice and observance.

(2) Freedom to manifest one's religion or beliefs shall be subject only to such limitations as are prescribed by law and are necessary in a democratic society in the interests of public safety, for the protection of public order, health or morals, or for the protection of the rights and freedoms of others.

Article 10

(1) Everyone has the right to freedom of expression. This right shall include freedom to hold opinions and to receive and impart information and ideas without interference by public authority and regardless of frontiers. This Article shall not prevent States from requiring the licensing of broadcasting, television or cinema enterprises.

(2) The exercise of these freedoms, since it carries with it duties and responsibilities, may be subject to such formalities, conditions, restrictions or penalties as are prescribed by law and are necessary in a democratic society, in the interests of national security, territorial integrity or public safety, for the prevention of disorder or crime, for the protection of health or morals, for the protection of the reputation or rights of others, for preventing the disclosure of information received in confidence, or for maintaining the authority and impartiality of the judiciary.

punition d'une personne coupable d'une action ou d'une omission qui, au moment où elle a été commise, était criminelle d'après les principes généraux de droit reconnus par les nations civilisées.

Article 8

1. Toute personne a droit au respect de sa vie privée et familiale, de son domicile et de sa correspondance.

2. Il ne peut y avoir ingérence d'une autorité publique dans l'exercice de ce droit que pour autant que cette ingérence est prévue par la loi et qu'elle constitue une mesure qui, dans une société démocratique, est nécessaire à la sécurité nationale, à la sûreté publique, au bien-être économique du pays, à la défense de l'ordre et à la prévention des infractions pénales, à la protection de la santé ou de la morale, ou à la protection des droits et libertés d'autrui.

Article 9

1. Toute personne a droit à la liberté de pensée, de conscience et de religion; ce droit implique la liberté de changer de religion ou de conviction, ainsi que la liberté de manifester sa religion ou sa conviction individuellement ou collectivement, en public ou en privé, par le culte, l'enseignement, les pratiques et l'accomplissement des rites.

2. La liberté de manifester sa religion ou ses convictions ne peut faire l'objet d'autres restrictions que celles qui, prévues par la loi, constituent des mesures nécessaires, dans une société démocratique, à la sécurité publique, à la protection de l'ordre, de la santé ou de la morale publiques, ou à la protection des droits et libertés d'autrui.

Article 10

1. Toute personne a droit à la liberté d'expression. Ce droit comprend la liberté d'opinion et la liberté de recevoir ou de communiquer des informations ou des idées sans qu'il puisse y avoir ingérence d'autorités publiques et sans considération de frontière. Le présent article n'empêche pas les Etats de soumettre les entreprises de radiodiffusion, de cinéma ou de télévision à un régime d'autorisations.

2. L'exercice de ces libertés comportant des devoirs et des responsabilités peut être soumis à certaines formalités, conditions, restrictions ou sanctions, prévues par la loi, qui constituent des mesures nécessaires, dans une société démocratique, à la sécurité nationale, à l'intégrité territoriale ou à la sûreté publique, à la défense de l'ordre et à la prévention du crime, à la protection de la santé ou de la morale, à la protection de la réputation ou des droits d'autrui, pour empêcher la divulgation d'informations confidentielles ou pour garantir l'autorité et l'impartialité du pouvoir judiciaire.

Article 11

(1) Everyone has the right to freedom of peaceful assembly and to freedom of association with others, including the right to form and to join trade unions for the protection of his interests.

(2) No restrictions shall be placed on the exercise of these rights other than such as are prescribed by law and are necessary in a democratic society in the interests of national security or public safety, for the prevention of disorder or crime, for the protection of health or morals or for the protection of the rights and freedoms of others. This Article shall not prevent the imposition of lawful restrictions on the exercise of these rights by members of the armed forces, of the police or of the administration of the State.

Article 12

Men and women of marriageable age have the right to marry and to found a family, according to the national laws governing the exercise of this right.

Article 13

Everyone whose rights and freedoms as set forth in this Convention are violated shall have an effective remedy before a national authority notwithstanding that the violation has been committed by persons acting in an official capacity.

Article 14

The enjoyment of the rights and freedoms set forth in this Convention shall be secured without discrimination on any ground such as sex, race, colour, language, religion, political or other opinion, national or social origin, association with a national minority, property, birth or other status.

Article 15

(1) In time of war or other public emergency threatening the life of the nation any High Contracting Party may take measures derogating from its obligations under this Convention to the extent strictly required by the exigencies of the situation, provided that such measures are not inconsistent with its other obligations under international law.

(2) No derogation from Article 2, except in respect of deaths resulting from lawful acts of war, or from Articles 3, 4 (paragraph 1) and 7 shall be made under this provision.

Article 11

1. Toute personne a droit à la liberté de réunion pacifique et à la liberté d'association, y compris le droit de fonder avec d'autres des syndicats et de s'affilier à des syndicats pour la défense de ses intérêts.

2. L'exercice de ces droits ne peut faire l'objet d'autres restrictions que celles qui, prévues par la loi, constituent des mesures nécessaires, dans une société démocratique, à la sécurité nationale, à la sûreté publique, à la défense de l'ordre et à la prévention du crime, à la protection de la santé ou de la morale, ou à la protection des droits et libertés d'autrui. Le présent article n'interdit pas que des restrictions légitimes soient imposées à l'exercice de ces droits par les membres des forces armées, de la police ou de l'administration de l'Etat.

Article 12

A partir de l'âge nubile, l'homme et la femme ont le droit de se marier et de fonder une famille selon les lois nationales régissant l'exercice de ce droit.

Article 13

Toute personne dont les droits et libertés reconnus dans la présente Convention ont été violés, a droit à l'octroi d'un recours effectif devant une instance nationale, alors même que la violation aurait été commise par des personnes agissant dans l'exercice de leurs fonctions officielles.

Article 14

La jouissance des droits et libertés reconnus dans la présente Convention doit être assurée, sans distinction aucune, fondée notamment sur le sexe, la race, la couleur, la religion, les opinions politiques ou toutes autres opinions, l'origine nationale ou sociale, l'appartenance à une minorité nationale, la fortune, la naissance ou toute autre situation.

Article 15

1. En cas de guerre ou en cas d'autre danger public menaçant la vie de la nation, toute Haute Partie Contractante peut prendre des mesures dérogeant aux obligations prévues par la présente Convention dans la stricte mesure où la situation l'exige et à la condition que ces mesures ne soient pas en contradiction avec les autres obligations découlant du droit international.

2. La disposition précédente n'autorise aucune dérogation à l'article 2, sauf pour le cas de décès résultant d'actes licites de guerre, et aux articles 3, 4 (paragraphe 1) et 7.

(3) Any High Contracting Party availing itself of this right of derogation shall keep the Secretary-General of the Council of Europe fully informed of the measures which it has taken and the reasons therefor. It shall also inform the Secretary-General of the Council of Europe when such measures have ceased to operate and the provisions of the Convention are again being fully executed.

Article 16

Nothing in Articles 10, 11 and 14 shall be regarded as preventing the High Contracting Parties from imposing restrictions on the political activity of aliens.

Article 17

Nothing in this Convention may be interpreted as implying for any State, group or person any right to engage in any activity or perform any act aimed at the destruction of any of the rights and frreedoms set forth herein or at their limitation to a greater extent than is provided for in the Convention.

Article 18

The restrictions permitted under this Convention to the said rights and freedoms shall not be applied for any purpose other than those for which they have been prescribed.

Section II

Article 19

To ensure the observance of the engagements undertaken by the High Contracting Parties in the present Convention, there shall be set up:

(1) A European Commission of Human Rights, hereinafter referred to as "the Commission";

(2) A European Court of Human Rights, hereinafter referred to as "the Court".

Section III

Article 20

The Commission shall consist of a number of members equal to that of the High Contracting Parties. No two members of the Commission may be nationals of the same State.

3. Toute Haute Partie Contractante qui exerce ce droit de dérogation tient le Secrétaire Général du Conseil de l'Europe pleinement informé des mesures prises et des motifs qui les ont inspirées. Elle doit également informer le Secrétaire Général du Conseil de l'Europe de la date à laquelle ces mesures ont cessé d'être en vigueur et les dispositions de la Convention reçoivent de nouveau pleine application.

Article 16

Aucune des dispositions des articles 10, 11 et 14 ne peut être considérée comme interdisant aux Hautes Parties Contractantes d'imposer des restrictions à l'activité politique des étrangers.

Article 17

Aucune des dispositions de la présente Convention ne peut être interprétée comme impliquant pour un Etat, un groupement ou un individu, un droit quelconque de se livrer à une activité ou d'accomplir un acte visant à la destruction des droits ou libertés reconnus dans la présente Convention ou à des limitations plus amples de ses droits et libertés que celles prévues à ladite Convention.

Article 18

Les restrictions qui, aux termes de la présente Convention, sont apportées auxdits droits et libertés ne peuvent être appliquées que dans le but pour lequel elles ont été prévues.

Titre II

Article 19

Afin d'assurer le respect des engagements résultant pour les Hautes Parties Contractantes de la présente Convention, il est institué:

a) une Commission européenne des Droits de l'homme, ci-dessous nommée ,,la Commission'';

b) une Cour européenne des Droits de l'homme, ci-dessous nommée "la Cour".

Titre III

Article 20

La Commission se compose d'un nombre de membres égal à celui des Hautes Parties Contractantes. La Commission ne peut comprendre plus d'un ressortissant du même Etat.

Article 21

(1) The members of the Commission shall be elected by the Committee of Ministers by an absolute majority of votes, from a list of names drawn up by the Bureau of the Consultative Assembly; each group of the Representatives of the High Contracting Parties in the Consultative Assembly shall put forward three candidates, of whom two at least shall be its nationals.

(2) As far as applicable, the same procedure shall be followed to complete the Commission in the event of other States subsequently becoming Parties to this Convention, and in filling casual vacancies.

Article 22

(1) The members of the Commission shall be elected for a period of six years. They may be re-elected. However, of the members elected at the first election, the terms of seven members shall expire at the end of three years.

(2) The members whose terms are to expire at the end of the initial period of three years shall be chosen by lot by the Secretary-General of the Council of Europe immediately after the first election has been completed.

(3) A member of the Commission elected to replace a member whose term of office has not expired shall hold office for the remainder of his predecessor's term.

(4) The members of the Commission shall hold office until replaced. After having been replaced, they shall continue to deal with such cases as they already have under consideration.

Article 23

The members of the Commission shall sit on the Commission in their individual capacity.

Article 24

Any High Contracting Party may refer to the Commission, through the Secretary-General of the Council of Europe, any alleged breach of the provisions of the Convention by another High Contracting Party.

Article 25

(1) The Commission may receive petitions addressed to the Secretary-General of the Council of Europe from any person, non-governmental organisation or group of individuals claiming to be the victim of a violation by one of the High Contracting Parties of the

Article 21

1. Les membres de la Commission sont élus par le Comité des Ministres à la majorité absolue des voix, sur une liste de noms dressée par le Bureau de l'Assemblée Consultative; chaque groupe de représentants des Hautes Parties Contractantes à l'Assemblée Consultative présente trois candidats dont deux au moins seront de sa nationalité.

2. Dans la mesure où elle est applicable, la même procédure est suivie pour compléter la Commission au cas où d'autres Etats deviendraient ultérieurement Parties à la présente Convention, et pour pourvoir aux sièges devenus vacants.

Article 22

1. Les membres de la Commission sont élus pour une durée de six ans. Ils sont rééligibles. Toutefois, en ce qui concerne les membres désignés à la première élection, les fonctions de sept membres prendront fin au bout de trois ans.

2. Les membres dont les fonctions prendront fin au terme de la période initiale de trois ans, sont désignés par tirage au sort effectué par le Secrétaire Général du Conseil de l'Europe immédiatement après qu'il aura été procédé à la première élection.

3. Le membre de la Commission élu en remplacement d'un membre dont le mandat n'est pas expiré achève le terme du mandat de son prédécesseur.

4. Les membres de la Commission restent en fonctions jusqu'à leur remplacement. Après ce remplacement, ils continuent de connaître des affaires dont ils sont déjà saisis.

Article 23

Les membres de la Commission siègent à la Commission à titre individuel.

Article 24

Toute Partie Contractante peut saisir la Commission, par l'intermédiaire du Secrétaire Général du Conseil de l'Europe, de tout manquement aux dispositions de la présente Convention qu'elle croira pouvoir être imputé à une autre Partie Contractante.

Article 25

1. La Commission peut être saisie d'une requête adressée au Secrétaire Général du Conseil de l'Europe par toute personne physique, toute organisation non gouvernementale ou tout groupe de particuliers, qui se prétend victime d'une violation par l'une des

rights set forth in this Convention, provided that the High Contracting Party against which the complaint has been lodged has declared that it recognises the competence of the Commission to receive such petitions. Those of the High Contracting Parties who have made such a declaration undertake not to hinder in any way the effective exercise of this right.

(2) Such declarations may be made for a specific period.

(3) The declarations shall be deposited with the Secretary-General of the Council of Europe who shall transmit copies thereof to the High Contracting Parties and publish them.

(4) The Commission shall only exercise the powers provided for in this Article when at least six High Contracting Parties are bound by declarations made in accordance with the preceding paragraphs.

Article 26

The Commission may only deal with the matter after all domestic remedies have been exhausted, according to the generally recognised rules of international law, and within a period of six months from the date on which the final decision was taken.

Article 27

(1) The Commission shall not deal with any petition submitted under Article 25 which

(*a*) is anonymous, or

(*b*) is substantially the same as a matter which has already been examined by the Commission or has already been submitted to another procedure of international investigation or settlement and if it contains no relevant new information.

(2) The Commission shall consider inadmissible any petition submitted under Article 25 which it considers incompatible with the provisions of the present Convention, manifestly ill-founded, or an abuse of the right of petition.

(3) The Commission shall reject any petition referred to it which it considers inadmissible under Article 26.

Article 28

In the event of the Commission accepting a petition referred to it:

(*a*) it shall, with a view to ascertaining the facts, undertake together with the representatives of the parties an examination of the petition and, if need be, an investigation, for the effective conduct of which the States concerned shall furnish all necessary facilities, after an exchange of views with the Commission;

(*b*) it shall place itself at the disposal of the parties concerned with

Hautes Parties Contractantes des droits reconnus dans la présente Convention, dans le cas où la Haute Partie Contractante mise en cause a déclaré reconnaître la compétence de la Commission dans cette matière. Les Hautes Parties Contractantes ayant souscrit une telle déclaration s'engagent à n'entraver par aucune mesure l'exercice efficace de ce droit.

2. Ces déclarations peuvent être faites pour une durée déterminée.

3. Elles sont remises au Secrétaire Général du Conseil de l'Europe, qui en transmet copies aux Hautes Parties Contractantes et en assure la publication.

4. La Commission n'exercera la compétence qui lui est attribuée par le présent article que lorsque six Hautes Parties Contractantes au moins se trouveront liées par la déclaration prévue aux paragraphes précédents.

Article 26

La Commission ne peut être saisie qu'après l'épuisement des voies de recours internes, tel qu'il est entendu selon les principes de droit international généralement reconnus et dans le délai de six mois, à partir de la date de la décision interne définitive.

Article 27

1. La Commission ne retient aucune requête introduite par application de l'article 25, lorsque:

a) elle est anonyme;

b) elle est essentiellement la même qu'une requête précédemment examinée par la Commission ou déjà soumise à une autre instance internationale d'enquête ou de règlement et si elle ne contient pas de faits nouveaux.

2. La Commission déclare irrecevable toute requête introduite par application de l'article 25, lorsqu'elle estime la requête incompatible avec les dispositions de la présente Convention, manifestement mal fondée ou abusive.

3. La Commission rejette toute requête qu'elle considère comme irrecevable par application de l'article 26.

Article 28

Dans le cas où la Commission retient la requête:

a) afin d'établir les faits, elle procède à un examen contradictoire de la requête avec les représentants des parties et, s'il y a lieu, à une enquête pour la conduite efficace de laquelle les Etats intéressés fourniront toutes facilités nécessaires, après échange de vues avec la Commission;

b) elle se met à la disposition des intéressés en vue de parvenir à a view to securing a friendly settlement of the matter on the basis of respect for Human Rights as defined in this Convention.

Article 29

(1) The Commission shall perform the functions set out in Article 28 by means of a Sub-Commission consisting of seven members of the Commission.

(2) Each of the parties concerned may appoint as members of this Sub-Commission a person of its choice.

(3) The remaining members shall be chosen by lot in accordance with arrangements prescribed in the Rules of Procedure of the Commission.

Article 30

If the Sub-Commission succeeds in effecting a friendly settlement in accordance with Article 28, it shall draw up a Report which shall be sent to the States concerned, to the Committee of Ministers and to the Secretary-General of the Council of Europe for publication. This Report shall be confined to a brief statement of the facts and of the solution reached.

Article 31

(1) If a solution is not reached, the Commission shall draw up a Report on the facts and state its opinion as to whether the facts found disclose a breach by the State concerned of its obligations under the Convention. The opinions of all the members of the Commission on this point may be stated in the Report.

(2) The Report shall be transmitted to the Committee of Ministers. It shall also be transmitted to the States concerned, who shall not be at liberty to publish it.

(3) In transmitting the Report to the Committee of Ministers the Commission may make such proposals as it thinks fit.

Article 32

(1) If the question is not referred to the Court in accordance with Article 48 of this Convention within a period of three months from the date of the transmission of the Report to the Commitee of Ministers, the Committee of Ministers shall decide by a majority of two-thirds of the members entitled to sit on the Committee whether there has been a violation of the Convention.

(2) In the affirmative case the Committee of Ministers shall prescribe a period during which the High Contracting Party concerned must take the measures required by the decision of the Committee of Ministers.

un règlement amiable de l'affaire qui s'inspire du respect des Droits de l'homme, tel que les reconnaît la présente Convention.

Article 29

1. La Commission remplit les fonctions prévues à l'article 28 au moyen d'une sous-commission composée de sept membres de la Commission.

2. Chaque intéressé peut désigner un membre de son choix pour faire partie de la sous-commission.

3. Les autres membres sont désignés par tirage au sort, conformément aux dispositions prévues par le règlement intérieur de la Commission.

Article 30

Si elle parvient à obtenir un règlement amiable, conformément à l'article 28, la sous-commission dresse un rapport qui est transmis aux Etats intéressés, au Comité des Ministres et au Secrétaire Général du Conseil de l'Europe, aux fins de publication. Ce rapport se limite à un bref exposé des faits et de la solution adoptée.

Article 31

1. Si une solution n'a pu intervenir, la Commission rédige un rapport dans lequel elle constate les faits et formule un avis sur le point de savoir si les faits constatés révèlent, de la part de l'Etat intéressé, une violation des obligations qui lui incombent aux termes de la Convention. Les opinions de tous les membres de la Commission sur ce point peuvent être exprimées dans ce rapport.

2. Le rapport est transmis au Comité des Ministres; il est également communiqué aux Etats intéressés, qui n'ont pas la faculté de le publier.

3. En transmettant le rapport au Comité des Ministres, la Commission peut formuler les propositions qu'elle juge appropriées.

Article 32

1. Si, dans un délai de trois mois à dater de la transmission au Comité des Ministres du rapport de la Commission, l'affaire n'est pas déférée à la Cour par application de l'article 48 de la présente Convention, le Comité des Ministres prend, par un vote à la majorité des deux tiers des représentants ayant le droit de siéger au Comité, une décision sur la question de savoir s'il y a eu ou non une violation de la Convention.

2. Dans l'affirmative, le Comité des Ministres fixe un délai dans lequel la Haute Partie Contractante intéressée doit prendre les mesures qu'entraîne la décision du Comité des Ministres.

(3) If the High Contracting Party concerned has not taken satisfactory measures within the prescribed period, the Committee of Ministers shall decide by the majority provided for in paragraph (1) above what effect shall be given to its original decision and shall publish the Report.

(4) The High Contracting Parties undertake to regard as binding on them any decision which the Committee of Ministers may take in application of the preceding paragraphs.

Article 33

The Commission shall meet in camera.

Article 34

The Commission shall take its decisions by a majority of the Members present and voting; the Sub-Commission shall take its decisions by a majority of its members.

Article 35

The Commission shall meet as the circumstances require. The meetings shall be convened by the Secretary-General of the Council of Europe.

Article 36

The Commission shall draw up its own rules of procedure.

Article 37

The secretariat of the Commission shall be provided by the Secretary-General of the Council of Europe.

Section IV

Article 38

The European Court of Human Rights shall consist of a number of judges equal to that of the Members of the Council of Europe. No two judges may be nationals of the same State.

Article 39

(1) The members of the Court shall be elected by the Consultative Assembly by a majority of the votes cast from a list of persons nominated by the Members of the Council of Europe; each Member shall nominate three candidates, of whom two at least shall be its nationals.

(2) As for as applicable, the same procedure shall be followed to

3. Si la Haute Partie Contractante intéressée n'a pas adopté des mesures satisfaisantes dans le délai imparti, le Comité des Ministres donne à sa décision initiale, par la majorité prévue au paragraphe 1 ci-dessus, les suites qu'elle comporte et publie le rapport.

4. Les Hautes Parties Contractantes s'engagent à considérer comme obligatoire pour elles toute décision que le Comité des Ministres peut prendre en application des paragraphes précédents.

Article 33

La Commission siège à huis clos.

Article 34

Les décisions de la Commission sont prises à la majorité des membre présents et votant; les décisions de la sous-commission sont prises à la majorité de ses membres.

Article 35

La Commission se réunit lorsque les circonstances l'exigent. Elle est convoquée par le Secrétaire Général du Conseil de l'Europe.

Article 36

La Commission établit son règlement intérieur.

Article 37

Le secrétariat de la Commission est assuré par le Secrétaire Général du Conseil de l'Europe.

Titre IV

Article 38

La Cour européenne des Droits de l'homme se compose d'un nombre de juges égal à celui des Membres du Conseil de l'Europe. Elle ne peut comprendre plus d'un ressortissant d'un même État.

Article 39

1. Les membres de la Cour sont élus par l'Assemblée Consultative à la majorité des voix exprimées sur une liste de personnes présentée par les Membres du Conseil de l'Europe, chacun de ceux-ci devant présenter trois candidats, dont deux au moins de sa nationalité.

2. Dans la mesure où elle est applicable, la même procédure est suivie pour compléter la Cour en cas d'admission de nouveaux

complete the Court in the event of the admission of new Members of the Council of Europe, and in filling casual vacancies.

(3) The candidates shall be of high moral character and must either possess the qualifications required for appointment to high judicial office or be jurisconsults of recognised competence.

Article 40

(1) The members of the Court shall be elected for a period of nine years. They may be re-elected. However, of the members elected at the first election the terms of four members shall expire at the end of three years, and the terms of four more members shall expire at the end of six years.

(2) The members whose terms are to expire at the end of the initial periods of three and six years shall be chosen by lot by the Secretary-General immediately after the first election has been completed.

(3) A member of the Court elected to replace a member whose term of office has not expired shall hold office for the remainder of his predecessor's term.

(4) The members of the Court shall hold office until replaced. After having been replaced, they shall continue to deal with such cases as they already have under consideration.

Article 41

The Court shall elect its President and Vice-President for a period of three years. They may be re-elected.

Article 42

The members of the Court shall receive for each day of duty a compensation to be determined by the Committee of Ministers.

Article 43

For the consideration of each case brought before it the Court shall consist of a Chamber composed of seven judges. There shall sit as an ex officio member of the Chamber the judge who is a national of any State party concerned, or, if there is none, a person of its choice who shall sit in the capacity of judge; the names of the other judges shall be chosen by lot by the President before the opening of the case.

Article 44

Only the High Contracting Parties and the Commission shall have the right to bring a case before the Court.

Membres au Conseil de l'Europe, et pour pourvoir aux sièges devenus vacants.

3. Les candidats devront jouir de la plus haute considération morale et réunir les conditions requises pour l'exercice de hautes fonctions judiciaires ou être des jurisconsultes possédant une compétence notoire.

Article 40

1. Les membres de la Cour sont élus pour une durée de neuf ans. Ils sont rééligibles. Toutefois, en ce qui concerne les membres désignés à la première élection, les fonctions de quatre des membres prendront fin au bout de trois ans, celles de quatre autres membres prendront fin au bout de six ans.

2. Les membres dont les fonctions prendront fin au terme des périodes initiales de trois et six ans, sont désignés par tirage au sort effectué par le Secrétaire Général du Conseil de l'Europe, immédiatement après qu'il aura été procédé à la première élection.

3. Le membre de la Cour élu en remplacement d'un membre dont le mandat n'est pas expiré achève le terme du mandat de son prédécesseur.

4. Les membres de la Cour restent en fonctions jusqu'à leur remplacement. Après ce remplacement, ils continuent de connaître des affaires dont ils sont déjà saisis.

Article 41

La Cour élit son Président et son Vice-Président pour une durée de trois ans. Ceux-ci sont rééligibles.

Article 42

Les membres de la Cour reçoivent une indemnité par jour de fonctions, à fixer par le Comité des Ministres.

Article 43

Pour l'examen de chaque affaire portée devant elle, la Cour est constituée en une Chambre composée de sept juges. En feront partie d'office le juge ressortissant de tout Etat intéressé ou, à défaut, une personne de son choix pour siéger en qualité de juge; les noms des autres juges sont tirés au sort, avant le début de l'examen de l'affaire, par les soins du Président.

Article 44

Seules les Hautes Parties Contractantes et la Commission ont qualité pour se présenter devant la Cour.

Article 45

The jurisdiction of the Court shall extend to all cases concerning the interpretation and application of the present Convention which the High Contracting Parties or the Commission shall refer to it in accordance with Article 48.

Article 46

(1) Any of the High Contracting Parties may at any time declare that it recognises as compulsory *ipso facto* and without special agreement the jurisdiction of the Court in all matters concerning the interpretation and application of the present Convention.

(2) The declarations referred to above may be made unconditionally or on condition of reciprocity on the part of several or certain other High Contracting Parties or for a specified period.

(3) These declarations shall be deposited with the Secretary-General of the Council of Europe who shall transmit copies thereof to the High Contracting Parties.

Article 47

The Court may only deal with a case after the Commission has acknowledged the failure of efforts for a friendly settlement and within the period of three months provided for in Article 32.

Article 48

The following may bring a case before the Court, provided that the High Contracting Party concerned, if there is only one, or the High Contracting Parties concerned, if there is more than one, are subject to the compulsory jurisdiction of the Court or, failing that, with the consent of the High Contracting Party concerned, if there is only one, or of the High Contracting Parties concerned if there is more than one:

(*a*) the Commission;

(*b*) a High Contracting Party whose national is alleged to be a victim;

(*c*) a High Contracting Party which referred the case to the Commission;

(*d*) a High Contracting Party against which the complaint has been lodged.

Article 49

In the event of dispute as to whether the Court has jurisdiction, the matter shall be settled by the decision of the Court.

Article 45

La compétence de la Cour s'étend à toutes les affaires concernant l'interprétation et l'application de la présente Convention que les Hautes Parties Contractantes ou la Commission lui soumettront, dans les conditions prévues par l'article 48.

Article 46

1. Chacune des Hautes Parties Contractantes peut, à n'importe quel moment, déclarer reconnaître comme obligatoire de plein droit et sans convention spéciale, la juridiction de la Cour sur toutes les affaires concernant l'interprétation et l'application de la présente Convention.

2. Les déclarations ci-dessus visées pourront être faites purement et simplement ou sous condition de réciprocité de la part de plusieurs ou de certaines autres Parties Contractantes ou pour une durée déterminée.

3. Ces déclarations seront remises au Secrétaire Général du Conseil de l'Europe qui en transmettra copie aux Hautes Parties Contractantes.

Article 47

La Cour ne peut être saisie d'une affaire qu'après la constatation, par la Commission, de l'échec du règlement amiable et dans le délai de trois mois prévu à l'article 32.

Article 48

A la condition que la Haute Partie Contractante intéressée, s'il n'y en a qu'une, ou les Hautes Parties Contractantes intéressées, s'il y en a plus d'une, soient soumises à la juridiction obligatoire de la Cour ou, à défaut, avec le consentement ou l'agrément de la Haute Partie Contractante intéressée, s'il n'y en a qu'une, ou des Hautes Parties Contractantes intéressées, s'il y en a plus d'une, la Cour peut être saisie:

a) par la Commission;

b) par une Haute Partie Contractante dont la victime est le ressortissant;

c) par une Haute Partie Contractante qui a saisi la Commission;

d) par une Haute Partie Contractante mise en cause.

Article 49

En cas de contestation sur le point de savoir si la Cour est compétente, la Cour décide.

Article 50

If the Court finds that a decision or a measure taken by a legal authority or any other authority of a High Contracting Party is completely or partially in conflict with the obligations arising from the present Convention, and if the internal law of the said Party allows only partial reparation to be made for the consequences of this decision or measure, the decision of the Court shall, if necessary, afford just satisfaction to the injured party.

Article 51

(1) Reasons shall be given for the judgment of the Court.

(2) If the judgment does not represent in whole or in part the unanimous opinion of the judges, any judge shall be entitled to deliver a separate opinion.

Article 52

The judgment of the Court shall be final.

Article 53

The High Contracting Parties undertake to abide by the decision of the Court in any case to which they are parties.

Article 54

The judgment of the Court shall be transmitted to the Committee of Ministers which shall supervise its execution.

Article 55

The Court shall draw up its own rules and shall determine its own procedure.

Article 56

(1) The first election of the members of the Court shall take place after the declarations by the High Contracting Parties mentioned in Article 46 have reached a total of eight.

(2) No case can be brought before the Court before this election.

Section V

Article 57

On receipt of a request from the Secretary-General of the Council

Article 50

Si la décision de la Cour déclare qu'une décision prise ou une mesure ordonnée par une autorité judiciaire ou toute autre autorité d'une Partie Contractante se trouve entièrement ou partiellement en opposition avec des obligations découlant de la présente Convention, et si le droit interne de ladite Partie ne permet qu'imparfaitement d'effacer les conséquences de cette décision ou de cette mesure, la décision de la Cour accorde, s'il y a lieu, à la partie lésée une satisfaction équitable.

Article 51

1. L'arrêt de la Cour est motivé.
2. Si l'arrêt n'exprime pas en tout ou en partie l'opinion unanime des juges, tout juge aura le droit d'y joindre l'exposé de son opinion individuelle.

Article 52

L'arrêt de la Cour est définitif.

Article 53

Les Hautes Parties Contractantes s'engagent à se conformer aux décisions de la Cour dans les litiges auxquels elles sont parties.

Article 54

L'arrêt de la Cour est transmis au Comité des Ministres qui en surveille l'exécution.

Article 55

La Cour établit son règlement et fixe sa procédure.

Article 56

1. La première élection des membres de la Cour aura lieu après que les déclarations des Hautes Parties Contractantes visées à l'article 46 auront atteint le nombre de huit.
2. La Cour ne peut être saisie avant cette élection.

Titre V

Article 57

Toute Haute Partie Contractante fournira sur demande du

of Europe any High Contracting Party shall furnish an explanation of the manner in which its internal law ensures the effective implementation of any of the provisions of this Convention.

Article 58

The expenses of the Commission and the Court shall be borne by the Council of Europe.

Article 59

The members of the Commission and of the Court shall be entitled, during the discharge of their functions, to the privileges and immunities provided for in Article 40 of the Statute of the Council of Europe and in the agreements made thereunder.

Article 60

Nothing in this Convention shall be construed as limiting or derogating from any of the human rights and fundamental freedoms which may be ensured under the laws of any High Contracting Party or under any other agreement to which it is a Party.

Article 61

Nothing in this Convention shall prejudice the powers conferred on the Committee of Ministers by the Statute of the Council of Europe.

Article 62

The High Contracting Parties agree that, except by special agreement, they will not avail themselves of treaties, conventions or declarations in force between them for the purpose of submitting, by way of petition, a dispute arising out of the interpretation or application of this Convention to a means of settlement other than those provided for in this Convention.

Article 63

(1) Any State may at the time of its ratification or at any time thereafter declare by notification addressed to the Secretary-General of the Council of Europe that the present Convention shall extend to all or any of the territories for whose international relations it is responsible.

(2) The Convention shall extend to the territory or territories named in the notification as from the thirtieth day after the receipt

Secrétaire Général du Conseil de l'Europe les explications requises sur la manière dont son droit interne assure l'application effective de toute les dispositions de cette Convention.

Article 58

Les dépenses de la Commission et de la Cour sont à la charge du Conseil de l'Europe.

Article 59

Les membres de la Commission et de la Cour jouissent, pendant l'exercice de leurs fonctions, des privilèges et immunités prévus à l'article 40 du Statut du Conseil de l'Europe et dans les Accords conclus en vertu de cet article.

Article 60

Aucune des dispositions de la présente Convention ne sera interprétée comme limitant ou portant atteinte aux Droits de l'homme et aux libertés fondamentales qui pourraient être reconnus conformément aux lois de toute Partie Contractante ou à toute autre Convention à laquelle cette Partie Contractante est partie.

Article 61

Aucune disposition de la présente Convention ne porte atteinte aux pouvoirs conférés au Comité des Ministres par le Statut du Conseil de l'Europe.

Article 62

Les Hautes Parties Contractantes renoncent réciproquement, sauf compromis spécial, à se prévaloir des traités, conventions ou déclarations existant entre elles, en vue de soumettre, par voie de requête, un différend né de l'interprétation ou de l'application de la présente Convention à un mode de règlement autre que ceux prévus par ladite Convention.

Article 63

1. Tout Etat peut, au moment de la ratification ou à tout autre moment par la suite, déclarer, par notification adressée au Secrétaire Général du Conseil de l'Europe, que la présente Convention s'appliquera à tous les territoires ou à l'un quelconque des territoires dont il assure les relations internationales.

2. La Convention s'appliquera au territoire ou aux territoires désignés dans la notification à partir du trentième jour qui suivra

of this notification by the Secretary-General of the Council of Europe.

(3) The provisions of this Convention shall be applied in such territories with due regard, however, to local requirements.

(4) Any State which has made a declaration in accordance with paragraph 1 of this Article may at any time thereafter declare on behalf of one or more of the territories to which the declaration relates that it accepts the competence of the Commission to receive petitions from individuals, non-governmental organisations or groups of individuals in accordance with Article 25 of the present Convention.

Article 64

(1) Any State may, when signing this Convention or when depositing its instrument of ratification, make a reservation in respect of any particular provision of the Convention to the extent that any law then in force in its territory is not in conformity with the provision. Reservations of a general character shall not be permitted under this Article.

(2) Any reservation made under this Article shall contain a brief statement of the law concerned.

Article 65

(1) A High Contracting Party may denounce the present Convention only after the expiry of five years from the date on which it became a Party to it and after six months' notice contained in a notification addressed to the Secretary-General of the Council of Europe, who shall inform the other High Contracting Parties.

(2) Such a denunciation shall not have the effect of releasing the High Contracting Party concerned from its obligations under this Convention in respect of any act which, being capable of constituting a violation of such obligations, may have been performed by it before the date at which the denunciation became effective.

(3) Any High Contracting Party which shall cease to be a Member of the Council of Europe shall cease to be a Party to this Convention under the same conditions.

(4) The Convention may be denounced in accordance with the provisions of the preceding paragraphs in respect of any territory to which it has been declared to extend under the terms of Article 63.

Article 66

(1) This Convention shall be open to the signature of the Members of the Council of Europe. It shall be ratified. Ratifications shall be

la date à laquelle le Secrétaire Général du Conseil de l'Europe aura reçu cette notification.

3. Dans lesdits territoires les dispositions de la présente Convention seront appliquées en tenant compte des nécessités locales.

4. Tout Etat qui a fait une déclaration conformément au premier paragraphe de cet article, peut, à tout moment par la suite, déclarer relativement à un ou plusieurs des territoires visés dans cette déclaration qu'il accepte la compétence de la Commission pour connaître des requêtes de personnes physiques, d'organisations non gouvernementales ou de groupes de particuliers conformément à l'article 25 de la présente Convention.

Article 64

1. Tout Etat peut, au moment de la signature de la présente Convention ou du dépôt de son instrument de ratification, formuler une réserve au sujet d'une disposition particulière de la Convention, dans la mesure où une loi alors en vigueur sur son territoire n'est pas conforme à cette disposition. Les réserves de caractère général ne sont pas autorisées aux termes du présent article.

2. Toute réserve émise conformément au présent article comporte un bref exposé de la loi en cause.

Article 65

1. Une Haute Partie Contractante ne peut dénoncer la présente Convention qu'après l'expiration d'un délai de cinq ans à partir de la date d'entrée en vigueur de la Convention à son égard et moyennant un préavis de six mois, donné par une notification adressée au Secrétaire Général du Conseil de l'Europe, qui en informe les autres Parties Contractantes.

2. Cette dénonciation ne peut avoir pour effet de délier la Haute Partie Contractante intéressée des obligations contenues dans la présente Convention en ce qui concerne tout fait qui, pouvant constituer une violation de ces obligations, aurait été accompli par elle antérieurement à la date à laquelle la dénonciation produit effet.

3. Sous la même réserve cesserait d'être Partie à la présente Convention toute Partie Contractante qui cesserait d'être Membre du Conseil de l'Europe.

4. La Convention peut être dénoncée conformément aux dispositions des paragraphes précédents en ce qui concerne tout territoire auquel elle a été déclarée applicable aux termes de l'article 63.

Article 66

1. La présente Convention est ouverte à la signature des Membres du Conseil de l'Europe. Elle sera ratifiée. Les ratifications seront

deposited with the Secretary-General of the Council of Europe.

(2) The present Convention shall come into force after the deposit of ten instruments of ratification.

(3) As regards any signatory ratifying subsequently, the Convention shall come into force at the date of the deposit of its instrument of ratification.

(4) The Secretary-General of the Council of Europe shall notify all the Members of the Council of Europe of the entry into force of the Convention, the names of the High Contracting Parties who have ratified it, and the deposit of all instruments of ratification which may be effected subsequently.

DONE at Rome this 4th day of November 1950 in English and French, both texts being equally authentic, in a single copy which shall remain deposited in the archives of the Council of Europe. The Secretary-General shall transmit certified copies to each of the signatories.

C. PROTOCOL TO THE CONVENTION FOR THE PROTECTION OF HUMAN RIGHTS AND FUNDAMENTAL FREEDOMS

The Governments signatory hereto, being Members of the Council of Europe,

Being resolved to take steps to ensure the collective enforcement of certain rights and freedoms other than those already included in Section I of the Convention for the Protection of Human Rights and Fundamental Freedoms signed at Rome on 4th November, 1950 (hereinafter referred to as "the Convention"),

Have agreed as follows:

Article 1

Every natural or legal person is entitled to the peaceful enjoyment of his possessions. No one shall be deprived of his possessions except in the public interest and subject to the conditions provided for by law and by the general principles of international law.

The preceding provisions shall not, however, in any way impair the right of a State to enforce such laws as it deems necessary to control the use of property in accordance with the general interest or to secure the payment of taxes or other contributions or penalties.

Article 2

No person shall be denied the right to education. In the exercise of any functions which it assumes in relation to education and to teaching, the State shall respect the right of parents to ensure such déposées près le Secretaire Général du Conseil de l'Europe.

2. La présente Convention entrera en vigueur après le dépôt de dix instruments de ratification.

3. Pour tout signataire qui la ratifiera ultérieurement, la Convention entrera en vigueur dès le dépôt de l'instrument de ratification.

4. Le Secrétaire Général du Conseil de l'Europe notifiera à tous les Membres du Conseil de l'Europe l'entrée en vigueur de la Convention, les noms des Hautes Parties Contractantes qui l'auront ratifiée, ainsi que le dépôt de tout instrument de ratification intervenu ultérieurement.

FAIT à Rome, le 4 novembre 1950, en français et en anglais, les deux textes faisant également foi, en un seul exemplaire qui sera déposé dans les archives du Conseil de l'Europe. Le Secrétaire Général en communiquera des copies certifiées conformes à tous les signataires.

C. PROTOCOLE ADDITIONNEL A LA CONVENTION DE SAUVEGARDE DES DROITS DE L'HOMME ET DES LIBERTES FONDAMENTALES

Les Gouvernements signataires, Membres du Conseil de l'Europe,

Résolus à prendre des mesures propres à assurer la garantie collective de droits et libertés autres que ceux qui figurent déjà dans le Titre I de la Convention de sauvegarde des Droits de l'homme et des libertés fondamentales, signée à Rome le 4 novembre 1950 (ci-après dénommée "la Convention"),

Sont convenus de ce qui suit:

Article 1

Toute personne physique ou morale a droit au respect de ses biens. Nul ne peut être privé de sa propriété que pour cause d'utilité publique et dans les conditions prévues par la loi et les principes généraux du droit international.

Les dispositions précédentes ne portent pas atteinte au droit que possèdent les Etats de mettre en vigueur les lois qu'ils jugent nécessaires pour réglementer l'usage des biens conformément à l'intérêt général ou pour assurer le paiement des impôts ou d'autres contributions ou des amendes.

Article 2

Nul ne peut se voir refuser le droit à l'instruction. L'Etat, dans l'exercice des fonctions qu'il assumera dans le domaine de l'éducation et de l'enseignement, respectera le droit des parents d'assurer education and teaching in conformity with their own religious and philosophical convictions.

Article 3

The High Contracting Parties undertake to hold free elections at reasonable intervals by secret ballot, under conditions which will ensure the free expression of the opinion of the people in the choice of the legislature.

Article 4

Any High Contracting Party may at the time of signature or ratification or at any time thereafter communicate to the Secretary-General of the Council of Europe a declaration stating the extent to which it undertakes that the provisions of the present Protocol shall apply to such of the territories for the international relations of which it is responsible as are named therein.

Any High Contracting Party which has communicated a declaration in virtue of the preceding paragraph may from time to time communicate a further declaration modifying the terms of any former declaration or terminating the application of the provisions of this Protocol in respect of any territory.

A declaration made in accordance with this Article shall be deemed to have been made in accordance with Paragraph (1) of Article 63 of the Convention.

Article 5

As between the High Contracting Parties the provisions of Articles 1, 2, 3 and 4 of this Protocol shall be regarded as additional Articles to the Convention and all the provisions of the Convention shall apply accordingly.

Article 6

This Protocol shall be open for signature by the Members of the Council of Europe, who are the signatories of the Convention; it shall be ratified at the same time as or after the ratification of the Convention. It shall enter into force after the deposit of ten instruments of ratification. As regards any signatory ratifying subsequently, the Protocol shall enter into force at the date of the deposit of its instrument of ratification.

The instruments of ratification shall be deposited with the Secretary-General of the Council of Europe, who will notify all Members of the names of those who have ratified.

Done at Paris on the 20th day of March 1952, in English and

cette éducation et cet enseignement conformément à leurs convictions religieuses et philosophiques.

Article 3

Les Hautes Parties Contractantes s'engagent à organiser, à des intervalles raisonnables, des élections libres au scrutin secret, dans les conditions qui assurent la libre expression de l'opinion du peuple sur le choix du corps législatif.

Article 4

Toute Haute Partie Contractante peut, au moment de la signature ou de la ratification du présent Protocole ou à tout moment par la suite, communiquer au Secrétaire Général du Conseil de l'Europe une déclaration indiquant la mesure dans laquelle il s'engage à ce que les dispositions du présent Protocole s'appliquent à tels territoires qui sont désignés dans ladite déclaration et dont il assure les relations internationales.

Toute Haute Partie Contractante qui a communiqué une déclaration en vertu du paragraphe précédent peut, de temps à autre, communiquer une nouvelle déclaration modifiant les termes de toute déclaration antérieure ou mettant fin à l'application des dispositions du présent Protocole sur un territoire quelconque.

Une déclaration faite conformément au présent article sera considérée comme ayant été faite conformément au paragraphe 1 de l'article 63 de la Convention.

Article 5

Les Hautes Parties Contractantes considéreront les articles 1, 2, 3 et 4 de ce Protocole comme des articles additionnels à la Convention et toutes les dispositions de la Convention s'appliqueront en conséquence.

Article 6

Le présent Protocole est ouvert à la signature des Membres du Conseil de l'Europe, signataires de la Convention; il sera ratifié en même temps que la Convention ou après la ratification de celle-ci. Il entrera en vigueur après le dépôt de dix instruments de ratification. Pour tout signataire qui le ratifiera ultérieurement, le Protocole entrera en vigueur dès le dépôt de l'instrument de ratification.

Les instruments de ratification seront déposés près le Secrétaire Général du Conseil de l'Europe qui notifiera à tous les Membres les noms de ceux qui l'auront ratifié.

Fait à Paris, le 20 mars 1952, en français et en anglais, les deux textes faisant également foi, en un seul exemplaire qui sera déposé

French, both texts being equally authentic, in a single copy which shall remain deposited in the archives of the Council of Europe. The Secretary-General shall transmit certified copies to each of the signatory Governments.

D. TEXT OF RESERVATIONS, DECLARATIONS OF EXTENSION, DEROGATIONS AND OTHER DECLARATIONS

D. TEXTE DES RESERVES, DECLARATIONS D'EXTENSION, DEROGATIONS ET AUTRES DECLARATIONS

I. RESERVATIONS / I. RESERVES

1. Ireland/Irlande (Article 6 (3) (c), Convention)

Having seen and considered the Convention for the Protection of Human Rights and Fundamental Freedoms signed at Rome on 4 November 1950;

and having approved the aforesaid Convention which reads word for word as follows:-

....

Now therefore the Government of Ireland do hereby confirm and ratify the aforesaid Convention and undertake faithfully to perform and carry out all the stipulations therein contained, subject to the reservation that they do not interpret Article 6 (3) (c) of the Convention as requiring the provision of free legal assistance to any wider extent than is now provided in Ireland.

In witness whereof this Instrument of Ratification is signed and sealed by the Minister for External Affairs of Ireland.

PROINSIAS MAC AOGÁIN
Minister for External Affairs

DUBLIN, this 18th day of February, 1953.

2. Federal Republic of Germany/République Fédérale d'Allemagne (Article 7 (2), Convention)

Traduction

DER STAATSSEKRETÄR
DES AUSWÄRTIGEN AMTS
– 510 – 08 17060/52

Bonn, le 13 novembre 1952

Monsieur le Secrétaire Général,

A l'occasion du dépôt de l'instrument de ratification allemand pour la Convention de sauvegarde des Droits de l'homme et des libertés fondamendans les archives du Conseil de l'Europe. Le Secrétaire Général en communiquera copie certifiée conforme à chacum des gouvernements signataires.

(*Continued from p. 40 / Suite de la p. 40*)

tales, j'ai l'honneur, au nom du Gouvernement de la République Fédérale d'Allemagne, de vous communiquer encore ce qui suit:

1) Le territoire d'application de la Convention s'étend également à Berlin (Ouest).
2) Conformément à l'article 64 de la Convention, la République Fédérale d'Allemagne fait la réserve qu'elle n'appliquera la disposition de l'article 7, alinéa 2 de la Convention que dans les limites de l'article 103, alinéa 2 de la Loi Fondamentale de la République Fédérale d'Allemagne. Cette dernière disposition stipule: "Un acte ne peut être puni que si la loi le déclarait punissable avant qu'il ait été commis".
3) Comme il a déjà été exprimé dans la note remise le 5 novembre 1950, la ratification de la Convention de sauvegarde des Droits de l'homme et des libertés fondamentales par la République Fédérale d'Allemagne, ne saurait être considérée comme une reconnaissance du statut actuel de la Sarre.

Le Gouvernement fédéral vous prie, Monsieur le Secrétaire Général, de bien vouloir transmettre le contenu de cette lettre aux gouvernements signataires de ladite Convention.

Je profite de cette occasion pour vous prier d'agréer, Monsieur le Secrétaire Général, l'expression de ma très haute considération.

Monsieur J. CAMILLE PARIS
Secrétaire Général
du Conseil de l'Europe
Strasbourg

p.i.
(*signé*) BLANKENHORN

3. Norway/Norvège (Article 9, Convention)

NOUS HAAKON
ROI DE NORVEGE
FAISONS SAVOIR:

Qu'ayant vu et examiné la Convention de Sauvegarde des Droits de l'homme et des Libertés fondamentales, signée à Rome le 4 novembre 1950, Nous avons résolu de ratifier par la présente ladite Convention en faisant, conformément à son article 64, la réserve suivante:

L'article 2 de la Constitution de la Norvège du 17 mai 1814 contenant une disposition selon laquelle les Jésuites ne sont pas tolérés, une réserve correspondante est faite en ce qui concerne l'application de l'article 9 de la Convention.

Sous cette réserve, Nous approuvons, ratifions et confirmons ladite Convention, promettant de la faire observer selon sa forme et teneur.

En foi de quoi Nous avons signé la présente lettre de ratification et y avons fait apposer le sceau du Royaume.

Donné au Palais Royal, Oslo, le vingt-et-un décembre mil neuf cent cinquante et un.

HAAKON R.

MINISTERE ROYAL
DES
AFFAIRES ETRANGERES

Oslo, le 4 décembre 1956.

Monsieur le Secrétaire Général,

J'ai l'honneur de vous informer que, par Décret royal du 30 novembre dernier, la réserve faite par la Norvège lors de la ratification de la Convention de Sauvegarde des Droits de l'Homme et des Libertés fondamentales, du 4 novembre 1950, à savoir:

„L'article 2 de la Constitution de la Norvège du 17 mai 1814 contenant une disposition selon laquelle les Jésuites ne sont pas tolérés, une réserve correspondante est faite en ce qui concerne l'application de l'article 9 de la Convention"

a été révoquée à la suite de l'abolition de la disposition constitutionnelle en question.

En vous priant de bien vouloir donner acte de cette communication, je saisis cette occasion de vous réitérer, Monsieur le Secrétaire Général, les assurances de ma haute considération.

HALVARD LANGE

Monsieur le Secrétaire Général
du Conseil de l'Europe,
Strasbourg

4. Luxembourg (Article 1, Protocole)

Le Gouvernement du Grand-Duché de Luxembourg.

Vu l'article 64 de la Convention de Sauvegarde des Droits de l'homme et des Libertés fondamentales,

Désirant éviter toute incertitude en ce qui concerne l'application de l'article ler du Protocole additionnel par rapport à la loi luxembourgeoise du 26 avril 1951 qui concerne la liquidation de certains biens, droits et intérêts ci-devant ennemis, soumis à des mesures de séquestre,

Déclare réserver les dispositions de la loi du 26 avril 1951 désignée ci-dessus.

Pour le Gouvernement luxembourgeois
le Représentant permanent du Luxembourg
auprès du Conseil de l'Europe,
J. P. KREMER

5. *Turkey/Turquie (Article 2, Protocole)*

CELÂL BAYAR

Président de la République Turque

A tous ceux qui les présentes verront, salut!

Ayant vu et examiné la Convention précitée et le Protocole additionnel, Nous les avons approuvés sous réserve formulée dans le deuxième article du Protocole additionnel, en vertu des dispositions de la Loi No 6366 votée par la Grande Assemblée Nationale de Turquie en date du 10 mars 1954.

Déclarons que la Convention ainsi que le Protocole additionnel avec la réserve formulée dans le deuxième article dudit Protocole sont acceptés, ratifiés et confirmés et promettons qu'ils seront inviolablement observés.

En Foi de Quoi, Nous avons donné les présentes signées par Nous et revêtues du Sceau de la République.

Fait à Ankara, le vingt-deuxième jour du mois d'avril de l'an mil neuf cent cinquante-quatre.

(*Signé*) CELÂL BAYAR

L.S.

Pour le Président de la République
Le Ministre des Affaires Etrangères

(*Signé*) FUAD KÖPRÜLÜ

Pour traduction certifiée conforme
Le Directeur Général du Protocole a.i.

Loi du dix mars 1954 relative à la ratification de la Convention des Droits de l'Homme et des Libertés Fondamentales et de son Protocole Additionnel (Loi No 6366)

Article 1

La Convention des Droits de l'homme et des Libertés fondamentales, signée par notre Gouvernement, le 4 novembre 1950, à Rome, est ratifiée.

Article 2

Le Protocole additionnel que notre Gouvernement a signé le 20 mars 1952, à Paris, est ratifié avec la réserve indiquée à l'article 3 suivant.

Article 3

L'article 2 du Protocole additionnel ne porte pas atteinte aux dispositions de la Loi No 430 du 3 mars 1924 relative à l'unification de l'enseignement.

Article 4

Cette loi est entrée en vigueur à la date de sa promulgation.

Article 5

Les dispositions de cette loi sont appliquées par le Conseil des Ministres.

13 mars 1954

6. Greece/Grèce (Article 2, Protocole)

Pour le Gouvernement du Royaume de Grèce:

R. RAPHAEL

Au moment de la signature du présent Protocole, le Gouvernement hellénique, se prévalant de l'article 64 de ladite Convention, formule la réserve suivante, portant sur l'article 2 du Protocole: Le mot „philosophique", par lequel se termine le second paragraphe de l'article 2, recevra en Grèce une application conforme aux dispositions y relatives de la législation intérieure.

7. Sweden/Suède (Article 2, Protocole)

Traduction

NOUS GUSTAF ADOLF, par la Grâce de DIEU, Roi de Suède, des Goths et des Vendes, savoir faisons: que, ayant jugé bon et utile d'entrer en négociations avec plusieurs Gouvernements étrangers en vue de la conclusion d'un Protocole additionnel à la Convention de Sauvegarde des Droits de l'homme et des Libertés fondamentales et NOTRE Plénipotentiaire, dûment autorisé à cet effet, ayant conclu, arrêté et signé un Protocole additionnel portant mot pour mot ce qui suit:

(inseratur)

A ces causes et fins NOUS avons voulu ratifier, approuver et accepter ledit Protocole additionnel avec tous ses articles, points et clauses, sous réserve toutefois relative à l'article 2 du Protocole, réserve portant que la Suède ne peut accorder aux parents le droit d'obtenir, en se référant à leur conviction philosophique, dispense pour leurs enfants de l'obligation de prendre part à certaines parties de l'enseignement des écoles publiques et portant aussi que la dispense de l'obligation de prendre part à l'enseignement du christianisme dans ces écoles ne peut être accordée que pour les enfants d'une autre profession de foi que l'église suédoise, en faveur desquels une instruction religieuse satisfaisante a été organisée, cette réserve se fondant sur les dispositions du règlement nouveau du 17 mars 1933 pour les établissements d'enseignement secondaire du Royaume et les dispositions analogues concernant les autres établissements d'enseignement. De même NOUS acceptons, approuvons et ratifions par les présentes ce Protocole additionnel de la manière la plus efficace que faire se peut, voulons et promettons d'observer et de remplir sincèrement et loyalement tout ce que contient ledit Protocole additionnel, tous ses articles, points et clauses avec la réserve formulée plus haut, relative à l'article 2.

En foi de quoi NOUS avons signé les présentes de NOTRE propre main et y avons fait apposer NOTRE Sceau Royal.

Fait au Château de Stockholm, le 24 avril 1953.

GUSTAF ADOLF

Östen Undén

8. United Kingdom - Royaume Uni (Article 2, Protocol)

For the Government of the United Kingdom of Great Britain and Northern Ireland:

ANTHONY EDEN

At the time of signing the present Protocol, I declare that, in view of certain provisions of the Education Acts in force in the United Kingdom, the principle affirmed in the second sentence of Article 2 is accepted by the United Kingdom only so far it is compatible with the provision of efficient instruction and training, and the avoidance of unreasonable public expenditure.

2. DECLARATIONS OF EXTENSION / 2. DECLARATIONS D'EXTENSION

1. Denmark/Danemark

MINISTERE DES AFFAIRES ETRANGERES

Copenhague, le 7 avril 1953

Monsieur le Secrétaire Général,

Conformément à l'article 63 de la Convention de Sauvegarde des Droits de l'homme et des Libertés fondamentales, signée à Rome le 4 novembre 1950, et conformément à l'article 4 du Protocole additionnel à celle-ci, signé à Paris le 20 mars 1952, j'ai l'honneur, au nom du Gouvernement de Sa Majesté le Roi de Danemark, de déclarer que lesdits textes, ainsi que la déclaration du 7 avril 1953 du Gouvernement danois reconnaissant la compétence de la Commission à recevoir les requêtes visées à l'article 25, s'appliqueront au Groenland.

Veuillez agréer, Monsieur le Secrétaire Général, l'assurance de ma haute considération.

signé: OLE BJOERN KRAFT
Le Ministre des Affaires Etrangères

2. Netherlands/Pays-Bas

REPRESENTANT PERMANENT DES PAYS-BAS
AUPRES DU CONSEIL DE L'EUROPE

Strasbourg, le 29 novembre 1955

Monsieur le Secrétaire Général,

Me référant à la déclaration que j'ai faite en déposant entre vos mains, le 31 août 1954, les instruments de ratification, dûment revêtus du sceau Royal, de la Convention européenne des Droits de l'Homme et de son Protocole additionnel, j'ai l'honneur de vous faire savoir que le Gouvernement de la Reine a décidé d'étendre leur application en vertu de l'article 63 de la Convention et de l'article 4 du Protocole.

En conséquence le Gouvernement néerlandais déclare que la Convention, signée à Rome le 4 novembre 1950, s'appliquera au Surinam et aux Antilles Néerlandaises, à l'exception de l'article 6, alinéa 3, sous c, en ce qui concerne le droit à l'assistance en affaires criminelles.

Le Protocole, signé à Paris le 20 mars 1952, s'appliquera au Surinam et aux Antilles Néerlandaises.

En vous priant de bien vouloir me confirmer le dépôt de cette déclaration, je saisis l'occasion de vous renouveler, Monsieur le Secrétaire Général, les assurances de ma haute considération.

(*signé*): H. VAN RYCKEVORSEL

Monsieur LÉON MARCHAL
Secrétaire Général du Conseil de l'Europe
Strasbourg

3. United Kingdom/Royaume-Uni

Permanent United Kingdom Representative
to the Council of Europe, Strasbourg.

61/48/53 October 23, 1953.

Sir,

Her Majesty's Government have considered the extension of the European Convention on Human Rights to those territories for whose international relations they are responsible and in which that Convention would be applicable.

In accordance with the provisions of Article 63 of the Convention, Her Majesty's Government in the United Kingdom declare that the European Convention on Human Rights signed in Rome on the 4th November, 1950 shall extend those territories on the enclosed list for whose international relations they are responsible.

I have the honour to be,

Sir,
Your obedient Servant,

(P. W. SCARLETT)

The Secretary-General,
Council of Europe,
Strasbourg.

List of Territories for whose international relations Her Majesty's Government in the United Kingdom are responsible to which the European Convention on Human Rights is to be extended:

Aden Colony
The Bahamas
Leeward Islands
Federation of Malaya

Barbados
Basutoland
Bechuanaland
Bermuda
British Guiana
British Honduras
British Solomon Islands
Channel Islands:
The Bailiwick of Jersey
The Bailiwick of Guernsey
Cyprus
Falkland Islands
Fiji
Gambia
Gilbert and Ellice Islands
Gold Coast
Jamaica
Kenya
Gibraltar
Malta
Isle of Man
Mauritius
Nigeria
Northern Rhodesia
North Borneo
Nyasaland
St. Helena
Sarawak
Seychelles
Sierra Leone
Singapore
Somaliland
Swaziland
Tanganjika
Trinidad
Uganda
Windward Islands:
Dominica
Grenada
St. Lucia
St. Vincent

Zanzibar,

and at the request of the Government of that Kingdom, for whose international relations Her Majesty's Government in the United Kingdom is responsible,

Kingdom of Tonga.

3. DEROGATIONS

1. Ireland/Irlande

DEPARTMENT OF EXTERNAL AFFAIRS

Dublin, 20th July, 1957

Sir,

I have the honour to inform you that Part II of the Offences against the State (Amendment) Act, 1940, was brought into force on the 8th July, 1957, when a Proclamation made by the Government of Ireland on the 5th July, 1957, under section 3 of the Act was published in the *Iris Oifigiuil*, the official gazette. A copy of the Proclamation, together with a copy of the Act, is attached to this letter.

2. In so far as the bringing into operation of Part II of the Act, which confers special powers of arrest and detention, may involve any derogation from the obligations imposed by the Convention for the Protection of Human Rights and Fundamental Freedoms, I have the honour to request you to be good enough to regard this letter as informing you accordingly, in compliance with Article 15 (3) of the Convention.

3. The detention of persons under the Act is considered necessary to prevent the commission of offences against public peace and order and to prevent

the maintaining of military or armed forces other than those authorised by the Constitution.

4. I have the honour also to invite your attention to section 8 of the Act, which provides for the establishment by the Government of Ireland of a Commission to enquire into the grounds of detention of any person who applies to have his detention investigated. The Commission envisaged by the section was established on the 16th July, 1957.

I have the honour to be,
Sir,
Yours faithfully,

(*signed*) SEAN MURPHY
Secretary.

The Secretary-General,
Council of Europe,
Strasbourg

2. *United Kingdom/Royaume-Uni*

NOTE VERBALE

The United Kingdom Permanent Representative to the Council of Europe presents his compliments to the Secretary-General of the Council, and has the honour to convey the following information in accordance with the obligations of Her Majesty's Government in the United Kingdom under Article 15 (3) of the Convention for the Protection of Human Rights and Fundamental Freedoms signed at Rome on the 4th November, 1950.

A State of Emergency exists in the following territories for whose international relations Her Majesty's Government in the United Kingdom are responsible.

Federation of Malaya and Colony of Singapore

A State of Emergency in the Federation of Malaya was declared on the 18th June, 1948, and a few days later in the adjacent territory of the Colony of Singapore, owing to a conspiracy to overthrow the lawfully constituted government of those territories by armed force.

Kenya – A State of Emergency was proclaimed in the Colony and Protectorate of Kenya on the 20th October, 1952, owing to the crimes of violence, including murder and mutilation, and the attempted subversion of the lawfully constituted Government by terrorists known by the name of Mau Mau.

British Guiana – Emergency powers were brought into operation in the Colony of British Guiana on the 8th October, 1953, owing to a dangerous crisis in public order and in the economic life of the territory and in order to prevent the subversion of the lawfully constituted Government.

A State of Emergency was declared on the 30th November, 1953, in the Province of Buganda in the Uganda Protectorate following a constitutional crisis. The State of Emergency was terminated on the 31st March, 1954.

The United Kingdom Permanent Representative has the honour to state that under legislation enacted to confer upon them powers for the purpose of bringing the emergency to an end, the governments of the Federation of Malaya, the Colony of Singapore, the Colony and Protectorate of Kenya, the Uganda Protectorate and the Colony of British Guiana have respectively taken and, to the extent strictly required by the exigencies of the situation, have exercised or are exercising powers to detain persons which involve derogating in certain respects from the obligations imposed by Article 15 of the Convention for the Protection of Human Rights and Fundamental Freedoms. The United Kingdom Permanent Representative has however the honour to add that all persons now in detention have been permitted in accordance with the provisions of the relevant Regulations to have their cases reviewed by a Committee under a judicially qualified chairman.

May 24, 1954

NOTE VERBALE

The United Kingdom Permanent Representative to the Council of Europe presents his compliments to the Secretary-General of the Council, and has the honour to convey the following information in accordance with the obligations of Her Majesty's Government in the United Kingdom under Article 15 (3) of the Convention for the Protection of Human Rights and Fundamental Freedoms signed at Rome on the 4th of November, 1950.

A public emergency within the meaning of Article 15 (1) of the Convention exists in the following territory for whose international relations Her Majesty's Government in the United Kingdom are responsible.

Cyprus – Certain emergency powers were brought into operation in the Colony of Cyprus on the 16th of July, 1955, owing to the commission of acts of violence including murder and sabotage and in order to prevent attempts at the subversion of the lawfully constituted Government.

The United Kingdom Permanent Representative has the honour to state that under legislation enacted to confer upon them powers for the purpose of bringing the emergency to an end, the Government of the Colony of Cyprus have taken and, to the extent strictly required by the exigencies of the situation, have exercised or are exercising powers to detain persons which involve derogating in certain respects from the obligations imposed by Article 5 of the Convention for the Protection of Human Rights and Fundamental Freedoms. The United Kingdom Permanent Representative has however the honour to add that all persons now in detention are permitted, in accordance with the provisions of the relevant Regulations, to have their cases reviewed by a Committee under a judicially qualified chairman.

7th October, 1955

NOTE VERBALE

The United Kingdom Permanent Representative to the Council of Europe presents his compliments to the Secretary-General of the Council and has the honour to convey the following information in accordance with the obligations of Her Majesty's Government in the United Kingdom under Article 15

(3) of the Convention for the Protection of Human Rights and Fundamental Freedoms signed at Rome on the 4th of November, 1950.

A public emergency within the meaning of Article 15 (1) of the Convention exists in the following territory for whose international relations Her Majesty's Government in the United Kingdom are responsible.

Cyprus – Certain further emergency powers were brought into operation in the Colony of Cyprus on the 26th of November, 1955, owing to the commission of acts of violence including murder and sabotage and in order to prevent attempts at subversion of the lawfully constituted Government.

The United Kingdom Permanent Representative has the honour to state that under legislation enacted to confer upon them powers for the purpose of bringing the emergency to an end, the Government of the Colony of Cyprus have exercised powers to deport persons from the Colony of Cyprus to the Colony of Seychelles; and the Government of the Colony of Seychelles have taken and to the extent strictly required by the exigencies of the situation are exercising powers to detain those persons, which involve derogating in certain respects from the obligations imposed by Article 5 of the Convention for the Protection of Human Rights and Fundamental Freedoms.

April 13, 1956

THE UNITED KINGDOM PERMANENT
REPRESENTATIVE TO THE
COUNCIL OF EUROPE, STRASBOURG

June 27, 1957

The United Kingdom Permanent Representative to the Council of Europe presents his compliments to the Secretary-General of the Council, and has the honour to convey the following information in order to ensure compliance with the obligations of Her Majesty's Government in the United Kingdom under Article 15 (3) of the Convention for the Protection of Human Rights and Fundamental Freedoms signed at Rome on the 4th of November, 1950.

A public emergency within the meaning of Article 15 (1) of the Convention exists in a part of the United Kingdom, namely, Northern Ireland.

Owing to the recurrence in Northern Ireland of organised terrorism, certain emergency powers have been brought into operation at various dates between June 16, 1954, and January 11, 1957, in order to preserve the peace and prevent outbreaks of violence, loss of life and damage to property; for these purposes the Government of Northern Ireland, to the extent strictly required by the exigencies of the situation, have exercised powers to detain persons, to search and seize, and to prohibit the publication and distribution of certain printed matter, which may involve derogations in certain respects from the obligations imposed by the Convention for the Protection of Human Rights and Fundamental Freedoms.

THE OFFICE OF THE UNITED KINGDOM
PERMANENT REPRESENTATIVE TO THE
COUNCIL OF EUROPE – STRASBOURG –

August 16, 1957

The Acting United Kingdom Permanent Representative to the Council of Europe presents his compliments to the Secretary-General of the Council, and has the honour to convey the following information in order to ensure compliance with the obligations of Her Majesty's Government in the United Kingdom under Article 15 (3) of the Convention for the Protection of Human Rights and Fundamental Freedoms signed at Rome on the 4th November, 1950.

2. In or about September 1956 a public emergency within the meaning of Article 15 (1) of the Convention arose in the following territory for whose international relations Her Majesty's Government in the United Kingdom are responsible.

3. *Northern Rhodesia*
Certain emergency powers were brought into operation in the Western Province of the Protectorate of Northern Rhodesia on 11th September 1956, in order to preserve the peace and prevent outbreaks of violence, loss of life and damage to property; for these purposes the Governor of the Protectorate of Northern Rhodesia, to the extent strictly required by the exigencies of the situation, exercised powers to detain persons which may involve derogations in certain respects from the obligations imposed by the Convention for the Protection of Human Rights and Fundamental Freedoms. However, there are at the present time no persons under detention pursuant to these powers.

4. OTHER DECLARATIONS / 4. AUTRES DECLARATIONS

1. Belgium/Belgique

Procès-verbal de Dépôt, de la part du Royaume de Belgique, de l'instrument de ratification de la Convention de Sauvegarde des Droits de l'homme et des Libertés fondamentales, signée à Rome, le 4 novembre 1950, et du Protocole additionnel à cette Convention, signé à Paris, le 20 mars 1952

Le quatorze juin mil neuf cent cinquante-cinq, au siège du Conseil de l'Europe à Strasbourg, Monsieur J. Gérard, Représentant a.i. du Gouvernement belge, a déposé auprès du Secrétaire Général du Conseil de l'Europe l'instrument de ratification de la Convention et du Protocole susnommés.

En déposant cet instrument de ratification, le Représentant a.i. de Belgique a déclaré qu'au cas où son Gouvernement ferait dans l'avenir, en vertu de l'article 63 de la Convention, une déclaration étendant l'application de la Convention à un territoire dont la Belgique assure les relations internationales, le Gouvernement belge pourrait faire accompagner cette déclaration de réserves imposées par les nécessités locales.

En foi de quoi a été dressé le présent procès-verbal signé par Monsieur J. Gérard et par Monsieur L. Marchal, Secrétaire Général, en deux exemplaires, dont l'un a été déposé dans les archives du Secrétariat Général.

Le Représentant a.i.
du Gouvernement belge
auprès du Conseil de l'Europe,

J. Gerard

Le Secrétaire General
du Conseil de l'Europe,

L. Marchal

2. *Federal Republic of Germany/République Fédérale d'Allemagne*

Traduction

REPRESENTATION PERMANENTE
DE LA REPUBLIQUE FEDERALE
D'ALLEMAGNE AUPRES DU
CONSEIL DE L'EUROPE

Tgb. No. 130/57 Strasbourg, le 8 février 1957

Monsieur le Secrétaire Général,

J'ai l'honneur de porter à votre connaissance que mon gouvernement m'a chargé de faire, à l'occasion du dépôt de l'instrument allemand de ratification du Protocole additionnel à la Convention de Sauvegarde des Droits de l'Homme et des Libertés fondamentales, la déclaration suivante:

> "La République Fédérale d'Allemagne adhère à l'opinion selon laquelle la 2ème phrase de l'article 2 du Protocole additionnel ne crée pour l'Etat aucune obligation de financer des écoles de caractère religieux ou philosophique, ou de participer à leur financement, cette question n'entrant pas, selon la déclaration unanime de la Commission des questions juridiques de l'Assemblée Consultative et du Secrétaire Général du Conseil de l'Europe, dans le cadre de la Convention sur les Droits de l'Homme et les libertés fondamentales ainsi que du Protocole additionnel."

Veuillez agréer, Monsieur le Secrétaire Général, l'assurance de ma très haute considération.

Monsieur le Secrétaire Général a.i. (*signé*) G. Feine
du Conseil de l'Europe
Strasbourg

Traduction

LE REPRESENTANT PERMANENT DE LA
REPUBLIQUE FEDERALE D'ALLEMAGNE
AUPRES DU CONSEIL DE L'EUROPE

Tgb. No. 286/57 Strasbourg, le 28 mars 1957.

Monsieur le Secrétaire Général,

Mon Gouvernement m'a chargé de déclarer que le Protocole additionnel à la Convention de sauvegarde des Droits de l'Homme et des Libertés fondamentales, signé à Paris le 20 mars 1952, est également applicable au Land Berlin avec effet du 13 février 1957, date à laquelle le Protocole additionnel est entré en vigueur pour la République Fédérale d'Allemagne.

Veuillez agréer, Monsieur le Secrétaire Général, l'assurance de ma haute considération.

p.i.
(*signé*) Bock

Monsieur le Secrétaire Général a.i.
du Conseil de l'Europe
Strasbourg

3. Netherlands/Pays-Bas

Procès-verbal de dépôt, de la part du Royaume des Pays-Bas, des instruments de ratification de la Convention de Sauvegarde des Droits de l'homme et des Libertés fondamentales, signée à Rome le 4 novembre 1950, et du Protocole additionnel à ladite Convention, signé à Paris le 20 mars 1952

Le trente-et-un août mil neuf cent cinquante-quatre, à 12 heures, au siège du Conseil de l'Europe à Strasbourg, le JONKHEER H. VAN RYCKEVORSEL, Représentant permanent du Gouvernement néerlandais, a déposé auprès du Secrétaire Général les instruments de ratification de la Convention et du Protocole susmentionnés ainsi qu'une déclaration du gouvernement du Royaume des Pays-Bas reconnaissant comme obligatoire la juridiction de la Cour européenne des Droits de l'homme pour une durée de cinq années.

En déposant les instruments de ratification, le Représentant permanent du Royaume des Pays-Bas a déclaré qu'au cas où son Gouvernement ferait dans l'avenir, en vertu de l'article 63 de la Convention, une déclaration étendant l'application de la Convention à un territoire ou à plusieurs des territoires dont les Pays-Bas assurent les relations internationales, le Gouvernement néerlandais pourrait faire accompagner cette déclaration de réserves imposées par les nécessités locales.

En foi de quoi, a été dressé le présent procès-verbal signé par Monsieur L. MARCHAL, Secrétaire Général du Conseil de l'Europe, et par le JONKHEER H. VAN RYCKEVORSEL, en deux exemplaires, dont l'un a été déposé dans les archives du Secrétariat Général.

Le Secrétaire Général
du Conseil de l'Europe

L. MARCHAL

Le Représentant permanent
du Royaume des Pays-Bas
auprès du Conseil de l'Europe

JONKHEER H. VAN RYCKEVORSEL

Appendix

STATE OF RATIFICATIONS,
as at 31st

Member States of the Council of Europe	Date of deposit of ratification of		Date of deposit of declaration in respect of	
	Convention (entered into force 3 Sept. 1953)	Protocol (entered into force 18 May 1954)	Article 25	Article 46
AUSTRIA [1]				
BELGIUM	14 June 1955	14 June 1955	16 Aug. 1957 for 2 years from 30 June 1957 [2]	5 July 1955 for 5 years from 29 June 1955
DENMARK	13 April 1953	13 April 1953	4 April 1957 for 5 years from 7 April 1957 [3]	4 April 1957 for 2 years from 7 April 1957 [3]
FRANCE				
FEDERAL REPUBLIC OF GERMANY [5]	5 Dec. 1952	13 Feb. 1957	5 July 1955 for 3 years [6]	5 July 1955 – for 3 years – on condition of reciprocity [6]
GREECE	28 March 1953	28 March 1953		
ICELAND	29 June 1953	29 June 1953	29 March 1955 for 5 years from 25 March 1955	
IRELAND	25 Feb. 1953	25 Feb. 1953	25 Feb. 1953	5 Feb. 1953 [7]
ITALY	26 Oct. 1955	26 Oct. 1955		
LUXEMBURG	3 Sept. 1953	3 Sept. 1933		
NETHERLANDS	31 Aug. 1954	31 Aug. 1954		31 Aug. 1954 – for 5 years – on condition of reciprocity
NORWAY	15 Jan. 1952	18 Dec. 1952	13 Dec. 1957 for 2 years from 9 Dec. 1957 [9]	
SWEDEN	4 Feb. 1952	22 June 1953	4 Feb. 1952	
TURKEY	18 May 1954	18 May 1954		
UNITED KINGDOM	8 March 1951	3 Nov. 1952		

1 Austria became a member of the Council of Europe in April 1956. It has signed the Convention and Protocol on 13 December 1957.

2 This declaration was originally made on 5 July 1955, for two years as from 29 June 1955.

3 This declaration was originally made on 13 April 1953, for two years as from 7 April 1953, and then renewed on 14 March 1955, for two years as from 7 April 1955.

4 Greenland became part of metropolitan Denmark on 5 June 1953.

5 The Saar, which had deposited its instrument of ratification of the Convention and Protocol on 14 January 1953, became part of the Federal Republic of Germany on 1 January 1957.

DECLARATIONS AND RESERVATIONS
December, 1957

Date of receipt of notification in respect of		Reservations under Article 64	Other declarations	Member States of the Council of Europe
Article 63 of Convention	Article 4 of Protocol			
				AUSTRIA [1]
			On the possible extension to non-metropolitan territories	BELGIUM
13 April 1953 [4] for Greenland includ. Art. 25	13 April 1953 [4] for Greenland includ. Art. 25			DENMARK
				FRANCE
		Art. 7 (Convention) para. 2	1) Extension to Berlin (West) (Convention and Protocol) 2) Article 2 of Protocol	FEDERAL REPUBLIC OF GERMANY [5]
		Art. 2 (Protocol)		GREECE
				ICELAND
		Art. 6 (3) c) Convention	Notification relating to Art. 15 of Convention	IRELAND
				ITALY
		Art. 1 (Protocol)		LUXEMBURG
1 December 1955 for Surinam and the Dutch West Indies		Art. 6 (3) (c) [8] (Convention)	On the possible extension to non-metropolitan territories	NETHERLANDS
		Art. 9 (Convention) [10]		NORWAY
		Art. 2 (Protocol)		SWEDEN
		Art. 2 (Protocol)		TURKEY
23 Oct. 1953 for 42 territories listed		Art. 2 (Protocol)	Notifications pursuant to Art. 15 of Convention	UNITED KINGDOM

[6] Also, since 1 January 1957, in respect of the Saar.
[7] For five years and thereafter until notice to the contrary,
[8] For Surinam and the Dutch West Indies only and only in respect of the right to legal assistance in criminal proceedings.
[9] This declaration was originally made on 13 December 1955, for two years as from 10 December 1955.
[10] This reservation was revoked on 4 December 1956, as a result of the abrogation of the constitutional provision concerned.

Annexe

ETAT DES RATIFICATIONS,

au 31

Etats membres du Conseil de l'Europe	Date de dépôt de la ratification		Date de dépôt de la déclaration visée à	
	de la Convention (entrée en vigueur le 3 sept. 1953	du Protocole (entré en vigueur le 18 mai 1954)	l'article 25	l'article 46
AUTRICHE [1]				
BELGIQUE	14 juin 1955	14 juin 1955	16 août 1957 pour 2 ans à partir de 30 juin 1957 [2]	5 juillet 1955 pour 5 ans à partir de 29 juin 1955
DANEMARK	13 avril 1953	13 avril 1953	4 avril 1957 pour 5 ans à partir du 7 avril 1957 [3]	4 avril 1957 pour 2 ans à partir du 7 avril 1957 [3]
FRANCE				
REPUBLIQUE FEDERALE D'ALLEMAGNE [5]	5 déc. 1952	13 fév. 1957	5 juillet 1955 pour 3 ans [6]	5 juillet 1955 – pour 3 ans – réciprocité [6]
GRECE	28 mars 1953	28 mars 1953		
ISLANDE	29 juin 1953	29 juin 1953	29 mars 1955 pour 5 ans à partir du 25 mars 1955	
IRLANDE	25 fév. 1953	25 fév. 1953	25 fév. 1953	25 fév. 1953 [7]
ITALIE	26 oct. 1955	26 oct. 1955		
LUXEMBOURG	3 sept. 1953	3 sept. 1953		
PAYS-BAS	31 août 1954	31 août 1954		31 août 1954 – pour 5 ans – réciprocité
NORVEGE	15 janv. 1952	18 déc. 1952	13 déc. 1957 pour 2 ans à partir du 9 déc. 1957 [9]	
SUEDE	4 fév. 1952	22 juin 1953	4 fév. 1952	
TURQUIE	18 mai 1954	18 mai 1954		
ROYAUME-UNI	8 mars 1951	3 nov. 1952		

[1] L'Autriche a adhéré au Conseil de l'Europe en avril 1956. Elle a signé la Convention et le Protocole le 13 décembre 1957.

[2] Cette déclaration avait été souscrite à l'origine le 5 juillet 1955 pour 2 ans à partir du 29 juin 1955.

[3] Cette déclaration avait été souscrite à l'origine le 13 avril 1953 pour 2 ans à partir du 7 avril 1953, puis renouvelée une première fois le 14 mars 1955, également pour 2 ans, à partir du 7 avril 1955.

[4] Le Groenland est devenu partie intégrante du territoire danois le 5 juin 1953.

[5] La Sarre, qui avait déposé son instrument de ratification de la Convention et du Protocole le 14 janvier 1953, est devenue partie intégrante de la République Fédérale d'Allemagne le ler janvier 1957.

DECLARATIONS ET RESERVES
Décembre 1957

Date de réception de la notification visée à		Réserves faites en vertu de l'article 64	Autres déclarations	Etats membres du Conseil de l'Europe
l'article 63 de la Convention	l'article 4 du Protocole			
				AUTRICHE [1]
			Sur l'extension éventuelle aux territoires non-métropolitains	BELGIQUE
13 avril 1953 pour le Groenland [4] y compris l'article 25	13 avril 1953 pour le Groenland [4] y compris l'article 25			DANEMARK
				FRANCE
		Article 7 para. 2 de la Convention	1) Extension à Berlin-Ouest (Convention et Protocole) 2) Article 2 du Protocole	REPUBLIQUE FEDERALE D'ALLEMAGNE [5]
		Article 2 du Protocole		GRECE
				ISLANDE
		Article 6 al. 3 (c) de la Convention	Notification relative à l'article 15 de la Convention	IRLANDE
				ITALIE
		Article 1 du Protocole		LUXEMBOURG
1er déc. 1955 pour Surinam et les Antilles Néerlandaises		Art. 6 al. 3 (c) de la Convention [8]	Sur l'extension éventuelle aux territoires non-métropolitains	PAYS-BAS
		Article 9 de la Convention [10]		NORVEGE
		Article 2 du Protocole		SUEDE
		Article 2 du Protocole		TURQUIE
23 oct. 1953 pour 42 territoires énumérés		Article 2 du Protocole	Notifications faites en vertu de l'article 15 de la Convention	ROYAUME-UNI

[6] Y compris, depuis le 1er janvier 1957, en ce qui concerne la Sarre.
[7] Pour cinq ans et, par la suite, jusqu'à notification du retrait.
[8] Pour Surinam et les Antilles Néerlandaises seulement et uniquement en ce qui concerne le droit à l'assistance en affaires criminelles.
[9] Cette déclaration avait été souscrite à l'origine le 13 décembre 1955 pour 2 ans à partir du 10 décembre 1955.
[10] Cette réserve a été révoquée le 4 décembre 1956, à la suite de l'abrogation de la disposition constitutionelle qui l'avait motivée.

E. RULES OF PROCEDURE OF THE EUROPEAN COMMISSION OF HUMAN RIGHTS

The Commission,

Having regard to the Convention for the Protection of Human Rights and Fundamental Freedoms and Protocol, hereinafter called the Convention;

Pursuant to Article 36 of the Convention;

Adopts the present Rules:

TITLE I

ORGANISATION AND WORKING OF THE COMMISSION

Chapter I

Members of the Commission

Rule 1

The term of office of members of the Commission elected on 18th May, 1954, shall begin to run on the day of their election. In the case of members of the Commission elected later, the term of office shall begin to run on the date of the expiry of the term of office of their predecessors.

Rule 2

Before taking up his duties, each member of the Commission shall, at the first meeting of the Commission at which he is present after his election, make the following oath or solemn declaration:

"I swear", or "I solemnly declare, that I will exercise all my powers and duties honourably and faithfully, impartially and conscientiously and that I will keep secret all deliberations".

Rule 3

Members of the Commission shall take precedence after the President and Vice-President according to the length of time they have been in office.

Members having the same seniority in office shall take precedence according to age.

In reckoning the precedence of retiring members who are re-elected pursuant to Article 22 of the Convention, the length of time of their previous period of office shall be taken into account.

E. REGLEMENT INTERIEUR DE LA COMMISSION EUROPEENNE DES DROITS DE L'HOMME

La Commission,

Vu la Convention de sauvegarde des Droits de l'homme et des Libertés fondamentales et son Protocole additionnel, ci-après dénommés la Convention;

Agissant en vertu de l'article 36 de la Convention;

Arrête le présent Règlement:

TITRE I

ORGANISATION ET FONCTIONNEMENT DE LA COMMISSION

Chapitre I

Des Membres de la Commission

Article 1

La période de fonctions pour les membres de la Commission élus le 18 mai 1954 commence à courir le jour de cette élection. Pour les membres de la Commission élus ultérieurement, ladite période commence à courir à la date d'expiration du terme des fonctions de leurs prédécesseurs.

Article 2

Avant d'entrer en fonctions, tout membre de la Commission, à la première séance de la Commission à laquelle il assiste après son élection, doit prêter le serment suivant ou faire la déclaration solennelle suivante:

"Je jure" – ou "Je déclare solennellement – que j'exercerai tous mes devoirs et attributions en tout honneur et dévouement, en pleine impartialité et en toute conscience, et que j'observerai le secret des délibérations".

Article 3

Les membres de la Commission prennent rang, après le Président et le Vice-président, suivant leur ancienneté de fonctions.

Les membres ayant la même ancienneté de fonctions prennent rang d'après leur ancienneté d'âge.

Les membres sortants réélus conformément à l'article 22 de la Convention prennent rang compte tenu de la durée de leurs fonctions antérieures.

Rule 4

In the case of the resignation of a member of the Commission, notice of such resignation shall be sent to the President of the Commission who shall transmit it to the Secretary-General of the Council of Europe. Resignation shall constitute vacation of office.

Chapter II

Presidency of the Commission

Rule 5

1. The Commission shall elect the President and Vice-President during the month following the date of the entry into office of members elected at periodical elections of part of the Commission in accordance with paragraph 1 of Article 22 of the Convention.

2. If the President or Vice-President, before the normal expiry of his term of office, ceases to be a member of the Commission or resigns his office as President or Vice-President, the members of the Commission shall elect a successor to hold office for the remainder of the said term.

3. Voting for the elections referred to in this Rule shall be by secret ballot of the members present; election shall be by an absolute majority of votes.

If no member of the Commission receives an absolute majority, a second ballot shall take place. The member receiving the most votes shall then be elected. In the case of equal voting the member having precedence shall be elected.

Rule 6

The President shall direct the work and preside at the meetings of the Commission.

Rule 7

The Vice-President shall take the place of the President if the latter is unable to carry out his duties or if the office of President is vacant.

Rule 8

If the President and Vice-President are at the same time unable to carry out their duties or if their offices are at the same time vacant, the duties of President shall be carried out by the member of the Commission having precedence as laid down in Rule 3.

Article 4

En cas de démission d'un membre de la Commission, la démission sera adressée au Président qui la transmettra au Secrétaire Général du Conseil de l'Europe. La démission emporte vacance de siège.

Chapitre II

De la présidence de la Commission

Article 5

1. La Commission procède à l'élection du Président et du Vice-président dans le mois qui suit l'entrée en fonctions des membres élus lors d'un renouvellement partiel effectué conformément à l'article 22, paragraphe 1, de la Convention.

2. Si le Président ou le Vice-président cesse de faire partie de la Commission ou résigne ses fonctions de Président ou de Vice-président avant le terme normal de celles-ci, les membres de la Commission élisent un successeur pour la période restant à courir.

3. Pour les élections visées au présent article, le vote a lieu au scrutin secret par les membres présents; le membre de la Commission qui obtient la majorité absolue est élu.

Si aucun des membres de la Commission ne réunit la majorité absolue, il est procédé à un second tour de scrutin. Le membre ayant le plus grand nombre de voix est élu. En cas de parité des suffrages, le plus ancien en rang est élu.

Article 6

Le Président dirige les travaux et préside les séances de la Commission.

Article 7

Le Vice-président remplace le Président en cas d'empêchement de celui-ci et en cas de vacance de la présidence.

Article 8

En cas d'empêchement simultané du Président et du Vice-président, ou en cas de vacance simultanée de leurs fonctions, la présidence est exercée par un des autres membres de la Commission selon l'ordre d'ancienneté établi à l'article 3 du présent Règlement.

Rule 9

If the member who is due to act as President is a national of a High Contracting Party which is party to a case brought before the Commission, he shall relinquish the office of President in respect of that case.

Rule 10

If the President of the Commission for some special reason considers that he should relinquish the office of President in a particular case, he shall so inform the Vice-President or the member acting in his place.

Chapter III

Secretariat of the Commission

Rule 11

1. The secretariat of the Commission shall be provided by the Secretary-General of the Council of Europe pursuant to Article 37 of the Convention.
2. The Secretary-General shall appoint a responsible representative to direct the secretariat of the Commission.
3. The secretariat shall assist the Commission, the Sub-Commissions and the members of the Commission in the fulfilment of their duties.
4. The secretariat shall be the channel for all communications concerning the Commission.

Rule 12

The secretariat shall have custody of the seals, stamps and archives of the Commission.

Rule 13

1. A special register shall be kept at the secretariat, numbered and marked with the initials of the President, in which all cases, relevant pleadings and exhibits shall be entered in the order of their submission and without intervening spaces or deletions.

Nothing shall be written in the register in abbreviated form and no date shall be written in it in figures.

2. A note of the entry in the register shall be endorsed by the responsible representative of the secretariat on the original documents and, at the request of the parties, on copies presented by them for that purpose.
3. Entries in the register and the notes of entries provided for in

Article 9

Si celui qui doit assumer la présidence est le ressortissant d'une Haute Partie Contractante en cause dans une affaire soumise à la Commission, il céde la présidence pour cette affaire.

Article 10

Si, pour une raison spéciale, le Président de la Commission estime devoir céder la présidence dans une affaire déterminée, il en informe le Vice-président ou son remplaçant.

Chapitre III

Du secrétariat de la Commission

Article 11

1. Conformément à l'article 37 de la Convention, le secrétariat de la Commission est assuré par le Secrétaire Général du Conseil de l'Europe.

2. Le Secrétaire Général désigne l'agent responsable chargé de la direction du secrétariat de la Commission.

3. La Commission, les Sous-commissions et les membres de la Commission sont assistés, dans l'exercice de leurs fonctions, par le secrétariat.

4. Le secrétariat sert d'intermédiaire pour toutes les communications concernant la Commission.

Article 12

Le secrétariat a la garde des sceaux, cachets et archives de la Commission.

Article 13

1. Il est tenu au secrétariat un registre spécial, coté et paraphé par le Président, et sur lequel sont inscrits à la suite, sans blancs ni ratures, toutes les causes, les actes de procédure y afférents et les pièces déposées à l'appui dans l'ordre de leur production.

Dans le registre, il ne sera rien écrit par abréviation et aucune date ne sera inscrite en chiffres.

2. Mention de l'inscription au registre sera faite par l'agent responsable du secrétariat sur les originaux et, à la demande des parties, sur les copies qu'elles présenteront à cet effet.

3. Le registre fait foi des inscriptions et mentions prévues au paragraphe 2.

paragraph 2 of this Rule shall have effect as certified matters of record.

4. The manner of keeping the register shall be laid down by the President in agreement with the secretariat of the Commission.

Rule 14

The duties of the secretariat shall be laid down by the President in agreement with the Secretary-General of the Council of Europe.

Chapter IV

Sub-Commissions

Rule 15

1. Any party wishing to exercise the right, provided for in paragraph 2 of Article 29 of the Convention, to appoint a member of its choice as a member of a Sub-Commission shall give notice of the name of such member within an appropriate time-limit to be laid down by the President.

2. If a member so appointed is prevented from carrying out his duties, the President shall notify the party concerned and shall lay down a new and appropriate time-limit within which such party shall, if it so desires, appoint another member.

Rule 16

If the Commission considers that several parties have the same interest, it shall lay down a time-limit within which such parties shall, acting in agreement, appoint a single member of their choice. In the event of a dispute that the same interest exists, the Commission shall decide, if necessary, after receiving the observations of the parties.

Rule 17

In the event of the non-appointment of a member within the time-limit laid down by the President or the Commission, as the case may be, under Rule 15 or 16, the procedure in Rule 18 shall immediately be brought into force.

Rule 18

1. On the expiry of the time-limits referred to in Rules 15 and 16, the Sub-Commission shall be composed or completed by the drawing of lots by the President.

2. Three substitute members shall then be chosen by lot and shall,

4. Les modalités suivant lesquelles le registre est tenu sont déterminées par le President en accord avec le secrétariat de la Commission.

Article 14

Les attributions du secrétariat sont réglées par le Président en accord avec le Secrétaire Général du Conseil de l'Europe.

Chapitre IV

Des Sous-commissions

Article 15

1. Toute partie qui entend exercer la faculté de désigner un membre de son choix pour faire partie d'une Sous-commission, conformément à l'article 29 paragraphe 2 de la Convention, doit notifier le nom du membre choisi dans le délai approprié fixé par le Président.

2. En cas d'empêchement du membre désigné, le Président en informe la partie et lui fixe un nouveau délai approprié pour désigner, si elle le désire, un autre membre.

Article 16

Si la Commission estime que plusieurs parties ont le même intérêt elle leur fixe un délai pour désigner d'un commun accord un seul membre de leur choix. En cas de contestation sur l'existence d'un tel intérêt, laCommission décide après avoir recueilli s'il y a lieu, les explications des parties.

Article 17

En cas de non-désignation d'un membre dans le délai fixé par le Président ou par la Commission conformément à l'article 15 ou à l'article 16 du présent Règlement, la procédure prévue à l'article 18 du présent Règlement sera immédiatement appliquée.

Article 18

1. A l'expiration des délais visés aux articles 15 et 16 du présent Règlement, la Sous-commission sera composée ou complétée par tirage au sort effectué par le Président.

2. Il sera en outre procédé par tirage au sort à la désignation de

if necessary, be called upon to sit in the order in which they were chosen.

Rule 19

If, after the Sub-Commission has been formed, a member appointed by a party is prevented from carrying out his duties, he may be replaced according to the procedure laid down in Rule 15 and following Rules.

Rule 20

1. Of those members chosen by lot according to paragraph 1 of Rule 18, the member who is senior according to the order of precedence laid down in Rule 3 shall preside at the Sub-Commission.
2. If the President of the Sub-Commission for some special reason considers that he should relinquish the office of President in favour of the next senior member, he shall so inform the President of the Commission or the member acting in his place.
3. He shall relinquish the office of President in the circumstances set out in Rule 9.

Rule 21

The Sub-Commission may instruct one of its members to undertake an enquiry or any other form of investigation. It may also appoint one of its members as rapporteur.

Chapter V

The Working of the Commission and Sub-Commissions

Rule 22

The seat of the Commission shall be at the seat of the Council of Europe at Strasbourg. The Commission may, however, if it thinks fit, carry out its duties in any territories to which the Convention applies.

Rule 23

The Commission shall meet at the decision of the President when the latter considers that circumstances so require. It shall also meet if at least one-third of its members so request. The Commission shall be convened by the Secretary-General of the Council of Europe in accordance with Article 35 of the Convention.

trois membres suppléants qui seront éventuellement appelés à siéger suivant l'ordre établi par le tirage au sort.

Article 19

Si, après la constitution de la Sous-commission, le membre désigné par une partie est empêché de remplir ses fonctions, il sera pourvu à son remplacement suivant la procédure prévue aux articles 15 et suivants.

Article 20

1. Parmi les membres désignés par le tirage au sort conformément à l'article 18, paragr. 1, du présent Règlement, le plus ancien, selon le rang établi à l'article 3 du présent Règlement, préside la Sous-commission.

2. Si, pour une raison spéciale, le Président de la Sous-commission estime devoir céder la présidence au membre qui le suit en rang, il en informe le Président de la Commission ou son remplaçant.

3. Il cède la présidence dans le cas prévu à l'article 9 du présent Règlement.

Article 21

La Sous-commission peut charger un de ses membres de procéder à une enquête ou à toute autre mesure d'instruction. Elle peut également désigner un de ses membres comme rapporteur.

Chapitre V

Du fonctionnement de la Commission et des Sous-commissions

Article 22

Le siège de la Commission est fixé à Strasbourg, siège du Conseil de l'Europe. La Commission peut toutefois, lorsqu'elle le juge utile, exercer ses fonctions sur tout territoire auquel la Convention s'applique.

Article 23

La Commission se réunit sur décision de son Président, chaque fois que celui-ci estime que les circonstances l'exigent. Elle doit en outre être réunie si un tiers au moins de ses membres le demandent. Conformément à l'article 35 de la Convention, elle est convoquée par le Secrétaire Général du Conseil de l'Europe.

Rule 24

1. The date and time of meetings shall be laid down by the President of the Commission.
2. The date and time of meetings of a Sub-Commission shall be laid down by its President.

Rule 25

A quorum of the Commission shall be two-thirds of its members. If there is no quorum, the President shall adjourn the meeting

Rule 26

Sessions of the Commission and of a Sub-Commission shall be held *in camera.*

Rule 27

1. The Commission and Sub-Commissions shall deliberate in private.
2. Only the members of the Commission shall take part in the deliberations of the Commission. Only the members of a Sub-Commission shall take part in the deliberations of such Sub-Commission.
3. The official acting as secretary of the Commission or a Sub-Commission shall be present at the private deliberations of the Commission or such Sub-Commission. No other person may be admitted to such private deliberations except by special decision of the Commission or Sub-Commission.

Rule 28

Every member present at such deliberations shall state his opinion and the reasons therefor. The junior member according to the order of precedence laid down in Rule 3 shall speak first.

Rule 29

1. Pursuant to Article 34 of the Convention, decisions of the Commission shall be taken by a majority of members present and voting and decisions of a Sub-Commission shall be taken by a majority of its members.
2. The votes shall be cast in the inverse order to the order of precedence laid down in Rule 3.
3. If the voting is equal, the President or the member acting in his place shall have a casting vote.

Article 24

1. Les dates et heures des séances sont fixées par le Président de la Commission.

2. Les dates et heures des séances d'une Sous-commission sont fixées par son Président.

Article 25

Le quorum de deux tiers des membres est exigé pour le fonctionnement de la Commission.

Si le quorum n'est pas atteint, le Président ajourne la séance.

Article 26

La Commission et les Sous-commissions siègent à huis clos.

Article 27

1. La Commission, ainsi que les Sous-commissions, délibèrent en chambre du conseil.

2. Seuls les membres de la Commission prennent part aux délibérations de la Commission. Seuls les membres d'une Sous-commission prennent part aux délibérations de cette Sous-commission.

3. L'agent qui fait fonction de secrétaire de la Commission ou d'une Sous-commission est présent en chambre du conseil. Aucune autre personne ne peut y être admise qu'en vertu d'une décision spéciale de la Commission ou de la Sous-commission.

Article 28

Chacun des membres présents à la délibération exprime son opinion motivée. Le membre dernier en rang, selon l'ordre établi à l'article 3 du présent Règlement, a la parole le premier.

Article 29

1. Conformément à l'article 34 de la Convention, les décisions de la Commission sont prises à la majorité des membres présents et votant, et celles d'une Sous-commission à la majorité de ses membres

2. Les votes sont émis dans l'ordre inverse de celui établi par l'article 3 du présent Règlement.

3. En cas de partage des voix, la voix du Président ou de celui qui le remplace est prépondérante.

Rule 30

The deliberations of the Commission and Sub-Commissions shall be secret.

Rule 31

Members of the Commission who are prevented by illness or other serious reason from taking part in its meetings shall as soon as possible give notice thereof to the President who shall inform the Commission.

Rule 32

If, for some special reason, a member of the Commission or a Sub-Commission considers that he should not take part in the examination of a particular case, he shall so inform the President or the member acting in his place, who shall, in the case of disagreement, decide.

Rule 33

Members of the Commission may not take part in the examination or settlement of any case in which they have previously acted as the agents, advisers or legal representatives of one of the parties or concerning which they have been required to state an opinion as members of a tribunal, commission of enquiry or in any other capacity.

Rule 34

1. The Commission shall, as circumstances require, appoint one or more groups, each consisting of three of its members, to carry out the duties laid down in Rule 45. Two substitute members shall also be appointed for each group.
2. Such members and substitute members shall be appointed by the Commission in plenary session.
3. The work of a group shall be presided over by the senior member of such group according to the order of precedence laid down in Rule 3.

TITLE II

PROCEDURE

Chapter I

General Rules

Rule 35

1. The official languages of the Commission shall be French and English.

Article 30

Les délibérations de la Commission et des Sous-commissions sont secrètes.

Article 31

Les membres de la Commission empêchés, par suite de maladie ou de circonstances graves, de participer aux séances, doivent en faire part, dans le plus bref délai, au Président, qui en rend compte à la Commission.

Article 32

Si, pour une raison spéciale, l'un des membres de la Commission ou d'une Sous-commission estime devoir ne pas participer à l'examen d'une affaire déterminée, il en fait part au Président ou à son remplaçant, qui, en cas de désaccord, décidera.

Article 33

Les membres de la Commission ne peuvent participer à l'examen d'aucune affaire dans laquelle ils sont antérieurement intervenus comme agent, conseil ou avocat de l'une des parties, ou sur laquelle ils ont été appelés à se prononcer comme membre d'un tribunal, d'une commission d'enquête ou à tout autre titre.

Article 34

1. La Commission désigne, suivant les nécessités, un ou plusieurs groupes, chacun composé de trois de ses membres, appelés à exercer les fonctions prévues à l'article 45 du présent Règlement. Deux membres suppléants seront, en outre, désignés pour chaque groupe.
2. Ces membres, ainsi que les suppléants, sont désignés par la Commission siégeant en séance plénière.
3. Dans chaque groupe le membre le plus ancien, selon le rang établi à l'article 3 du présent Règlement, préside les travaux de ce groupe.

TITRE II

DE LA PROCEDURE

Chapitre I

Règles générales

Article 35

1. Les langues officielles de la Commission sont le français et l'anglais.

2. The President may, however, authorise a member of the Commission to speak in his own language.

Rule 36

The High Contracting Parties shall be represented before the Commission by their agents. They may have the assistance of counsel or advocates.

Rule 37

1. The persons, non-governmental organisations or groups of individuals referred to in Article 25 of the Convention may represent their case in person before the Commission. They may be assisted or represented by a member of the Bar of a High Contracting Party to the Convention, by a solicitor authorised to appear before the court under the laws of such State or by a professor of law at one of the institutions of higher education of such Party.

2. The Commission or a Sub-Commission may, at the request of a party or his representative, permit the use by such party or his representative of a language other than French or English.

Rule 38

1. The Commission shall deal with cases in the order in which they become ready for hearing. When two or more cases are ready for hearing, the order in which they are taken shall be according to their order in the general list.

2. The Commission may, however, in special circumstances decide to give precedence to a particular case.

3. If the parties, acting in agreement, ask for a case before the Commission or a Sub-Commission to be adjourned, the President of the Commission or Sub-Commission respectively may grant such adjournment. Where there is no such agreement between the parties, the question shall be decided by the said President, unless he considers it necessary to refer such question to the Commission or Sub-Commission.

4. The Commission may, if it considers necessary, order the joinder of two or more cases appearing in the list.

Rule 39

The minutes of the meetings shall be drawn up by the secretariat of the Commission. The minutes shall be signed by the member of the Commission who presided at the meeting and by the official acting as secretary of the Commission. They shall constitute certified matters of record.

2. Le Président peut toutefois autoriser un membre de la Commission à s'exprimer dans sa propre langue.

Article 36

Les Hautes Parties Contractantes sont représentées devant la Commission par leurs agents. Elles peuvent se faire assister par des conseils ou des avocats.

Article 37

1. Les personnes physiques, les organisations non gouvernementales ou les groupes de particuliers, visés à l'article 25 de la Convention, peuvent défendre eux-mêmes leur cause devant la Commission; ils peuvent être assistés ou représentés par un avocat inscrit au barreau de l'une des Hautes Parties Contractantes, par un avoué auprès des juridictions desdites Parties, ou par un professeur de droit à l'un des établissements d'enseignement supérieur de ces Parties.

2. La Commission ou une Sous-commission, à la demande d'une partie ou de son représentant, peut autoriser l'emploi, par cette partie ou son représentant, d'une langue autre que le français ou l'anglais.

Article 38

1. La Commission traite les affaires dont elle est saisie suivant l'ordre selon lequel elles sont en état. L'ordre des affaires en état est déterminé par le rang qu'elles occupent au rôle général.

2. Toutefois, la Commission peut, en raison de circonstances particulières, décider de traiter une affaire par priorité.

3. Si les parties demandent, d'un commun accord, la remise d'une affaire devant la Commission ou une Sous-commission, les Présidents respectifs peuvent l'accorder. A défaut d'accord entre parties, les Présidents décident, à moins qu'ils n'estiment nécessaire de saisir de cette question la Commission ou la Sous-commission.

4. La Commission peut, si elle le juge nécessaire, ordonner la jonction de deux ou plusieurs affaires qui figurent au rôle.

Article 39

Le secrétariat de la Commission établit le procès-verbal des séances. Le procès-verbal est signé par le membre de la Commission qui a présidé la séance et par l'agent qui fait fonction de secrétaire de la Commission. Il fait foi de son contenu.

Chapter II

Institution of Proceedings

Rule 40

1. Any claims submitted under Article 24 or 25 of the Convention shall be submitted in the form of an application in writing and shall be signed by the applicant or his representative.

2. Where an application is submitted by a non-governmental organisation or by a group of individuals, it shall be signed by those persons competent to represent such organisation or group, if such organisation or group is properly constituted according to the laws of the State to which it is subject. The application shall in all other cases be signed by the persons composing the group submitting the application.

Rule 41

1. The application shall include:

(a) the name of the applicant;

(b) the name of the High Contracting Party against which the claim is made;

(c) the object of the claim;

(d) as far as possible the provision relied upon in the Convention;

(e) a statement of the facts and of the means of proof;

(f) any attached documents.

2. In pursuance of Article 26 of the Convention, a party shall provide evidence to show that all domestic remedies have been exhausted.

Rule 42

Where a party intends to claim damages for an alleged injury, the amount of damages claimed may be stated in its application.

Rule 43

The Secretary-General of the Council of Europe shall transmit the application and any relevant documents to the President of the Commission.

Rule 44 (*)

Where, pursuant to Article 24 of the Convention, an application is brought before the Commission by a High Contracting Party, the President of the Commission shall through the Secretary-General of the Council of Europe give notive of such application to the

(*) Amended on 20th September, 1955

Chapitre II

De l'introduction de l'instance

Article 40

1. Toute demande présentée en vertu de l'article 24 ou de l'article 25 de la Convention doit l'être sous forme de requête écrite, et être signée par le requérant ou la personne qui le représente.

2. Lorsque la requête est présentée par une organisation non gouvernementale ou par un groupe de particuliers, elle est signée par les personnes habilitées à représenter l'organisation ou le groupe, si ceux-ci sont régulièrement constitués selon la loi de l'Etat dont ils relèvent. Dans le cas contraire, la requête doit être signée par les personnes physiques formant le groupe requérant.

Article 41

1. La requête doit indiquer:

(a) la partie requérante;

(b) la Haute Partie Contractante contre laquelle la demande est formée;

(c) l'objet de la demande;

(d) autant que possible, la disposition de la Convention dont la violation est alléguée;

(e) l'exposé des faits et des moyens;

(f) les pièces annexées.

2. Aux fins d'application de l'article 26 de la Convention, la partie doit prouver que les recours internes ont été épuisés.

Article 42

Si la partie entend poursuivre en outre la réparation d'un dommage prétendûment subi, elle peut indiquer dans la requête le montant de l'indemnité réclamée.

Article 43

Le Secrétaire Général du Conseil de l'Europe transmet la requête et les pièces complémentaires au Président de la Commission.

Article 44 (*)

Si la Commission est saisie par une Haute Partie Contractante, conformément à l'article 24 de la Convention, le Président de la Commission, par l'intermédiaire du Secrétaire Général du Conseil de l'Europe, donne connaissance de la requête à la Haute Partie Con-

[1] Amendé le 20 septembre 1955

High Contracting Party against which the claim is made and shall invite it to submit to the Commission its observations in writing on the admissibility of such application.

Rule 45 (*)

1. Any application submitted according to Article 25 of the Convention shall be referred by the President of the Commission to the three members mentioned in Rule 34 who shall make a preliminary examination as to its admissibility. The three members shall then submit to the Commission a report on such preliminary examination.

2. If the three members unanimously report that the application appears to be admissible, the President of the Commission shall through the Secretary-General of the Council of Europe give notice of such application to the High Contracting Party against which the claim is made and shall invite it to submit to the Commission its observations in writing on the admissibility of such application.

3. If the three members do not unanimously report that the application appears to be admissible, the Commission shall consider the application and may

(*a*) either, declare at once that the application is inadmissible,

(*b*) or, through the Secretary-General of the Council of Europe give notice of such application to the High Contracting Party against which the claim is made and invite it to submit to the Commission its observations in writing on the admissibility of such application.

Rule 46 (*)

1. Except for the case provided for in Rule 45, paragraph 3 (a), the Commission, before it decides as to the admissibility of an application, may, if it thinks fit, invite the parties to submit to it their further comments in writing. It may also invite the parties to make oral explanations.

2. The Commission shall inform the parties concerned as to its decision on the admissibility of an application.

Rule 47 (**)

1. The Commission shall, if it admits an application, set up a Sub-Commission according to the provisions of Chapter IV of Title I of the present Rules.

2. If the Commission admits an application, the facts of which are connected with those of a case between the same parties for which a Sub-Commission has abready been set up, it may refer the new case to the said Sub-Commission after consultation of the parties.

(*) Amended on 20th September, 1955
(**) Amended in July 1957

tractante mise en cause et invite celle-ci à présenter à la Commission ses observations écrites sur la recevabilité de ladite requête.

Article 45 (*)

1) Toute requête présentée conformément à l'article 25 de la Convention est soumise par le Président de la Commission aux trois membres visés à l'article 34 du présent Règlement, aux fins d'examen préalable de sa recevabilité. Le résultat de cet examen préalable fait l'objet d'un rapport à la Commission.

2) Si les trois membres, dans leur rapport, sont unanimes à estimer que la requête semble recevable, le Président de la Commission, par l'intermédiaire du Secrétaire Général du Conseil de l'Europe, donne connaissance de la requête à la Haute Partie Contractante mise en cause et invite celle-ci à présenter à la Commission ses observations écrites sur la recevabilité de ladite requête.

3) Si les trois membres, dans leur rapport, ne sont pas unanimes à estimer que la requête semble recevable, la Commission examine la requête et peut.

(*a*) soit la déclarer de plano irrecevable,

(*b*) soit, par l'intermédiaire du Secrétaire Général du Conseil de l'Europe, donner connaissance de la requête à la Haute Partie Contractante mise en cause et inviter celle-ci à présenter à la Commission ses observations écrites sur la recevabilité de ladite requête.

Article 46 (*)

1) Sauf dans le cas visé au paragraphe 3, alinéa a, de l'article 45 du présent Règlement, la Commission, avant de prendre une décision sur la recevabilité, peut inviter les parties, si elle l'estime utile, à lui présenter des observations écrites complémentaires. Elle peut également inviter les parties à lui donner des explications orales.

2) La Commission informe les parties intéressées de sa décision sur la recevabilité.

Article 47 (**)

1. Dans le cas où la Commission retient la requête, elle procède à la constitution d'une Sous-commission, suivant les prescriptions du Titre I, chapitre IV du présent Règlement.

2) Dans le cas où la Commission retient une requête dont les faits sont connexes à ceux d'une affaire opposant les même parties et pour laquelle une Sous-commission a déjà été constituée, elle peut, après consultation des parties, renvoyer la nouvelle affaire à ladite Sous-commission.

(*) Amendé le 20 septembre 1955

(**) Amendé en juillet 1957

3. The President shall lay down the time-limits within which the parties shall submit their evidence and arguments.

Rule 48

1. Each pleading shall be signed in the original by the party or its representative.

2. Each pleading shall be dated. For the purpose of determining any time-limits, the date of the filing of the pleading with the Secretariat-General of the Council of Europe shall alone be taken into consideration.

3. Any document submitted as an appendix and written in a language other than one of the official languages shall, unless the President otherwise decides, be accompanied by translation into one of the official languages. Translations of extracts may be submitted, however, in the case of lengthy documents. The Commission may at any time require a more complete translation or a certified translation to be submitted.

Rule 49

After a Sub-Commission has been set up, the papers in the case shall be sent to it to enable it to carry out the duties laid down in Article 28 of the Convention.,

Chapter III

Procedure before Sub-Commissions

Rule 50

1. A Sub-Commission may take any measure which it considers expedient in order to carry out the duties laid down in Article 28 of the Convention.

2. A Sub-Commission shall take formal note of the refusal of a party to comply with such measures.

Rule 51

A Sub-Commission shall appoint the rapporteur and shall lay down the date on which he shall make his report.

Rule 52

The President of a Sub-Commission shall direct the proceedings.

Rule 53

1. A Sub-Commission may put questions to the parties and request them to give explanations.

3. Le Président fixe les délais dans lesquels les parties auront à présenter leurs moyens, offres de preuve et conclusions.

Article 48

1. L'original de tout acte de procédure doit être signé par la partie ou la personne qui la représente.
2. Tous les actes de procédure doivent être datés. Pour la computation des délais, seule la date du dépôt au Secrétariat Général du Conseil de l'Europe est prise en considération.
3. Tout document produit en annexe et rédigé en une langue autre que l'une des langues officielles doit être accompagné d'une traduction dans une de ces langues, sauf dérogation accordée par le Président. Toutefois, dans le cas de documents volumineux, des traductions en extrait peuvent être présentées. A tout moment la Commission peut exiger une traduction plus complète ou une traduction certifiée conforme.

Article 49

Dès qu'une Sous-commission est constituée, le dossier de l'affaire lui est transmis pour qu'elle remplisse les fonctions prévues à l'article 28 de la Convention.

Chapitre III

De la procédure devant les Sous-commissions

Article 50

1. Chaque Sous-commission peut prendre toutes mesures utiles à l'accomplissement des fonctions qui lui sont conférées par l'article 28 de la Convention.
2. En cas de refus d'une partie de se conformer à une mesure ordonnée, la Sous-Commission en prend acte.

Article 51

La Sous-commission désigne le rapporteur et fixe la date à laquelle celui-ci fera rapport.

Article 52

Le Président de la Sous-commission dirige les débats.

Article 53

1. La Sous-commission peut poser des questions aux parties et leur demander des éclaircissements.

2. Each member of a Sub-Commission shall have the rights set out in paragraph 1 of this Rule and shall give notice to the President if he wishes to exercise such rights.

Rule 54

1. Where a Sub-Commission agrees to the submission of evidence by the parties, the parties shall arrange for the witnesses and experts to appear and shall pay any costs involved.

2. Witnesses and experts which a Sub-Commission decides to hear shall be requested to appear by the Secretary-General of the Council of Europe.

3. The request mentioned in the preceding paragraph shall contain:

- the names, first names, occupation and domicile of the parties in the case;
- the facts or points concerning which the witnesses or experts will be heard;
- if necessary, a statement of the arrangements made by a Sub-Commission to reimburse the witnesses or experts for any expenses incurred by them.

Rule 55

1. After establishing the identity of the witnesses or experts, the President of a Sub-Commission or the members mentioned in Rule 21 shall request them to take the following oath:

(a) for witnesses: "I swear that I will speak the truth, the whole truth and nothing but the truth".

(b) for experts: "I swear that my statement will be in accordance with my sincere belief".

2. Instead of taking the oath in the terms set out in paragraph 1 of this Rule, the witnesses or experts may make the following declaration:

(a) for witnesses: "I solemnly declare upon my honour and conscience that I will speak the truth, the whole truth and nothing but the truth".

(b) for experts: "I solemnly declare upon my honour and conscience that my statement will be in accordance with my sincere belief".

Rule 56

1. Witnesses and experts may be examined by the parties with the permission of the President of a Sub-Commission or of the member mentioned in Rule 21.

2. It shall be for a Sub-Commission to decide as to the relevance of the questions put by the parties.

2. La même faculté appartient à chaque membre de la Sous-commission qui, pour l'exercer, fait connaître son intention au Président.

Article 54

1. Si la Sous-commission admet une offre de preuve, les témoins et les experts comparaissent à la diligence et aux frais des parties.

2. Les témoins et experts que la Sous-commission décide d'entendre d'office sont invités à se présenter par les soins du Secrétaire Général du Conseil de l'Europe.

3. L'invitation prévue au paragraphe ci-dessus contient:

- les noms, prénoms, profession et domicile des parties en cause;
- les faits ou points sur lesquels les témoins ou les experts seront entendus;
- éventuellement, la mention des dispositions prises par la Sous-commission pour le remboursement des frais encourus par les témoins et experts.

Article 55

1. Après vérification de l'identité des témoins et experts, le Président de la Sous-commission, ou les membres prévus à l'article 21 du présent Règlement, invitent les témoins et experts à prêter le serment suivant:

a) pour les témoins: "Je jure que je dirai la vérité, toute la vérité et rien que la vérité".

b) pour les experts: "Je jure que mon exposé correspondra à ma conviction sincère".

2. Les témoins et experts peuvent, au lieu de prêter le serment mentionné au paragraphe précédent, faire la déclaration suivante:

a) pour les témoins: "Je déclare solennellement, en tout honneur et en toute conscience, que je dirai la vérité, toute la vérité et rien que la vérité".

b) pour les experts: "Je déclare solennellement, en tout honneur et en toute conscience, que mon exposé correspondra à ma conviction sincère".

Article 56

1. Les témoins et experts peuvent être interrogés par les parties sur autorisation du Président de la Sous-commission ou du membre prévu à l'article 21 du présent Règlement.

2. Il appartient à la Sous-commission de décider de la pertinence des questions à poser.

Rule 57

Where, without good reason, a witness, who has been required to appear, fails to appear or refuses to give evidence, the Secretary-General of the Council of Europe shall at the request of the President of the Commission so inform that High Contracting Party to the Convention to whose jurisdiction such witness is subject.

Rule 58

If a Sub-Commission considers that, in order to investigate a case, it is expedient to continue its work in a place other than the seat of the Council of Europe, such Sub-Commission shall, through the Secretary-General of the Council of Europe, request any High Contracting Party concerned to grant it all necessary facilities, as mentioned in paragraph (a) of Article 28 of the Convention, in order that it may carry out its task.

Rule 59

The secretariat of the Commission shall draw up the minutes of the meetings. The minutes shall be signed by the Chairman of the meeting and by the official acting as secretary of the Commission. The minutes shall constitute certified matters of record.

Rule 60

The Report provided for in Article 30 of the Convention shall contain:

- the date on which it was drawn up;
- the names of the President and members of a Sub-Commission participating;
- a description of the parties;
- the names of the representatives and counsel of the parties;
- a statement of the facts;
- the terms of the solution reached.

Rule 61

The Report referred to in the preceding Rule shall be signed by the President of a Sub-Commission and by the official acting as secretary of the Commission. The Report shall be sent to the High Contracting Parties concerned, to the Committee of Ministers and to the Secretary-General of the Council of Europe for publication.

Article 57

Lorsque, sans motif légitime, un témoin dûment invité à comparaître ne se présente pas ou refuse de déposer, le Secrétaire Général du Conseil de l'Europe à la demande du Président de la Commission, signale le fait à la Haute Partie Contractante de la juridiction de laquelle ce témoin relève.

Article 58

Si la Sous-commission juge utile de poursuivre l'examen d'une affaire en dehors du siège du Conseil de l'Europe, elle demande à toute Haute Partie Contractante que cela concerne, par l'entremise du Secrétaire Général du Conseil de l'Europe, de lui fournir toutes les facilités nécessaires à l'accomplissement de sa mission, comme prévu à l'article 28, paragraphe a), de la Convention.

Article 59

Le secrétariat de la Commission établit le procès-verbal des séances. Ce procès-verbal est signé par le président de séance et par l'agent qui fait fonction de secrétaire de la Commission. Il fait foi de son contenu.

Article 60

Le rapport prévu par l'article 30 de la Convention comprend:
- la date à laquelle il est dressé;
- les noms du Président et des membres de la Sous-commission qui y ont pris part;
- l'indication des parties;
- les noms des représentants et des conseils des parties;
- l'exposé des faits;
- la solution adoptée.

Article 61

Le rapport visé au précédent article est signé par le Président de la Sous-commission et par l'agent qui fait fonction de secrétaire. Il est transmis aux Hautes Parties Contractantes intéressées, au Comité des Ministres et au Secrétaire Général du Conseil de l'Europe aux fins de publication.

Chapter IV

Procedure before the Commission

Rule 62

The provisions of Chapter III of the present Title shall apply, *mutatis mutandis*, to proceedings before the Commission.

Chapter V

The Report of the Commission

Rule 63

If a Sub-Commission fails to effect a friendly settlement, it shall submit the case to the Commission.

Rule 64

If the Commission considers it necessary to obtain additional information, it shall in each case determine the manner in which this shall be done.

Rule 65

The Report mentioned in Article 31 of the Convention shall be drawn up after deliberation by the Commission in plenary session.

Rule 66

The Report shall contain:

- the date on which it was drawn up;
- the names of the President and members participating;
- a description of the parties;
- the names of the representatives and counsel of the parties;
- a statement of the proceedings;
- a statement of the facts;
- the reasoned opinion of the Commission as to whether the facts found disclose a breach by the High Contracting Party concerned of its obligation under the Convention;
- a statement of the number of members forming the majority;
- any proposal which the Commission may consider appropriate.

Rule 67

Each member may, in accordance with paragraph 1 of Article 31

Chapitre IV

Procédure devant la Commission

Article 62

Les dispositions du chapitre III du présent Titre s'appliquent, *mutatis mutandis*, aux procédures devant la Commission.

Chapitre V

Du rapport de la Commission

Article 63

Si la Sous-commission ne parvient pas à un règlement amiable, elle soumet l'affaire à la Commission.

Article 64

Si la Commission juge nécessaire de réunir des renseignements complémentaires, elle détermine, dans chaque cas, la voie à suivre.

Article 65

Le rapport prévu par l'article 31 de la Convention est établi après délibération de la Commission en séance plénière.

Article 66

Le rapport comprend:

- la date à laquelle il est dressé;
- les noms du Président et des membres qui y ont pris part;
- l'indication des parties;
- les noms des représentants et des conseils des parties;
- l'exposé de la procédure;
- l'exposé des faits;
- l'avis motivé de la Commission sur le point de savoir si les faits constatés révèlent, de la part de la Haute Partie Contractante intéressée, une violation des obligations qui lui incombent aux termes de la Convention;
- l'indication du nombre des membres ayant constitué la majorité;
- éventuellement, les propositions que la Commission jugerait approprié de formuler.

Article 67

Conformément à l'article 31, paragraphe 1, de la Convention, tout of the Convention, include in the Report a statement of his opinion.

Rule 68

Where the Commission decides to make proposals concerning damages as envisaged in Rule 42, it shall make them in pursuance of paragraph 3 of Article 31 of the Convention.

Rule 69

The Report and any proposals shall be signed by the President and by the official acting as secretary of the Commission. They shall be sent through the Secretary-General of the Council of Europe to the Committee of Ministers and only to those High Contracting Parties which are concerned.

Done at Strasbourg, 2nd April, 1955.

F. AGREEMENT ON PRIVILEGES AND IMMUNITIES OF THE MEMBERS OF THE EUROPEAN COMMISSION OF HUMAN RIGHTS

Text of the Agreement

The Governments signatory hereto, being Members of the Council of Europe,

Considering that, under the terms of Article 59 of the Convention for the Protection of Human Rights and Fundamental Freedoms, signed at Rome on 4th November, 1950, the members of the European Commission of Human Rights (hereinafter referred to as "the Commission") are entitled, during the discharge of their functions, to the privileges and immunities provided for in Article 40 of the Statute of the Council of Europe and in the Agreements made thereunder;

Considering that it is necessary to specify and define the said privileges and immunities in a Protocol to the General Agreement on Privileges and Immunities of the Council of Europe, signed at Paris on 2nd September, 1949,

Have agreed as follows:

Article 1

The members of the Commission shall, while exercising their functions and during their journeys to and from their place of meeting, enjoy the following privileges and immunities:

(*a*) immunity from personal arrest or detention and from seizure membre peut faire inclure dans le rapport l'exposé de son opinion.

Article 68

Si la Commission décide de formuler des propositions relatives à la réparation prévue à l'article 42 du présent Règlement, elle le fait conformément à l'article 31, paragr. 3, de la Convention.

Article 69

Le rapport et les propositions éventuelles sont signés par le Président et par l'agent qui fait fonction de secrétaire. Par l'intermédiaire du Secrétaire Général du Conseil de l'Europe, ils sont transmis au Comité des Ministres et communiqués aux seules Hautes Parties Contractantes intéressées.

Fait à Strasbourg, le 2 avril 1955.

F. ACCORD RELATIF AUX PRIVILEGES ET IMMUNITES DES MEMBRES DE LA COMMISSION EUROPEENNE DES DROITS DE L'HOMME

Texte de l'Accord

Les Gouvernements signataires, Membres du Conseil de l'Europe,

Considérant qu'aux termes de l'article 59 de la Convention de sauvegarde des Droits de l'Homme et des Libertés fondamentales, signée à Rome le 4 novembre 1950, les membres de la Commission Européenne des Droits de l'Homme (ci-dessous dénommée "la Commission") jouissent, pendant l'exercice de leurs fonctions, des privilèges et immunités prévus à l'article 40 du Statut du Conseil de l'Europe et dans les Accords conclus en vertu de cet article;

Considérant qu'il importe de définir et préciser lesdits privilèges et immunités au moyen d'un Protocole additionnel à l'Accord Général sur les Privilèges et Immunités du Conseil de l'Europe, signé à Paris le 2 septembre 1949,

Sont convenus de ce qui suit:

Article 1er

Les membres de la Commission jouissent, pendant l'exercice de leurs fonctions et au cours de leurs voyages à destination ou en provenance du lieu de leurs réunions, des privilèges et immunités suivants:

(*a*) immunités d'arrestation ou de détention et de saisie de leurs of their personal bagage, and, in respect of words spoken or written and all acts done by them in their official capacity, immunity from legal process of every kind;

(*b*) inviolability for all papers and documents;

(*c*) exemption in respect of themselves and their spouses from immigration restrictions or aliens registration in the State which they are visiting or through which they are passing in the exercise of their functions.

Article 2

1. No administrative or other restrictions shall be imposed on the free movement of members of the Commission to and from the place of meeting of the Commission.

2. Members of the Commission shall, in the matter of customs and exchange control, be accorded:

(*a*) by their own Government, the same facilities as those accorded to senior officials travelling abroad on temporary official duty;

(*b*) by the Governments of other Members, the same facilities as those accorded to representatives of foreign Governments on temporary official duty.

Article 3

In order to secure for the members of the Commission complete freedom of speech and complete independence in the discharge of their duties, the immunity from legal process in respect of words spoken or written and all acts done by them in discharging their duties shall continue to be accorded, notwithstanding that the persons concerned are no longer engaged in the discharge of such duties.

Article 4

Privileges and immunities are accorded to the members of the Commission, not for the personal benefit of the individuals themselves, but in order to safeguard the independent exercise of their functions. The Commission alone shall be competent to waive the immunity of its members; it has not only the right, but is under a duty, to waive the immunity of one of its members in any case where, in its opinion, the immunity would impede the course of justice, and where it can be waived without prejudice to the purpose for which the immunity is accorded.

Article 5

This Protocol shall be open to the signature of the Members of the Council of Europe who may become Parties to it either by:

bagages personnels et, en ce qui concerne les actes accomplis par eux en leur qualité officielle, y compris leurs paroles et écrits, immunités de toute juridiction;

(*b*) inviolabilité de tous papiers et documents;

(*c*) exemption pour eux-mêmes et pour leurs conjoints à l'égard de toutes mesures restrictives relatives à l'immigration, de toutes formalités d'enregistrement des étrangers, dans les pays visités ou traversés par eux dans l'exercice de leurs fonctions.

Article 2

1. Aucune restriction d'ordre administratif ou autre ne peut être apportée au libre déplacement des membres de la Commission se rendant au lieu de réunion de la Commission ou en revenant.

2. Les membres de la Commission se voient accorder, en matière de douane et de contrôle des changes:

(*a*) par leur propre gouvernement, les mêmes facilités que celles reconnues aux hauts fonctionnaires se rendant à l'étranger en mission officielle temporaire;

(*b*) par les gouvernements des autres Membres, les mêmes facilités que celles reconnues aux représentants de gouvernements étrangers en mission officielle temporaire.

Article 3

En vue d'assurer aux membres de la Commission une complète liberté de parole et une complète indépendance dans l'accomplissement de leurs fonctions, l'immunité de juridiction en ce qui concerne les paroles ou les écrits ou les actes émanant d'eux dans l'accomplissement de leurs fonctions continuera à leur être accordé même après que le mandat de ces personnes aura pris fin.

Article 4

Les privilèges et immunités sont accordés aux membres de la Commission, non pour leur bénéfice personnel, mais dans le but d'assurer en toute indépendance l'exercice de leurs fonctions. La Commission a seule qualité pour prononcer la levée des immunités; elle a non seulement le droit, mais le devoir de lever l'immunité d'un de ses membres dans tous les cas où, à son avis, l'immunité empêcherait que justice ne soit faite et où l'immunité peut être levée sans nuire au but pour lequel elle est accordée.

Article 5

Le présent Protocole est ouvert à la signature des Membres du Conseil qui peuvent y devenir Parties par:

(*a*) signature without reservation in respect of ratification *or by*
(*b*) signature with reservation in respect of ratification followed by ratification.

Instruments of ratification shall be deposited with the Secretary-General of the Council of Europe.

Article 6

1. This Protocol shall enter into force as soon as three Members of the Council of Europe shall, in accordance with Article 5, have signed it without reservation in respect of ratification or shall have ratified it.

2. As regards any Member subsequently signing it without reservation in respect of ratification, or ratifying it, this Protocol shall enter into force at the date of signature or deposit of the instrument of ratification.

Article 7

The Secretary-General of the Council of Europe shall notify Members of the Council of the date of entry into force of this Protocol and shall give the names of any Members who have signed it without reservation in respect of ratification or who have ratified it.

In witness whereof the undersigned, being duly authorised to that effect, have signed the present Protocol.

Done at Paris,
this 15th day of December, 1956, in English and in French, both texts being equally authoritative, in a single copy which shall remain deposited in the archives of the Council of Europe. The Secretary-General shall send certified copies to each of the signatory Governments.

Appendix

List of signatory States (as at 31st December, 1957)
Liste des Etats signataires (au 31 décembre 1957)

Without reservation in respect of ratification:
Sans réserve de ratification:

Denmark – Danemark Iceland – Islande Norway – Norvège Sweden – Suède	15th December/15 décembre 1956
Netherlands – Pas-Bas	29th April/29 avril 1957.

(*a*) la signature sans réserve de ratification;
(*b*) la signature sous réserve de ratification.

Les instruments de ratification seront déposés près le Secrétaire Général du Conseil de l'Europe.

Article 6

1. Le présent Protocole entrera en vigueur dès que trois Membres du Conseil de l'Europe, conformément aux dispositions de l'article 5, l'auront signé sans réserve de ratification ou l'auront ratifié.

2. Pour tout Membre qui ultérieurement le signera sans réserve de ratification ou le ratifiera, le présent Protocole entrera en vigueur dès la signature ou le dépôt de l'instrument de ratification.

Article 7

Le Secrétaire Général du Conseil de l'Europe notifiera aux Membres du Conseil la date d'entrée en vigueur du présent Protocole et les noms des Membres ayant signé sans réserve de ratification ou ratifié.

En foi de quoi, les soussignés, dûment autorisés à cet effet, ont signé le présent Protocole.

Fait à Paris,
le 15 décembre 1956, en français et en anglais, les deux textes faisant également foi, en un seul exemplaire, qui sera déposé dans les archives du Conseil de l'Europe. Le Secrétaire Général en communiquera des copies certifiées conformes à tous les gouvernements signataires.

(*Continued from p. 90 / Suite de la page 90*)

With reservation in respect of ratification:
Sous réserve de ratification:

Belgium – Belgique France Federal Republic of Germany – République Fédérale d'Allemagne Greece – Grèce Italy – Italie Luxembourg United Kingdom – Royaume-Uni	15th December/ 15 décember 1956
Turkey – Turquie	25th September/25 septembre 1957

CHAPTER II

GENERAL INFORMATION

Landmarks in the broadening of safeguards for Human Rights under the auspices of the Council of Europe

A. BACKGROUND OF THE CONVENTION[1]

May 1948, The Hague: The European Congress convened at The Hague by the International Committee for the Co-ordination of European Movements calls for a Charter of Human Rights and the setting up of a Court of Justice capable of applying the sanctions required to ensure that it is respected.

February 1949, Brussels: The Conference called in Brussels by the International Council of the European Movement instructs its Legal Committee to prepare a preliminary draft of a Convention for the protection of human rights to be submitted to the prospective member countries joining the Council of Europe.

5th May 1949, London: Ten European States sign the Statute of the Council of Europe, several Articles of which (the Preamble and Articles 1, 3, 4, 5 and 8) solemnly lay down the principle that human rights shall be respected.

12th July 1949: The Juridical Committee of the European Movement submits its preliminary draft Convention to the Committee of Ministers of the Council of Europe.

13th August 1949, Strasbourg: The Consultative Assembly of the Council of Europe proposes that the Committee of Ministers place on its agenda the study of problems concerning the safeguard of human rights and fundamental freedoms [2].

---

[1] For a fuller statement on the drawing up of the Convention and Protocol, see the booklet "The European Convention on Human Rights" (Council of Europe Directorate of Information, 2nd edit. 1958) and most of the works quoted in Chapter VI (Bibliography).

[2] According to the original version of Article 23 of the Statute of the Council of Europe, the Committee of Ministers drew up the agenda for sessions of the Assembly. An amendment was introduced in 1951 transferring this responsibility to the Assembly.

CHAPITRE II

INFORMATIONS DE CARACTERE GENERAL

Tableau des principaux événements ayant marqué le développement de la protection des Droits de l'Homme dans le cadre du Conseil de l'Europe

A. LA PERIODE DE L'ELABORATION DE LA CONVENTION[1]

mai 1948, La Haye: Le Congrès de l'Europe, convoqué à La Haye par le "Comité international de coordination des Mouvements européens", réclame l'élaboration d'une "Charte des Droits de l'Homme" et la constitution d'une "Cour de Justice capable d'appliquer les sanctions nécessaires pour que soit respectée la Charte".

février 1949, Bruxelles: La conférence convoquée à Bruxelles par le "Conseil international du Mouvement Européen" charge sa Commission juridique de préparer l'avant-projet d'une Convention pour la protection des Droits de l'Homme qui serait soumise à l'acceptation des pays qui participeraient au Conseil de l'Europe.

5 mai 1949, Londres: Dix Etats européens signent à Londres le Statut du Conseil de l'Europe dont plusieurs dispositions (préambule et Art. 1, 3, 4, 5 et 8) consacrent solennellement le principe du respect des Droits de l'Homme.

12 juillet 1949: La Commission juridique du Mouvement Européen soumet son avant-projet de Convention au Comité des Ministres du Conseil de l'Europe.

13 août 1949, Strasbourg: Dès sa première session, l'Assemblée Consultative du Conseil de l'Europe propose au Comité des Ministres d'inscrire à l'ordre du jour de ladite session l'étude des mesures à prendre pour la sauvegarde et le développement des Droits de l'Homme et des Libertés fondamentales [2].

---

[1] Pour un exposé plus complet de l'élaboration de la Convention et du Protocole additionnel, voir la brochure „La Convention européenne des Droits de l'Homme" (Direction de l'Information du Conseil de l'Europe, 2ème édition, 1958), ainsi que la plupart des études citées au Chapitre VI (Bibliographie).

[2] Dans sa rédaction primitive, l'article 23 du Statut du Conseil de l'Europe confiait au Comité des Ministres la fixation de l'ordre du jour des sessions de l'Assemblée. Depuis un amendement introduit en 1951, l'Assemblée arrête elle-même cet ordre du jour.

16th August 1949, Strasbourg: Adoption of the Assembly's proposal by the Committee of Ministers.

19th August 1949, Strasbourg: General debate in the Consultative Assembly on the drafting of a Human Rights Convention.

8th September 1949, Strasbourg: After a long debate (7th-8th September) the Consultative Assembly adopts a Recommendation for the conclusion of a European Convention to provide a collective guarantee of Human Rights and Fundamental Freedoms, and indicating its broad outlines (a simple enumeration of the rights and freedoms to be guaranteed, creation of a European Commission of Human Rights open to applications from States, individuals or corporate bodies and of a European Court of Justice with compulsory jurisdiction). A serious difference of opinion having arisen in the Assembly, the question of the right of ownership and that of the rights of parents in respect of the education of their children are referred to the Legal Committee for further consideration.

5th November 1949, Paris: Having received the Assembly's Recommendation, the Committee of Ministers decides to set up a Committee of governmental experts to prepare a draft Human Rights Convention.

16th March 1950, Strasbourg: After a meeting at Strasbourg from 2nd to 8th February and from 6th to 10th March, the Committee of Experts submits a report to the Committee of Ministers together with a draft Convention containing several variants (either a simple enumeration of the rights and freedoms to be guaranteed or a full definition of them; guarantees to consist of either a Commission and a Court or a Commission only).

1st April 1950, Strasbourg: The Committee of Ministers decides to call a meeting of senior government officials in order to furnish advice on the political aspects of its decision.

3rd June 1950, Paris: The Committee of Ministers decides to communicate the conclusions of the meeting of senior officials to the Legal Committee of the Consultative Assembly.

17th June 1950, Strasbourg: After meeting at Strasbourg from 8th to 17th June, the senior officials submit to the Ministers a report and a single-text draft Convention (compromise between simple enumeration of the rights and freedoms to be guaranteed and their detailed definition. It is decided that the creation of a European Court of Human Rights shall be deferred until nine

16 août 1949, Strasbourg: Le Comité des Ministres du Conseil de l'Europe approuve cette proposition de l'Assemblée Consultative.

19 août 1949, Strasbourg: Une discussion générale a lieu au sein de l'Assemblée Consultative au sujet de l'élaboration d'une Convention des Droits de l'Homme.

8 septembre 1949, Strasbourg: Après un long débat (7-8 septembre), l'Assemblée Consultative adopte une recommandation tendant à la conclusion d'une convention européenne de garantie collective des Droits de l'Homme et des Libertés fondamentales et indiquant les lignes générales de la convention souhaitée (en particulier: simple énumération des droits et libertés à garantir – création d'une Commission européenne des Droits de l'Homme accessible aux Etats comme aux individus et aux personnes morales, ainsi que d'une Cour européenne de justice dotée d'une compétence obligatoire). De sérieuses divergences s'étant manifestées en son sein, l'Assemblée renvoie à sa Commission juridique, pour nouvel examen, la question de la consécration du droit de propriété et des droits des parents en matière d'éducation des enfants.

5 novembre 1949, Paris: Saisi de la recommandation de l'Assemblée le Comité des Ministres décide la constitution d'un Comité d'Experts gouvernementaux chargé d'élaborer un projet de Convention des Droits de l'Homme.

16 mars 1950, Strasbourg: Après avoir siégé à Strasbourg du 2 au 8 février et du 6 au 10 mars, le Comité d'Experts soumet au Comité des Ministres un rapport accompagné d'un projet de Convention comprenant plusieurs variantes (notamment: choix entre la méthode de la simple énumération des droits et libertés à garantir et celle de leur définition précise – mécanisme de sauvegarde comportant une Commission plus une Cour ou seulement une Commission)

1er avril 1950, Strasbourg: Le Comité des Ministres décide la convocation d'une conférence de Hauts Fonctionnaires gouvernementaux chargés de préparer le décision des Ministres sur le plan politique.

3 juin 1950, Paris: Le Comité des Ministres décide que la Commission juridique de l'Assemblée Consultative pourra prendre connaissance des conclusions de la Conférence des Hauts Fonctionnaires.

17 juin 1950, Strasbourg: Après avoir siégé à Strasbourg du 8 au 17 juin, la Conférence des Hauts Fonctionnaires soumet au Comité des Ministres un rapport et un texte unique de projet de convention (compromis entre la méthode de l'énumération des droits et libertés à garantir et celle de leur définition précise. La création de la Cour européenne des Droits de l'Homme est countries have formally recognised the Court's compulsory jurisdiction. Provision is made for the further hearing of any application by the Committee of Ministers. The rights and freedoms enumerated do not include the right of ownership, the rights of parents in respect of the education of their children or the right to free elections. There is some difference of opinion as to the right of individuals to lodge applications with the Commission.

24th June 1950, Strasbourg: The Legal Committee of the Assembly transmits to the Committee of Ministers its comments on the draft Convention prepared by the meeting of senior officials.

7th August 1950, Strasbourg: The draft Convention is adopted by the Committee of Ministers and submitted to the Consultative Assembly for an opinion. The draft is almost identical with that prepared by the senior officials but contains an optional clause providing for the right of individual application.

25th August 1950, Strasbourg: After a debate on 14th, 16th and 25th August, the Consultative Assembly adopts a Recommendation that the draft Convention of 7th August 1950 be amended or supplemented in certain respects. These amendments provide for the recognition of the right of ownership, the rights of parents in respect of the education of their children and the right to free elections and include a definition of these rights for submission to the Committee of Ministers.

4th November 1950, Rome: The Convention (conforming substantially to the draft of 7th August 1950) is signed in Rome by 13 Member States of the Council of Europe. As regards the amendments proposed by the Consultative Assembly which they are unable to accept forthwith, the Ministers decide to submit them to a Committee of Experts for fuller examination, with a view to the possible conclusion of a Protocol to the Convention.

28th November 1950, Paris: Greece and Sweden sign the Convention.

B. DEVELOPMENTS SINCE THE SIGNING OF THE CONVENTION

24th February 1951, Paris: After meeting from 21st to 24th February, the Committee of governmental experts submits a preliminary report to the Committee of Ministers on the conclusion of a Protocol guaranteeing the right of ownership, the rights of subordonnée au dépôt de neuf déclarations d'acceptation de la compétence obligatoire de cette Cour. L'intervention d'un organe subsidiaire de décision, le Comité des Ministres du Conseil de l'Europe, est désormais prévue). Le droit de propriété, les droits des parents en matière d'éducation des enfants et le droit à des élections libres ne figurent pas sur la liste des droits et libertés à garantir. Désaccords sur la reconnaissance du droit de recours individuel devant la Commission.

24 juin 1950, Strasbourg: La Commission juridique de l'Assemblée Consultative communique au Comité des Ministres ses observations sur le projet de Convention élaboré par la Conférence des Hauts Fonctionnaires.

7 août 1950, Strasbourg: Le Comité des Ministres adopte un projet de Convention qu'il soumet, pour avis, à l'Assemblée Consultative. Dans ce projet, presque identique à celui de la Conférence des Hauts Fonctionnaires, le droit de recours individuel devant la Commission fait l'objet d'une clause facultative.

25 août 1950, Strasbourg: Après en avoir débattu les 14, 16 et 25 août, l'Assemblée Consultative adopte une recommandation approuvant, dans son ensemble, le projet de convention, mais tendant à l'amender ou à le compléter sur certains points. En particulier, elle préconise la consécration du droit de propriété, des droits des parents en matière d'éducation des enfants et du droit à des élections libres, et soumet au Comité des Ministres une définition de ces droits.

4 novembre 1950, Rome: La Convention, dont les dispositions correspondent sensiblement à celles du projet du 7 août 1950, est signée par treize Membres du Conseil de l'Europe. Quant à ceux des amendements de l'Assemblée Consultative qu'il n'a pu retenir dans l'immédiat (y compris ceux relatifs au droit de propriété, aux droits des parents en matière d'éducation des enfants et au droit à des élections libres), le comité des Ministres décide de les soumettre pour nouvelle étude à un Comité d'experts en vue de la conclusion éventuelle d'un Protocole additionnel.

28 novembre 1950, Paris: La Grèce et la Suède signent à leur tour la Convention.

B. DEVELOPPEMENTS POSTERIEURS A LA SIGNATURE DE LA CONVENTION

24 février 1951, Paris: Le Comité d'Experts gouvernementaux, après avoir siégé du 21 au 24 févier, soumet au Comité des Ministres un premier rapport sur la conclusion d'un Protocole additionnel à la Convention qui garantirait le droit de propriété, les droits parents in respect of the education of their children and the right to free elections.

8th March 1951, Strasbourg: The first country (United Kingdom) ratifies the Convention.

16th March 1951, Paris: The Committee of Ministers instructs the Committee of Experts to prepare a draft Protocol that will be acceptable to the largest possible number of Member Governments.

19th April 1951, Strasbourg: After meeting on 18th and 19th April, the Committee of Experts submits a second report to the Committee of Ministers, together with a preliminary draft Protocol.

2nd May 1951, Strasbourg: The Committee of Ministers instructs the Committee of Experts to consider the matter further in order to arrive at a draft acceptable to all Member Governments.

15th May 1951, Strasbourg: The Consultative Assembly asks that the draft Protocol shall be submitted to it for an opinion before it is signed.

6th June 1951, Strasbourg: After meeting on 5th and 6th June, the Committee of Experts submits a third report to the Committee of Ministers, together with a second preliminary draft Protocol.

17th July 1951, Strasbourg: The Ministers' Advisers adopt a draft Protocol for submission to the Committee of Ministers.

3rd August 1951, Strasbourg: The Committee of Ministers adopt the draft Protocol as submitted by their Advisers and pass it to the Consultative Assembly for an opinion.

1st October 1951, Brussels: The Legal Committee, speaking on behalf of the Consultative Assembly, gives its opinion on the draft Protocol adopted by the Committee of Ministers.

21st-23rd November 1951, Strasbourg: The Committee of Ministers, sitting at Advisers level, examines the opinion of the Legal Committee and subsequently makes various amendments to the draft Protocol of 3rd August 1951.

28th November 1951, Rome: The Chairman of the Committee of Ministers forwards the draft of 23rd November 1951 to the President of the Consultative Assembly for information of the latter.

8th December 1951, Strasbourg: After a debate on 7th and 8th December, the Consultative Assembly adopts a Recommendation that Article 2 of the draft of 23rd November 1951 be amended.

15th January 1952, Strasbourg: The second country (Norway) ratifies the Convention.

des parents en matière d'éducation des enfants et le droit à des élections libres.

8 mars 1951, Strasbourg: Depôt du premier instrument de ratification de la Convention (Royaume-Uni).

16 mars 1951, Paris: Le Comité des Ministres charge le Comité d'Experts d'établir un projet de Protocole additionnel acceptable pour le plus grand nombre possible de gouvernements des Etats membres.

19 avril 1951, Strasbourg: Le Comité d'Experts, après avoir siégé les 18 et 19 avril, soumet au Comité des Ministres un second rapport accompagné d'un avant-projet de Protocole additionnel.

2 mai 1951, Strasbourg: Le Comité des Ministres charge le Comité d'Experts de procéder à un examen supplémentaire, en vue de parvenir à une rédaction acceptable par tous les gouvernements.

15 mai 1951, Strasbourg: L'Assemblée Consultative demande que le projet de Protocole additionnel lui soit soumis pour avis avant sa signature.

6 juin 1951, Strasbourg: Le Comité d'Experts, après avoir siégé les 5 et 6 juin, soumet au Comité des Ministres un troisième rapport accompagné d'un second avant-projet de Protocole additionnel.

17 juillet 1951, Strasbourg: Les Conseillers des Ministres adoptent le texte d'un projet de Protocole additionnel qu'ils soumettent au Comité des Ministres

3 août 1951, Strasbourg: Le Comité des Ministres approuve le projet de Protocole mis au point par les Conseillers et le communique, pour avis, à l'Assemblée Consultative.

1er octobre 1951, Bruxelles: La Commission juridique de l'Assemblée Consultative exprime, au nom de l'Assemblée, son avis sur le projet de Protocole additionnel adopté par le Comité des Ministres.

21–23 novembre 1951, Strasbourg: Le Comité des Ministres, siégeant au niveau des Conseillers, examine l'avis de la Commission juridique, à la lumière duquel il amende sur certains points le projet de Protocole additionnel du 3 août 1951.

28 novembre 1951, Rome: Le Président du Comité des Ministres communique au Président de l'Assemblée Consultative, pour l'information de celle-ci, le projet du 23 novembre 1951.

8 décembre 1951, Strasbourg: L'Assemblée Consultative, après en avoir débattu les 7 et 8 décembre, adopte une recommandation tendant à modifier l'article 2 du projet du 23 novembre 1951.

15 janvier 1952, Strasbourg: Dépôt du deuxième instrument de ratification de la Convention (Norvège).

4th February 1952, Strasbourg: The third country (Sweden) ratifies the Convention.Sweden is also the first country to recognise the competence of the European Commission of Human Rights to receive individual applications.

20th March 1952, Paris: The Protocol is signed by the 15 Member States of the Council of Europe (in the form proposed by the Consultative Assembly on 8th December 1951).

27th September 1952, Strasbourg: The Consultative Assembly expresses the wish that Member States should ratify the Convention and Protocol as soon as possible and also consider the possibility of making the declarations provided for in Articles 25 and 46 of the Convention.

3rd November 1952, Strasbourg: The first country (United Kingdom) ratifies the Protocol.

5th December 1952, Strasbourg: The fourth country (Federal Republic of Germany) ratifies the Convention and states that it extends to West Berlin.

18th December 1952, Strasbourg: The second country (Norway) ratifies the Protocol.

14th January 1953, Strasbourg: The fifth country (the Saar) ratifies the Convention and is also the third country to ratify the Protocol.

25 th February 1953, Strasbourg: The sixth country (Ireland) ratifies the Convention and is also the fourth to ratify the Protocol. Ireland is also the second country to recognise the competence of the European Commission to receive individual applications, and the first to recognise the compulsory jurisdiction of the European Court of Human Rights.

28th March 1953, Athens: The seventh country (Greece) ratifies the Convention and is also the fifth to ratify the Protocol.

13th April 1953, Strasbourg: The eighth country (Denmark) ratifies the Convention. Denmark is also the sixth to ratify the Protocol, the third to recognise the European Commission as competent to receive individual applications, and the second to recognise the compulsory jurisdiction of the European Court.

22nd June 1953, Strasbourg: The seventh country (Sweden) ratifies the Protocol.

4 février 1952, Strasbourg: Dépôt du troisième instrument de ratification de la Convention (Suède).
Dépôt de la première acceptation de la compétence de la Commission européenne des Droits de l'Homme en matière de recours individuels (Suède).

20 mars 1952, Paris: Le Protocole additionnel est signé par les quinze Membres du Conseil de l'Europe (dans la rédaction préco nisée par l'Assemblée Consultative le 8 décembre 1951).

27 septembre 1952, Strasbourg: L'Assemblée Consultative émet le voeu que les Membres du Conseil de l'Europe ratifient dans le plus bref délai, la Convention et le Protocole additionnel et examinent la possibilité de souscrire les déclarations prévues aux articles 25 et 46 de la Convention.

3 novembre 1952, Strasbourg: Dépôt du premier instrument de ratification du Protocole additionnel (Royaume-Uni).

5 décembre 1952, Strasbourg: Dépôt du quatrième instrument de ratification de la Convention (République Fédérale d'Allemagne avec déclaration d'extension à Berlin-Ouest).

18 décembre 1952, Strasbourg: Dépôt du deuxième instrument de ratification du Protocole additionnel (Norvège).

14 janvier 1953, Strasbourg: Dépôt du cinquième instrument de ratification de la Convention et du troisème instrument de ratification du Protocole additionnel (Sarre).

25 février 1953, Strasbourg: Dépôt du sixième instrument de ratification de la Convention et du quatrième instrument de ratification du Protocole additionnel (Irlande).
Dépôt de la deuxième déclaration d'acceptation de la compétence de la Commission européenne des Droits de l'Homme en matière de recours individuels (Irlande).
Dépôt de la première déclaration d'acceptation de la juridiction obligatoire de la Cour européenne des Droits de l'Homme (Irlande).

28 mars 1953, Athènes: Dépôt du septième instrument de ratification de la Convention et du cinquième instrument de ratification du Protocole additionnel (Grèce).

13 avril 1953, Strasbourg: Dépôt du huitième instrument de ratification de la Convention et du sixième instrument de ratification du Protocole additionnel (Danemark).
Dépôt de la troisième déclaration d'acceptation de la compétence de la Commission européenne des Droits de l'Homme en matière de recours individuels (Danemark).
Dépôt de la deuxième déclaration d'acceptation de la juridiction obligatoire de la Cour européenne des Droits de l'Homme (Danemark).

22 juin 1953, Strasbourg: Dépôt du septième instrument de ratification du Protocole additionnel (Suède).

29th June 1953, Strasbourg: The ninth country (Iceland) ratifies the Convention and is also the eighth to ratify the Protocol.

3rd September 1953, Strasbourg: The tenth country (Luxembourg) ratifies the Convention and is also the ninth to ratify the Protocol. The Convention comes into force for the ten Member States that have ratified it.

24th September 1953, Strasbourg: The Consultative Assembly adopts a Recommendation on measures to be taken by Member States (to-ratify the Convention and Protocol without delay and make the declarations provided for in Articles 25, 46 and 63 of the Convention and Article 4 of the Protocol).

23rd October 1953, Strasbourg: The United Kingdom extends the Convention to 42 territories for whose international relations it is responsible.

18th May 1954, Strasbourg: The eleventh country (Turkey) ratifies the Convention and is also the tenth to ratify the Protocol. The Protocol comes into force for the ten Member States that have ratified it.
The Committee of Ministers elects the members of the European Commission of Human Rights.

12th–17th July 1954, Strasbourg: First session of the European Commission of Human rights.

31st August 1954: The twelfth country (Netherlands) ratifies the Convention; it is also the eleventh to ratify the Protocol and the third to recognise the compulsory jurisdiction of the European Court.

23rd September 1954, Strasbourg: The Consultative Assembly adopts a Resolution on the competence of the European Commission of Human Rights to receive individual applications.

29th March 1955, Strasbourg: The fourth country (Iceland) recognises the competence of the European Commission to receive individual applications.

2nd April 1955, Strasbourg: The European Commission of Human Rights adopts its Rules of Procedure.

14th June 1955, Strasbourg: The thirteenth country (Belgium) ratifies the Convention and is also the twelfth to ratify the Protocol.

5th July 1955, Strasbourg: The fifth and sixth countries (Federal Republic of Germany and Belgium) recognise the competence of the European Commission to receive individual applications.

29 juin 1953, Strasbourg: Dépôt du neuvième instrument de ratification de la Convention et du huitième instrument de ratification du Protocole additionnel (Islande).

3 septembre 1953, Strasbourg: Dépôt du dixième instrument de ratification de la Convention et du neuvième instrument de ratification du Protocole additionnel (Luxembourg).
La Convention entre en vigueur à l'égard des dix Membres l'ayant ratifiée.

24 septembre 1953, Strasbourg: L'Assemblée Consultative adopte une recommandation relative à de nouvelles mesures à prendre par les Etats Membres (ratification rapide de la Convention et du Protocole additionnel; souscription des déclarations visées aux articles 25, 46 et 63 de la Convention et à l'article 4 du Protocole additionnel).

23 octobre 1953, Strasbourg: Le Royaume-Uni étend l'application de la Convention à quarante-deux territoires dont il assure les relations internationales.

18 mai 1954,Strasbourg: Dépôt du onzième instrument de ratification de la Convention et du dixième instrument de ratification du Protocole additionnel (Turquie).
Le Protocole additionnel entre en vigueur à l'égard des dix Membres l'ayant ratifié.
Le Comité des Ministres procède à l'élection des membres de la Commission européenne des Droits de l'Homme.

12–17 juillet 1954, Strasbourg: Première session de la Commission européenne des Droits de l'Homme.

31 août 1954, Strasbourg: Dépôt du douzième instrument de ratification de la Convention et du onzième instrument de ratification du Protocole additionnel (Pays-Bas).
Dèpôt de la troisième déclaration d'acceptation de la juridiction obligatoire de la Cour européenne des Droits de l'Homme (Pays-Bas).

23 septembre 1954, Strasbourg: L'Assemblée Consultative adopte une résolution relative à la compétence de la Commission européenne des Droits de l'Homme en matière de recours individuels.

29 mars 1955, Strasbourg: Dèpôt de la quatrième déclaration d'acceptation de la compétence de la Commission européenne des Droits de l'Homme en matière de recours individuels (Islande).

2 avril 1955, Strasbourg: La Commission européenne des Droits de l'Homme adopte son Règlement intérieur.

14 juin 1955, Strasbourg: Dépôt du treizième instrument de ratification de la Convention et du douzième instrument de ratification du Protocole additionnel (Belgique).

5 juillet 1955, Strasbourg: Dépôt des cinquième et sixième déclarations d'acceptation de la compétence de la Commission européenne des Droits de l'Homme en matière de recours individuels

This competence can now be exercised in respect of the six Contracting Parties that have recognised it. The fourth and fifth countries (Federal Republic of Germany and Belgium) recognise the compulsory jurisdiction of the European Court.

26th October 1955, Strasbourg: The fourteenth country (Italy) ratifies the Convention and is the thirteenth to ratify the Protocol.

13th December 1955, Strasbourg: The seventh country (Norway) recognises the compulsory jurisdiction of the European Court.

1st December 1955, Strasbourg: The Netherlands extend the Convention and Protocol to Surinam and the Dutch West Indies.

7th May 1956, Strasbourg: The first 'inter-State' application is lodged with the Commission (by the Greek Government regarding the application of the Convention in the island of Cyprus).

15th December 1956, Paris: Signature of the Protocol on the privileges and immunities of the members of the European Commission. The Protocol comes into force immediately for Denmark, Iceland, Norway and Sweden.

1st January 1957: The political integration of the Saar in the Federal Republic of Germany involves the extension to this territory of the competence of the European Commission in the matter of individual applications.

13th February 1957, Strasbourg: The fourth country (Federal Republic of Germany) ratifies the Protocol and states that it extends to West Berlin.

23rd April 1957, Strasbourg: The Protocol on the privileges and immunities of the members of the European Commission comes into force for the Netherlands.

13th December 1957 Signature of the Convention and Protocol by Austria.

(République Fédérale d'Allemagne et Belgique). Cette compétence commence à s'exercer à l'égard des six Parties contractantes l'ayant acceptée.

Dépôt des quatrième et cinquième déclarations d'acceptation de la juridiction obligatoire de la Cour européenne des Droits de l'Homme (République Fédérale d'Allemagne et Belgique).

26 octobre 1955, Strasbourg: Dépôt du quatorzième instrument de ratification de la Convention et du treizième instrument de ratification du Protocole additionnel (Italie).

13 décembre 1955, Strasbourg: Dépôt de la septième déclaration d'acceptation de la juridiction obligatoire de la Cour européenne des Droits de l'Homme (Norvège).

1er décembre 1955, Strasbourg: Les Pays-Bas étendent l'application de la Convention et du Protocole additionnel au Surinam et aux Antilles néerlandaises.

7 mai 1956, Strasbourg: Introduction devant la Commission de la première requête "interétatique" (requête du Gouvernement hellénique relative à l'application de la Convention à l'île de Chypre).

15 décembre 1956, Paris: Signature du Protocole relatif aux privilèges et immunités des membres de la Commission européenne des Droits de l'Homme. Ce Protocole entre aussitôt en vigueur à l'égard du Danemark, de l'Islande, de la Norvège et de la Suède.

1er janvier 1957: Le rattachement politique de la Sarre à la République Fédérale d'Allemagne entraîne l'extension à ce territoire de la compétence de la Commission européenne des Droits de l'Homme en matière de recours individuels.

13 février 1957, Strasbourg: Dépôt du quatorzième instrument de ratification du Protocole additionnel (République Fédérale d'Allemagne, avec déclaration d'extension à Berlin-Ouest).

23 avril 1957, Strasbourg: Le Protocole relatif aux privilèges et immunités des membres de la Commission européenne des Droits de l'Homme entre en vigueur à l'égard des Pays-Bas.

13 décembre 1957, Paris: Signature de la Convention et du Protocole additionnel par l'Autriche.

THE EUROPEAN COMMISSION OF HUMAN RIGHTS

A. COMPOSITION

The European Commission of Human Rights (hereinafter referred to as "the Commission") consists of a number of members equal to that of the High Contracting Parties to the Convention, although no two members may be nationals of the same State [1]. Its members sit in their individual capacity [2]. They are elected for six years and may be re-elected. Of the members elected at the first election, the terms of office of seven of them expire at the end of three years [3].

The first election took place on 18th May, 1954, at the Fourteenth Session of the Committee of Ministers.

The term of office of the members elected on 18th May, 1954, began to run on the day of their election [4].

The members whose terms of office were to expire at the end of the initial period of three years were chosen by lot drawn by the Secretary-General of the Council of Europe on 21st May, 1954.

The following is a list of members of the Commission after the drawing of lots:

M. M. AKBAY	Turkish	17th May, 1957 [5]
M. L. J. C. BEAUFORT	Dutch	17th May, 1960
M. P. BERG	Norwegian	17th May, 1960
Mr. W. BLACK	Irish	17th May, 1957
M. F. M. DOMINEDO	Italian	17th May, 1957
M. C. TH. EUSTATHIADES	Greek	17th May, 1960
M. P. FABER	Luxembourg	17th May, 1957
Mme. I. FUEST	Saar	17th May, 1957
Mme. I. HANSEN	Danish	17th May, 1960
Mme. G. JANSSEN-PEVTSCHIN	Belgian	17th May, 1960
M. I. JONASSON	Icelandic	17th May, 1957
M. G. PERNOT	French	17th May, 1960
M. S. PETREN	Swedish	17th May, 1957

[1] Article 20 of the Convention
[2] Article 23 of the Convention
[3] Article 22 of the Convention
[4] Rule 1 of the Rules of Procedure
[5] This column indicates the date on which the term of office was to or will expire.

LA COMMISSION EUROPEENNE DES DROITS DE L'HOMME

A. COMPOSITION

La Commission européenne des Droits de l'Homme (ci-après dénommée "la Commission") se compose d'un nombre de membres égal à celui des Hautes Parties Contractantes, sans qu'elle puisse comprendre plus d'un ressortissant du même Etat [1]. Ses membres siègent à titre individuel [2]. Ils sont élus pour six ans et sont rééligibles. Toutefois, en ce qui concerne les membres désignés à la première élection, les fonctions de sept d'entre eux prennent fin au bout de trois ans [3].

La première élection a eu lieu le 18 mai 1954, au cours de la quatorzième session du Comité des Ministres.

La période de fonction des membres élus le 18 mai 1954 a commencé à courir le jour de l'élection [4].

Les membres dont les fonctions devaient prendre fin au terme de la période initiale de trois ans ont été désignés par un tirage au sort que le Secrétaire Général du Conseil de l'Europe a effectué le 21 mai 1954.

Après ce tirage au sort, la liste des membres de la Commission se présentait comme suit:

M. M. AKBAY	Turc	17 mai 1957 [5]
M. L. J. C. BEAUFORT	Néerlandais	17 mai 1960
M. P. BERG	Norvégien	17 mai 1960
M. W. BLACK	Irlandais	17 mai 1957
M. F. M. DOMINEDO	Italien	17 mai 1957
M. C. TH. EUSTATHIADES	Hellène	17 mai 1960
M. P. FABER	Luxembourgeois	17 mai 1957
Mme. I. FUEST	Sarroise	17 mai 1957
Mme. I. HANSEN	Danoise	17 mai 1960
Mme. G. JANSSEN-PEVTSCHIN	Belge	17 mai 1960
M. I. JONASSON	Islandais	17 mai 1957

[1] Article 20 de la Convention.

[2] Article 23 de la Convention.

[3] Article 22 de la Convention.

[4] Article 1 du Règlement intérieur.

[5] Cette colonne indique la date à laquelle le mandat de chaque membre devait ou doit prendre fin.

M. A. SÜSTERHENN	German	17th May, 1960
Mr. C. H. M. WALDOCK	British	17th May, 1960

At its Fourteenth Session the Committee of Ministers passed a Resolution [1] which related to the functions of members of the Commission elected in respect of countries which had not yet deposited their instruments of ratification of the Convention. The election of these members would become fully effective only when their respective countries became Parties to the Convention. Pending the assumption of their functions, such members could, however, participate, in a consultative capacity, in the preparatory work of the Commission and in drawing up its Rules of Procedure.

Subsequent events have modified the composition of the Commission:

On 19th December, 1954, the Committee of Ministers elected M. M. SØRENSEN to fill the vacancy caused by the death of Mme. INGEBORG HANSEN (Denmark) on 5th August, 1954. M. Sørensen will hold office for the remainder of the term of office of his predecessor [2].

On 16th April, 1956, Mr. J. CROSBIE was elected to fill the vacancy caused by the resignation of Mr. WILLIAM BLACK who had been elected in respect of Ireland. Mr. Crosbie held office for the remainder of the term of office of his predecessor [3].

On 1st January, 1957, the term of office of Mme. IRMGARD FUEST, elected in respect of the Saar, came to an end following the political integration of the Saar into the Federal Republic of Germany [4].

On 28th January, 1957, M. F. SKARPHEDINSSON was elected to fill the vacancy caused by the resignation of M. HERMAN JONASSON who had been elected in respect of Iceland. M. Skarphedinsson held office for the remainder of the term of office of his predecessor [5].

The terms of office of six members chosen by lot on 21st May, 1954, expired on 18th May, 1957 [6]. On 6th April, 1957 [7], the Committee of Ministers re-elected the six outgoing members (MM. M. AKBAY, J. CROSBIE, F. M. DOMINEDO, P. FABER, S. PETREN and F. SKARPHEDINSSON).

On 4th July, 1957, the Committee of Ministers elected M. N. ERIM

---

[1] Resolution (54) 9; as regards the latter point the Resolution recommended this procedure to the Commission which adopted it. (Doc. DH (54) 3, para. 2, p. 3).

[2] Resolution (54) 30.

[3] Resolution 56 (11).

[4] As a result of this integration the Saar ceased being an Associate Member of the Council of Europe and thereby a High Contracting Party to the Convention (Article 63, para. 3 of the Convention). According to Article 20 of the Convention the Commission consists of a number of members equal to that of the High Contracting Parties.

[5] Resolution (57) 3.

[6] See above. The term of office of the seventh member, Mme. I. FUEST (Saar), had expired on 1st January, 1957, the Saar having ceased to be a Party to the Convention.

[7] Resolution (57) 9.

M. G. PERNOT	Français	17 mai 1960
M. S. Petren	Suédois	17 mai 1957
M. A. SÜSTERHENN	Allemand	17 mai 1960
M. C. H. M. Waldock	Britannique	17 mai 1960

Au cours de sa quatorzième session, le Comité des Ministres a adopté une résolution relative aux fonctions de ceux des membres de la Commission qui ont été élus au titre de pays qui n'avaient pas encore déposé leurs instruments de ratification. Cette résolution disposait que l'élection de ces membres ne porterait ses pleins effets qu'à partir du jour où leurs pays respectifs seraient devenus Parties à la Convention. La résolution ajoutait que, jusqu'au jour de leur entrée en fonctions, les membres ainsi élus pourrait participer à titre consultatif aux travaux préparatoires de la Commission ainsi qu'à l'élaboration de son Règlement intérieur [1].

Depuis lors, plusieurs évènements ont affecté la composition de la Commission:

Mme I. HANSEN, élue au titre du Danemark, étant décédée le 5 août 1954, le Comité des Ministres lui a, le 19 décembre 1954, élu pour successeur M. M. SØRENSEN, appelé à achever le mandat de son prédécesseur [2].

Le 16 avril 1956, M. J. CROSBIE a été élu en remplacement de M. WILLIAM BLACK, démissionnaire, qui avait été élu au titre de l'Irlande. M. Crosbie a achevé le mandat de son prédécesseur [3].

Le ler janvier 1957, le mandat de Mme IRMGARD FUEST, élue au titre de la Sarre, a cessé de produire ses effets à la suite du rattachement politique de la Sarre à la République Fédérale d'Allemagne [4].

Le 28 janvier 1957, M. F. SKARPHEDINSSON a été élu en remplacement de M. HERMAN JONASSON, démissionaire, qui avait été élu au titre de l'Islande, M. Skarphedinsson a achevé le mandat de son prédécesseur [5].

Le mandat de six des membres désignés par le tirage au sort le 21 mai 1954 est venu à expiration le 18 mai 1957 [6]. Le 6 avril 1957[7] le Comité des Ministres a réélu les six membres sortants (MM. M. AKBAY, J. CROSBIE, F. M. DOMINEDO, P. FABER, S. PETREN et F. SKARPHEDINSSON.

---

[1] Résolution (54) 9; sur ce dernier point elle se bornait à recommander cette procédure à la Commission, qui l'a adoptée par la suite (Doc. DH (54) 3, [2] 2, p. 3).

[2] Résolution (54) 30.

[3] Résolution (56) 11.

[4] Du fait de ce rattachement, la Sarre a perdu la qualité de Membre associé du Conseil de l'Europe et, par là-même, celle de Partie Contractante à la Convention (article 65 [2] 3 de la Convention). Or, la Commission ne peut comprendre plus de membres qu'il n'y a de Parties Contractantes (article 20 de la Convention).

[5] Résolution (57) 3.

[6] Cf. supra. Le mandat du septième membre, Mme FUEST (Sarre), avait expiré le 1er janvier 1957, la Sarre ayant cessé d'être Partie à la Convention. (cf. supra).

[7] Résolution (57) 9.

to fill the vacancy caused by the death of M. M. AKBAY (Turkey) in May, 1957. M. Erim will hold office for the remainder of the term of office of his predecessor [1].

B. PRECEDENCE AND PRESIDENCY

The order of precedence is by priority of election. Members having the same seniority in office take precedence according to age. The Commission elects its President and Vice-President who take precedence over the other members [2].

At the unanimous request of his colleagues, M. P. FABER acted as President during the first sessions of the Commission when the Rules of Procedure were drawn up and adopted.

On 15th December, 1955, at its Fourth Session, the Commission elected Mr. C. H. M. WALDOCK and M. C. TH. EUSTATHIADES as its President and Vice-President respectively. In July, 1957, they were re-elected for three more years [3].

C. SUB-COMMISSIONS

The provisions relevant to Sub-Commissions are Articles 28–30 and 34 of the Convention and Rules 15–21, 24, paragraph 2, 26, 27, 29, 30, 32, 37, 38, 47, 49 and 50–61 of the Rules of Procedure.

As at 31st December, 1957, one Sub-Commission had been set up concerning the examination of the first application by the Greek Government [4].

D. BIOGRAPHICAL NOTES ON THE PRESENT MEMBERS

C. H. M. WALDOCK, C.M.G., O.B.E., Q.C.

Born at Colombo (Ceylon) on 30th August, 1904.

Early career as barrister and law Fellow at Brasenose College, Oxford.

---

[1] Resolution (57) 14.

[2] Rule 3 of the Rules of Procedure. On 31st December, 1957, the list of members of the Commission, in order of precedence, was as follows: Mr. C. H. M. WALDOCK, President, M. C. TH. EUSTATHIADES, Vice-President; M. P. BERG; M. P. FABER; M. L. J. C. BEAUFORT; M. F. M. DOMINEDO; M. A. SÜSTERHENN; M. S. PETREN; Mme G. JANSSEN-PEVTSCHIN; M. M. SØRENSEN; Mr. J. CROSBIE; M. F. SKARPHEDINSSON and M. N. ERIM.

[3] Cf. Rule 5 of the Rules of Procedure.

[4] See Chapter IV, A. A second Sub-Commission entrusted with the examination of the second Application by the Greek Government was set up on 7th January, 1958.

M. M. Akbay, élu au titre de la Turquie étant décédé en mai 1957, le Comité des Ministres lui a, le 4 juillet 1957, élu pour sucesseur M. N. Erim, appelé à achever le mandat de son prédécesseur [1].

B. PRESEANCE ET PRESIDENCE

La préséance dépend de la priorité d'élection. Les membres ayant la même ancienneté de fonctions prennent rang d'après leur ancienneté d'âge. La Commission procède à l'élection de son Président et de son Vice-Président, qui prennent rang avant les autres membres [2].

A la demande de ses collègues, M. P. Faber a assumé les fonctions de président en exercice au cours des premières sessions de la Commission, et notamment durant celles consacrées à l'élaboration et à l'adoption du Règlement intérieur.

Le 15 décembre 1956, la Commission a élu pour Président M. C. H. M. Waldock et M. C. Th. Eustathiades pour Vice-Président. En juillet 1957, elle les a réélus à ces mêmes postes pour une durée de trois ans. [3]

C. SOUS-COMMISSIONS

Les principales dispositions relatives aux Sous-Commissions sont les articles 28 à 30 et 34 de la Convention et les articles 15 à 21, 24 § 2, 26, 27, 29, 30, 32, 37, 38, 47, 49 et 50 à 61 du Règlement intérieur.

A la date du 31 décembre 1957, une Sous-Commission avait été constituée pour l'examen de la première requête du Gouvernement hellénique [4].

D. NOTICES BIOGRAPHIQUES DES MEMBRES ACTUELS

C. H. M. Waldock, C.M.G., O.B.E., Q.C.

Né à Colombo (Ceylan), le 30 Août 1904.

Débute comme avocat et comme chargé de cours de droit à Brasenose College, Oxford.

---

[1] Résolution (57) 14.

[2] Article 3 du Règlement intérieur. Au 31 décembre 1957, la liste des membres de la Commission, dans l'ordre de préséance, s'établissait comme suit: M. C. H. M. Waldock, Président; M. C. Th. Eustathiades, Vice-Président; M. P. Berg; M. P. Faber; M. L. J. C. Beaufort; M. F. M. Dominedo; M. A. Süsterhenn; M. S. Petren; Mme G. Janssen-Pevtschin; M. M. Sørensen; M. J. Crosbie; M. F. Skarphedinsson; M. N. Erim.

[3] cf. l'article 5 du Règlement intérieur.

[4] Voir Chapitre IV, A. – Une seconde Sous-Commission, chargée de l'examen de la deuxième requête du Gouvernement hellénique, a été constituée le 7 janvier 1958.

Chichele Professor of Public International Law at Oxford and a Fellow of All Souls College since 1947 and a Q.C. since 1951.

Assessor in the Chancellor's Court, 1947.

Member of the Hebdomadal Council since 1949.

During the Second World War served at the Admiralty and rose to Principal Assistant Secretary, 1944.

In 1946 was United Kingdom Commissioner on the Italo-Jugoslav Boundary Commission and on the Special Commission for the Free Territory of Trieste set up by the Council of Foreign Ministers.

Member of the Swedish-Finnish Conciliation Commission, 1957.

Constantin Th. Eustathiades

Born in Athens on 2nd July, 1912.

From 1937 to 1949, *Professeur agrégé* in the Faculty of Law at the University of Athens and Professor of International Law at the Athens School of Political Science and at the Naval School. Ordinary Professor of International Public Law in the Faculty of Law of the University of Salonica (since 1949). Elected Dean in 1952. Was also a teacher of Diplomatic History at that University and of Military Law at the National Defence School and Staff Officers' School (War Academy). Taught on several occasions at the Institut des Hautes-Etudes Internationales of the University of Paris and at The Hague Academy of International Law in 1953.

Secretary-General of the Greek Institute of International and Foreign Law.

Member of the Ministry of Justice Committee, of the Ministry of Foreign Affairs Commission on a draft Charter of the United Nations, of the Ministry of Justice Committee on the organisation of a National Office of War Crimes, and of several other ministerial committees.

Secretary-General of the Greek Society for International Law since its foundation in 1947. Was Legal Adviser to UNESCO in 1948/49 and has been a member of the Council of the International Union of Lawyers since 1950. Secretary-General of the Greek National Committee for UNESCO since its foundation in 1949 and its Vice-Chairman since 1952.

Member of the Executive Council and, since 1952, President of the Greek Branch of the International Law Association.

Since 1951 honorary Legal Adviser and since 1958 Jurisconsult to the Greek Ministry of Foreign Affairs.

In 1938, took part in the I.L.O. Conference as Legal Expert of the Greek delegation and in 1946 was attached to the Greek delegation to the Peace Conference. Was Greek delegate to several General Conferences of UNESCO.

Professeur de Droit International à Oxford (Fondation Chichele) et Fellow de All Souls College depuis 1947.

Conseiller de la Couronne depuis 1951.

Assesseur à la Chancellor's Court, en 1947.

Membre du Conseil Hebdomadaire, de 1949 à 1958.

Sert dans l'Amirauté au cours de la seconde guerre mondiale et accède en 1944 au poste de Secrétaire principal adjoint.

En 1946, Commissaire du Royaume-Uni à la Commission frontalière italo-yougoslave et à la Commission spéciale du territoire libre de Trieste instituée par le Conseil des Ministres des Affaires Etrangères. Membre de la Commission de conciliation suédo-finlandaise en 1957.

Constantin Th. Eustathiades

Né à Athènes le 2 juillet 1912.

Docteur en droit; lauréat de la Faculté de Droit de Paris, 1936.

Professeur agrégé à la Faculté de Droit de l'Université d'Athènes et Professeur de Droit International à l'Ecole des Sciences Politiques d'Athènes, 1937–1949.

Professeur ordinaire de Droit International Public à la Faculté de Droit de l'Université de Thessalonique depuis 1949, élu Doyen en 1952.

Chargé de cours de l'Histoire Diplomatique à cette Université et du Droit de la guerre à l'Ecole de la Défense Nationale et à l'Ecole des Officiers de l'Etat-Major (Académie de Guerre).

Il a enseigné à plusieurs reprises à l'Institut des Hautes Etudes Internationales de l'Université de Paris.

Cours à l'Académie de Droit International de La Haye en 1953.

Secrétaire Général de l'Institut Hellénique de Droit International et Etranger, 1939–1940.

Membre de la Commission du Ministère de la Justice pour les prises maritimes; de la Commission du Ministère des Affaires Etrangères pour le projet de la Charte des Nations Unies; de la Commission du Ministère de la Justice pour l'organisation d'un Office National des criminels de guerre; membre de plusieurs autres Commissions ministérielles;

Secrétaire Général de la Société Hellénique de Droit International depuis sa fondation en 1947;

Conseiller Juridique de l'UNESCO, 1948–1949;

Membre du Conseil de l'Union Internationale des Avocats depuis 1950.

Secrétaire Général de la Commission Nationale Hellénique pour l'UNESCO depuis sa fondation dès 1949, et depuis 1952, Vice-Président;

Was Greek delegate on the Committee of Jurists of the Council of Europe on Human Rights, to the United Nations Commission of Human Rights, to the Economic and Social Council and General Assembly of the United Nations.

Paal Berg

Born at Hammerfest on 18th January, 1873.
Studied law at Oslo, Berlin, and London; Doctor honoris causa, Copenhagen, 1945, and Helsinki, 1955.
Member of the Supreme Court, 1913.
President of the Industrial Court, 1916.
Minister of Social Affairs, 1919–1920.
Minister of Justice, 1924–1926.
President of the Supreme Court, 1929–40, and 1945–46.
Member of the Oslo Academy of Science in 1934.
Member of the governing body of the International Labour Organisation, 1937–45.
President of the governing body of the I.L.O., 1938.
Member of the United Nations Ad Hoc Committee on Forced Labour, 1951–54.
Fellow of the American Academy of Arts and Science, 1951.

Paul Faber

Born at Capellen (Luxembourg) on 4th July, 1888.
Read law at the Universities of Berlin and Paris.
Doctor of Law, 1913.
Solicitor, 1917.
Attached to the Luxembourg Public Prosecutor's Department.
Magistrate at Echternach.
Deputy Prosecutor at Diekirch and later Luxembourg.
District Court Judge at Luxembourg and Examining Magistrate.
Appointed President of the District Court at Diekirch, 1927 and

Membre du Conseil Exécutif et depuis 1952, Président de la Branche Hellénique de l'International Law Association;

Conseiller Juridique honoraire depuis 1951 et depuis 1958, Jurisconsulte du Ministère des Affaires Etrangères de Grèce;

Il participa à la Conférence de l'Organisation Internationale du Travail (1938) comme expert juridique de la délégation hellénique;

Attaché à la Délégation hellénique à la Conférence de la Paix en 1946;

Délégué de la Grèce à plusieurs Conférences Générales de l'UNESCO;

Délégué de la Grèce au Comité des Juristes du Conseil de l'Europe pour les Droits de l'Homme, à la Commission des Droits de l'Homme des Nations Unies, au Conseil Economique et Social et à l'Assemblée Générale des Nations Unies.

PAAL BERG

Né à Hammerfest, le 18 Janvier 1873;

Etudes de droit à Oslo, Berlin et Londres; docteur honoris causa à Copenhague en 1945 et Helsinki en 1955.

Membre de la Cour Suprême en 1913;

Président du Tribunal Industriel en 1916;

Ministre des Affaires Sociales de 1919 à 1920.

Ministre de la Justice de 1924 à 1926.

Président de la Cour Suprême, 1929–1940 et 1945–1946.

Membre de l'Académie des Sciences d'Oslo, 1934;

Membre du Conseil d'administration de l'O.I.T. de 1937 à 1945.

Président du Conseil d'administration de l'O.I.T. en 1938.

Membre du Comité Spécial du Travail forcé des Nations-Unies 1951–54.

Membre de l'Académie américaine des Arts et Sciences, 1951.

PAUL FABER

Né à Capellen (Luxembourg) le 4 juillet 1888.

Etudes universitaires à Berlin et à Paris.

Docteur en droit, 1913.

Avoué, 1917.

Attaché au Parquet de Luxembourg;

Juge de paix à Echternach;

Substitut du Procureur à Dierkich, puis à Luxembourg;

Juge au tribunal d'arrondissement à Luxembourg et juge d'instruction;

President of the District Court at Luxembourg, 1937.

President of the Pardoning Board and President of the Military High Court 1945–1953.

Member of the National Group at the Permanent Arbitration Court at The Hague.

President of the Consultative Committee for the treatment of detained persons.

President of the Institute of Social Defence.

President of the National Committee to combat Crime and Delinquency.

President of the Council of the Resistance Order.

L. J. C. Beaufort

Born at Haarlem on 24th March 1890.

Member of the Upper Chamber of the States-General.

Former Member of the Lower Chamber of the States-General.

Former Professor of Ethics at the Franciscan Seminary.

Former Director of the Educational Centre of the Catholic Workers' Trade Unions.

Professor of International Law at the University of Nimwegen.

Member of the Netherlands Delegation to the United Nations Assembly since 1945.

F. M. Dominedo

Born in Rome on 25th July 1903.

Professor of Commercial Law at the University of Siena.

Professor of Maritime Law and Labour Law at the Economic Faculty of Rome University.

At present holds the Chair of Navigation Law in the Faculty of Law of Rome University.

Deputy in the Italian Constituent Assembly.

Member of the Legal Comittee on Law Reform in Italy.

Deputy in the National Parliament during the first and third governments and Under-Secretary of State for Foreign Affairs since February 1950.

Former member of the Consultative Assembly of the Council of Europe and of the Assembly of the Coal and Steel Community.

Former Chairman of the Council of Europe Committee on Rules of Procedure.

Nommé Président du tribunal d'arrondissement à Luxembourg, 1937.

Président de la Commission de grâce et Président de la Haute Cour Militaire, 1945–1953.

Membre du groupe national à la Cour permanente d'arbitrage à La Haye;

Président de la commission consultative pour le traitement des détenus;

Président de l'Institut de défense sociale;

Président du comité national d'action contre le crime et la délinquance.

Président du Conseil de l'Ordre de la Résistance.

L. J. C. BEAUFORT

Né en 1890;

Membre de la première Chambre des Etats Généraux;

Ancien membre de la seconde Chambre des Etats Généraux;

Ancien professeur de morale au grand Séminaire des Pères Franciscains;

Ancien directeur du Centre d'Education des Syndicats d'ouvriers catholiques.

Professeur de Droit International à l'Université de Nimègue;

Depuis 1945, membre de la délégation néerlandaise à la session annuelle régulière de l'Assemblée Générale de l'O.N.U.

F. M. DOMINEDO

Né à Rome le 25 juillet 1903.

Professeur de Droit Commercial à l'Université de Sienne.

Professeur de Droit Maritime et de Droit du Travail à la Faculté Economique de Rome.

Actuellement titulaire de la chaire de Droit de la Navigation à la Faculté de Droit de l'Université de Rome.

Député à l'Assemblée Constituante italienne.

Membre du Comité législatif pour la réforme des Codes en Italie.

Député au Parlement national pour la Ière et IIIème législature et Sous-secrétaire d'Etat aux Affaires Etrangères depuis février 1950.

Ancien membre de l'Assemblée Consultative du Conseil de l'Europe et de l'Assemblée de la Communauté du Charbon et de l'Acier.

Ancien Président de la Commission du Règlement du Conseil de l'Europe.

Member of the *ad hoc* Assembly for the Treaty of the European Political Community.

ADOLF SÜSTERHENN

Born at Cologne on 31st May 1905.

Read Law and Political Science at the Universities of Freiburg and Cologne.

Judge at the Courts of Treves and Cologne.

Barrister in Cologne, 1932–1946.

Minister of Justice and Education of the Rhineland-Palatinate and member of the "Landtag" (Provincial Diet) from 1946–1951.

Member of the "Parlamentarischer Rat", 1948–1949.

Member of the "Deutscher Bundesrat", and Chairman of the Home Affairs Committee, 1949–1951.

Since 1951: President of the Higher Administrative Court and of the Constitutional Court of the Rhineland-Palatinate, Honorary Professor of Constitutional Law at the Faculty of Administrative Science in Speyer.

STURE PETREN

Born on 3rd October 1908 in Stockholm.

Bachelor of Laws, 1930.

Assessor judge of the Stockholm Court of Appeal, 1943.

Director in the Legal Department of the Ministry of Foreign Affairs since 1949.

Legal Adviser to the Swedish Delegation to the United Nations' General Assembly, 1948–1957.

Deputy Vice-President of the Labour Tribunal of Sweden since 1951.

Member of the Administrative Tribunal of the United Nations since 1952.

Member of the Permanent Court of Arbitration since 1955.

Rank of Ambassador since 1957.

President of the Spanish-French Arbitration Tribunal concerning the lake of Lanoux, 1958.

GENEVIEVE JANSSEN-PEVTSCHIN

Born at Saint-Gilles, Brussels, on 24th February 1915.

Graduate of the Free University of Brussels.

Membre de l'Assemblée *ad hoc* pour le Traité de la Communauté Politique Européenne.

ADOLF SÜSTERHENN

Né à Cologne le 31 Mai 1905.

Etudes de droit et des sciences politiques aux Universités de Fribourg et Cologne.

Juge aux tribunaux de Trêves et Cologne.

Avocat à Cologne de 1932 à 1946.

Ministre de la Justice et des Cultes du Land de Rhénanie-Palatinat et membre du "Landtag" de 1946 à 1951.

Membre du "Parlamentarischer Rat" de 1948 à 1949.

1949–51: Membre du "Deutscher Bundesrat" et Président de la Commission des Affaires Intérieures de 1949 à 1951.

Depuis 1951: Président de la Cour administrative supérieure et de la Cour Constitutionelle du Land Rhénanie-Palatinat,
Professeur Honoraire de théorie du droit public à la Faculté des sciences administratives de Spire.

STURE PETREN

Né le 3 Octobre 1908 à Stockholm.

Licencié en droit en 1930;

Juge assesseur à la Cour d'Appel de Stockholm en 1943;

Directeur au Département juridique du Ministère des Affaires Etrangères depuis 1949;

Conseiller juridique de la délégation suédoise à l'Assemblée Générale des Nations-Unies, 1948–1957;

Vice-Président suppléant du Tribunal du Travail de Suède depuis 1951;

Membre du Tribunal Administratif des Nations Unies depuis 1952;

Membre de la Cour Permanente d'Arbitrage depuis 1955;

Ambassadeur de Suède, 1957;

Président du Tribunal d'arbitrage franco-espagnol concernant le lac Lanoux, 1958.

GENEVIEVE JANSSEN-PEVTSCHIN

Née à Saint-Gilles, Bruxelles, le 24 Février 1915;

Etudes de droit à l'Université libre de Bruxelles;

Barrister at the Brussels Court of Appeal from 1937 to 1948.

First woman barrister to make the inaugural speech at the re-opening of the "Jeune Barreau" (November 1946).

Appointed Judge to the Court of First Instance in Brussels in November 1948.

The first Belgian woman magistrate.

Honorary Member of the Bar.

Member of the Commission on the Reform of Rights and Duties of Spouses and of Marriage Contracts.

MAX SØRENSEN

Born at Copenhagen on 19th February, 1913.

Studied Law at the University of Copenhagen and at the Institut des Hautes Etudes Internationales at the University of Geneva.

Joined the Danish Ministry of Foreign Affairs in 1938.

Has held posts in the Danish Legations in Berne and in London.

In 1946 was appointed Assistant Head of the Legal Section of the Ministry.

The following year was appointed Professor of International, Constitutional and Administrative Law at the University of Aarhus.

Since 1947 he represented his country on various legal committees of the United Nations and the Council of Europe.

Member of the I.L.O. Committee of Experts on the application of International Labour Conventions, and of the Permanent Court of Arbitration.

JAMES CROSBIE

Born in Cork on 27th August, 1902.

Barrister-at-Law.

Educated at National University of Ireland (Cork College).

Studied law at King's Inns, Dublin.

Called to the Irish Bar in 1925 and practiced on the Munster circuit.

Newspaper proprietor.

Company Director.

Member of Seanad Eireann (Senate).

Representative of Ireland in the Consultative Assembly of the Council of Europe and Vice-President from 1956 to 1957.

Knight of Sovereign Military Order of Malta and St. John of Jerusalem.

Avocat à la Cour d'Appel de Bruxelles, de 1937 à 1948.

Premier avocat féminin appelée à prononcer le discours de la séance solennelle de rentrée du Jeune Barreau (novembre 1946).

Nommée Juge au Tribunal de Première Instance de Bruxelles (novembre 1948).

Première femme magistrat belge.

Avocat honoraire.

Membre de la Commission pour la Réforme des Droits et Devoirs respectifs des époux et des conventions matrimoniales.

MAX SØRENSEN

Né à Copenhague le 19 février 1913;

Etudes juridiques à l'Université de Copenhague et à l'Institut Universitaire de Hautes Etudes Internationales à Genève.

En 1938, nommé au Ministère des Affaires Etrangères du Danemark.

A occupé des postes aux légations du Danemark à Berne et à Londres.

Sous-Chef de la section juridique du Ministère en 1946.

Professeur de droit international, constitutionnel et administratif à l'Université de Aarhus.

Depuis 1947, représentant de son pays dans diverses commissions juridiques des Nations Unies et du Conseil de l'Europe.

Membre du Comité d'Experts de l'Organisation Internationale du Travail pour l'application des conventions internationales du travail, et de la Cour Permanente d'Arbitrage.

JAMES CROSBIE

Né à Cork en 1902,

Avocat;

Etudes à l'Université nationale d'Irlande (Collège de Cork);

Etudes de droit à King's Inns, Dublin;

Inscrit au barreau irlandais en 1925, a exercé dans le "circuit" de Munster;

Propriétaire de journal;

Directeur de société;

Membre du Seanad Eireann (Sénat);

Représentant de l'Irlande à l'Assemblée Consultative du Conseil de l'Europe et Vice-Président de 1956 à 1957.

Chevalier de l'Ordre Souverain Militaire de Malte et de St. John de Jérusalem.

Fridjon Skarphedinsson

Born at Oddstödum on 15th April, 1909.
Matriculated at Reykjavik in 1930.
Obtained law degree at University of Iceland in 1935.
Deputy judge at Hafnarfjöder from March to December 1935.
Post-graduate law studies at Copenhagen (1937–1938).
Mayor of Hafnarjördur from 1938–1945.
District judge at Akureyri since 1945.
Elected Member of Parliament in 1956.

Nihad Erim

Born at Kandria, Turkey, on 30th November 1912.

Studied at the Faculty of Law, Istanbul. Doctor of Law, Paris.

Diploma of the Institute for International Studies of the University of Paris.

Appointed lecturer, Faculty of Law, Ankara, 1939.

Appointed in 1942 to the Chair of Public International Law and the Chair of Public Law. Also lecturer at Faculty of Political Science, Ankara.

In 1943, appointed Legal Adviser to the Ministry of Foreign Affairs.

Attended U.N. Conference at San Francisco as Legal Adviser to Turkish Delegation.

Elected to Turkish Grand National Assembly in 1945; Minister for Public Works, 1949; Vice-President of the Council of Ministers, 1949.

Turkish Delegate to final meeting of League of Nations in 1946; Leader of Turkish Delegation to U.N. Conference on Freedom of Information and Press, 1948.

Member of national section of Permanent Arbitration Tribunal, 1947.

Elected member of International Diplomatic Academy, 1949 and Chairman of Turkish section of International Law Association, 1949.

Member of group of experts of International Committee of the Red Cross, 1953;

President of Turkish group in U.N. Commission of Human Rights.

FRIDJON SKARPHEDINSSON

Né à Oddstödum le 15 avril 1909.
Baccalauréat à Reykjavik en 1930.
Diplômé de droit de l'Université d'Islande en 1935.
Juge suppléant à Hafnarfjöder de mars à décembre 1935.
Etudes complémentaires de droit à Copenhague en 1937–1938.
Maire de Hafnarjördur de 1938–1945.
Juge de district à Akureyri depuis 1945.
Elu membre du Parlement en 1956.

NIHAD ERIM

Né à Kandria (Turquie) le 30 Novembre 1912.

Etudes à la Faculté de Droit d'Istanbul. Docteur en Droit à Paris.

Diplômé de l'Institut des Hautes Etudes Internationales de l'Université de Paris.

Nommé Chargé de cours à la Faculté de Droit d'Ankara en 1939.

En 1942, nommé titulaire des Chaires de Droit International Public et de Droit Public. Chargé de cours à la Faculté des Sciences Politiques d'Ankara.

Conseiller Légiste au Ministère des Affaires Etrangères, 1943.

A participé à la Conférence des Nations Unies de San Francisco comme Conseiller Légiste de la Délégation Turque.

Député à la Grande Assemblée Nationale de Turquie, 1945; Ministre des Travaux Publics, 1948 et Vice-President du Conseil des Ministres, 1949.

Il a pris part, en 1946, aux travaux de la dernière réunion de la Société des Nations comme délégué turc et en 1948 il a présidé la Délégation Turque à la Conférences de la Liberté de l'Information et de la Presse des Nations Unies.

Membre du groupe national de la Cour Permanente d'Arbitrage en 1947.

Membre de l'Académie Diplomatique Internationale, 1949 et Président de la Section Turque de "l'International Law Association" 1949.

Membre du groupe d'experts du Comité International de la Croix-Rouge (1953);

Président du Groupe Turc des Droits de l'Homme.

E. SESSIONS

(1) *Sessions of the Commission*

1st session – 12th to 17th July 1954
2nd session – 28th March to 2nd April 1955
3dr session – 19th to 24th September 1955
4th session – 15th to 17th December 1955
5th session – 28th May to 2nd June 1956
6th session – 27th September to 1st October 1956
7th session – 4th to 8th March 1957
8th session – 15th to 20th July 1957
9th session – 28th August to 5th September 1957
10th session – 9th to 12th October 1957
11th session – 16th to 20th December 1957

(2) *The Sub-Commission set up to examine the first inter-State application has held the following sessions*

27th to 29th September 1956
12th to 18th November 1956
18th to 19th December 1956
31st January and 1st February 1957
5th, 7th and 8th March 1957
28th and 29th March 1957
28th June to 3rd July 1957
19th July 1957
28th to 31st August 1957
4th to 6th September 1957
9th to 12th October 1957
16th December 1957

F. SECRETARIAT

The Secretariat of the Commission is provided by the Secretary-General of the Council of Europe [1]. Its duties are set out in Rules 11–13 of the Rules of Procedure and may further be laid down by the President of the Commission in agreement with the Secretary-General [2].

The Secretariat-General of the Council of Europe includes a

[1] Article 37 of the Convention.
[2] Rule 14 of the Rules of Procedure.

E. SESSIONS

1) *Sessions de la Commission*

1ère session – 12–17 juillet 1954
2ème session – 28 mars–2 avril 1955
3ème session – 15–24 septembre 1955
4ème session – 15–17 décembre 1955
5ème session – 28 mai–2 juin 1956
6ème session – 27 septembre–1er octobre 1956
7ème session – 4–8 mars 1957
8ème session – 19–20 juillet 1957
9ème session – 28 août–5 septembre 1957
10ème session – 9–12 octobre 1957
11ème session – 16–20 décembre 1957.

2) *La Sous-Commission constituée pour l'examen de la première requête interétatique a tenu les sessions ci-après:*

27–29 septembre 1956
12–18 novembre 1956
18–19 décembre 1956
31 janvier–1er février 1957
5, 7 et 8 mars 1957
28–29 mars 1957
28 juin–3 juillet 1957
19 juillet 1957
28, 29 et 31 août 1957
4–6 septembre 1957
9–12 octobre 1957
16 décembre 1957

F. SECRETARIAT

Le Secrétariat de la Commission est assuré par le Secrétaire Général du Conseil de l'Europe [1]. Les attributions du Secrétariat sont définies aux articles 11 à 13 du Règlement intérieur et peuvent en outre être réglées par le Président de la Commission en accord avec le Secrétaire Général [2].

Au sein du Secrétariat Général du Conseil de l'Europe existe une

[1] Article 37 de la Convention.
[2] Article 14 du Règlement intérieur.

special Directorate of Human Rights which deals with all the questions relating to the European Convention of Human Rights and, in particular, provides the Secretariat of the Commission.

The Director of Human Rights is M. Polys MODINOS, of Greek nationality.

The Counsellor is Mr. Anthony B. MCNULTY, of British nationality.

The other members of the Directorate are: MM. Hans WIEBRINGHAUS (German), Marc-André EISSEN (French), Marco VIANELLO-CHIODO (Italian) and Willem C. VIS (Dutch), Secretaries.

Direction spéciale, celle des Droits de l'Homme, qui s'occupe de l'ensemble des questions relatives à la Convention européenne des Droits de l'Homme et qui assure notamment le secrétariat de la Commission.

Le Directeur des Droits de l'Homme est M. Polys MODINOS, de nationalité hellénique.

Le Conseiller est M. Anthony B. MCNULTY, de nationalité britannique.

Les autres membres de la Direction sont: MM. Hans WIEBRINGHAUS (Allemand), Marc-André EISSEN (Français), Marco VIANELLO-CHIODO (Italien) et Willem C. VIS (Néerlandais), Secrétaires.

DECISIONS OF THE EUROPEAN COMMISSION OF HUMAN RIGHTS

A. INTER-STATE APPLICATIONS

Two applications have been referred to the Commission under Article 24 of the Convention. Both were brought by the Greek Government against the United Kingdom Government and concerned the implementation of the Convention in Cyprus.

As the proceedings are taking place in camera (Article 33 of the Convention) and, moreover, are not yet concluded, no detailed information can be supplied. It is, however, possible to give the following brief particulars:

1. In its first application, lodged on 7th May 1956, the Greek Government declared that the Government of Cyprus had violated the Convention by introducing certain exceptional legislative and administrative measures in the island.

In this connection it should be pointed out that the United Kingdom Government, by means of Notes Verbales of 7th October, 1955, and 13th April, 1956, had notified the Secretary-General that a 'public emergency', within the meaning of Article 15 of the Convention, existed in Cyprus and that consequently certain emergency measures of detention and deportation had been taken which involved certain derogations from Article 5 of the Convention.[1]

After hearing the representatives of the Parties on 1st June 1956, the Commission declared the application admissible on 2nd June 1956; and on 3rd July 1956 a Sub-Commission was set up in accordance with Article 29 of the Convention. The Greek and United Kingdom Governments appointed M. C. Th. Eustathiades and Mr. C. H. M. Waldock as the respective members of their choice. The other members, chosen by lot, were MM. Berg, Faber, Süsterhenn, Crosbie and Akbay (members), and Mme. Janssen-Pevtschin, M. Dominedo and M. Sørensen (substitutes). Owing to the death of M. Akbay, Mme. Janssen-Pevtschin became a member and M. Petren was appointed as the third substitute.

The Sub-commission held twelve sessions, including four hearings

---

[1] Cf. Chapter I, Section D.

CHAPITRE IV

DECISIONS DE LA COMMISSION EUROPEENNE DES DROITS DE L'HOMME

A. REQUETES INTERETATIQUES

Deux requêtes ont été soumises à la Commission en vertu de l'article 24 de la Convention. Toutes deux émanent du Gouvernement hellénique, visent le Gouvernement du Royaume-Uni et concernent l'application de la Convention à Chypre.

La procédure se déroulant à huis-clos (article 33 de la Convention) et n'étant d'ailleurs pas terminée, il n'est possible de donner ici que les brèves indications suivantes:

1. Dans sa première requête, introduite le 7 mai 1956, le Gouvernement hellénique soutient que le Gouvernement de Chypre a violé la Convention du fait de certaines mesures législatives et administratives d'exception qu'il a prises dans l'île.

A cet égard, il convient de signaler que, par notes verbales des 7 octobre 1955 et 13 avril 1956, le Gouvernement du Royaume-Uni avait informé le Secrétaire Général qu'un „danger public" au sens de l'article 15 de la Convention existait à Chypre et qu'en conséquence, certaines mesures exceptionnelles de détention et de déportation avaient été prises qui impliquaient à certains égards des dérogations aux obligations imposées par l'article 5 de la Convention.[1]

Après avoir entendu les représentants des parties en audience contradictoire le 1er juin 1956, la Commission a, le 2 juin 1956, déclaré la requête recevable. Le 3 juillet 1956, une Sous-Commission a été constituée conformément à l'article 29 de la Convention. Les Gouvernements hellénique et britannique ont respectivement désigné comme membres de leur choix M. C. Th. Eustathiades et M. C. H. M. Waldock. Les autres membres, désignés par tirage au sort, sont: MM. Berg, Faber, Süsterhenn, Crosbie, Akbay, (membres); Mme Janssen-Pevtschin, Dominedo et Sørensen (membres-suppléants). A la suite du décès de M. Akbay, Mme Janssen-Pevtschin est devenue membre et M. Petren a étédésigné par le tirage au sort comme troisième membre suppléant.

La Sous-Commission a tenu douze sessions, dont quatre audiences

---

[1] Cf. Chapitre I, Section D.

of the Parties, in pursuit of its twofold task, laid down in Article 28 of the Convention, of ascertaining the facts and attempting to secure a friendly settlement between the Parties.

On 6th September, 1957, the Sub-commission decided to carry out an investigation in Cyprus, in order to establish facts which will enable the Commission to judge as to the existence and extent of a state of a public danger threatening the life of the nation for the purposes of Article 15 of the Convention, and to carry out a direct investigation as to the circumstances in which the curfew regulations are applied [1].

2. The second application, lodged by the Greek Government on 17th July 1957, cited 49 cases of torture or ill-treatment in Cyprus, for which the Government of Cyprus was alleged to be responsible.

After hearing the Parties, the Commission, on 12th October 1957, declared this application admissible in respect of 29 of the alleged incidents. In respect of the remaining 20 cases, it declared the application inadmissible under Articles 26 and 27, paragraph 3, of the Convention, on the ground that there had not been exhaustion of local remedies by the alleged injured persons. In respect of the cases which have been retained, the procedure continues on the lines traced by the Convention, in particular Articles 28 and 29.

B. INDIVIDUAL APPLICATIONS

According to Article 25, paragraph 1 of the Convention, "the Commission may receive petitions addressed to the Secretary-General of the Council of Europe from any person, non-governmental organisation or group of individuals claiming to be the victim of a violation by one of the High Contracting Parties of the rights set forth in this Convention", but only "provided that the High Contracting Party against which the complaint has been lodged has declared that it recognises the competence of the Commission to receive such petitions". Furthermore, paragraph 4 of the same Article specifies that "the Commission shall only exercise the powers provided for in this Article when at least six High Contracting Parties are bound by declarations made in accordance with the preceding paragraphs".

This latter condition was satisfied on 5th July 1955, on which date the "right of individual application" came into force in respect of Belgium, Denmark, the Federal Republic of Germany, Iceland, Ireland and Sweden. Between 5th July 1955 and 31st December 1957, a seventh Contracting Party, Norway, recognised the compe-

[1] This investigation was carried out from 13th to 28th January 1958. The case is still *sub judice*.

contradictoires, pour accomplir la double tâche que lui impartit l'article 28 de la Convention: établir les faits et rechercher un règlement amiable entre les parties.

Le 6 septembre 1957, la Sous-Commission a décidé d'effectuer une enquête à Chypre en vue, d'une part, d'établir les "faits qui permettront à la Commission plénière d'apprécier l'existence et l'étendue d'un danger public menaçant la vie de la nation aux fins d'application de l'article 15 de la Convention" et, d'autre part, "d'examiner directement les circonstances dans lesquelles est appliquée la législation relative au couvre-feu" [1].

2. La deuxième requête, introduite par le Gouvernement hellénique le 17 juillet 1957, a trait à 49 cas de tortures ou sévices qui se seraient produits à Chypre et dont le Gouvernement de Chypre porterait la responsabilité.

Après avoir entendu les parties en audience contradictoire, la Commission a déclaré, le 12 octobre 1957, cette requête recevable, pour 29 des cas y allégués. Pour les 20 autres cas, elle a déclaré la requête irrecevable par application des articles 26 et 27 § 3 de la Convention, pour le motif que les personnes prétendûment lésées n'avaient pas épuisé les voies de recours internes. Pour les cas retenus, la procédure suivra son cours conformément aux prescriptions de la Convention, et notamment des articles 28 et 29.

B. REQUETES INDIVIDUELLES

Aux termes de l'article 25, § 1 de la Convention, "la Commission peut être saisie d'une requête adressée au Secrétaire Général du Conseil de l'Europe par toute personne physique, toute organisation non gouvernementale ou tout groupe de particuliers, qui se prétend victime d'une violation par l'une des Hautes Parties Contractantes des droits reconnus dans la présente Convention", mais seulement "dans le cas où la Haute Partie Contractante mise en cause a déclaré reconnaître la compétence de la Commission dans cette matière". En outre, le paragraphe 4 du même article spécifie que "la Commission n'exercera la compétence qui lui est attribuée par le présent article que lorsque six Hautes Parties Contractantes au moins se trouveront liées par la déclaration prévue aux paragraphes précédents".

Cette dernière condition a été remplie le 5 juillet 1955, date à laquelle le "droit de recours individuel" a commencé à s'exercer à l'égard de la Belgique, du Danemark, de la République Fédérale d'Allemagne, de l'Islande, de l'Irlande et de la Suède. Entre le 5 juillet 1955 et le 31 décembre 1957, une septième Partie Contractan-

---

[1] Cette enquête a eu lieu du 13 au 28 janvier 1958 et l'instance demeure pendante.

tence of the Commission to receive petitions (13th December 1955 [1].

Between 5th July 1955 and 31st December 1957, 343 individual applications were lodged with the Commission. During the period under review, none of these has advanced beyond the stage of determining its admissibility [2]. Of the applications 277 were declared to be inadmissible and 15 were struck off the list (in most cases owing to withdrawal). The other 51 remained pending, either because the exchange of observations between the parties, referred to in Rules 45 and 46 of the Rules of Procedure, was still in progress (seven cases), or because the Commission had ordered further investigations before reaching a decision or had not yet begun to consider the case [3].

The 277 decisions rendered by the Commission, up to 31st December 1957, relating to the admissibility of individual applications, already indicate the general lines of its jurisprudence. Space does not permit the publication of all of them, and many are, in any case, of limited importance. It has therefore been thought best to present in this volume a selection of the most characteristic of these decisions.

The decisions chosen for inclusion have been classified under eleven heads, covering the principal aspects of the Commission's jurisprudence: exhaustion of domestic remedies; six months time-limit; competence *ratione temporis*; competence *ratione personae*; applications substantially the same as a matter already examined; abuse of the right of recourse; rights and freedoms safeguarded; Article 17 of the Convention; no appearance of any violation; errors of law or fact imputed to domestic courts; *ex officio* examination. This classification is accompanied by a system of cross references where decisions are of real interest from several legal aspects.

Each heading begins with a short introductory note. It should be emphasised that these notes are not intended to interpret or comment on the Commission's jurisprudence. Furthermore, they refer solely to the period up to 31st December 1957, without prejudice to subsequent developments in that jurisprudence.

The decisions quoted under each head are arranged in chronological order (date of the decision and, in the second place, date on which the application was lodged). The advantage of this method is that it throws into relief the trend of the Commission's jurisprudence.

The decisions concerned are quoted in full. However, for reasons

---

[1] See table, page 54.

[2] Between 1st January and 30th September 1958, however, two individual applications were declared *admissible*.

[3] For further particulars, see Document H (57) 1 of the Council of Europe Directorate of Human Rights, entitled "Procedure and Jurisprudence of the European Commission of Human Rights in respect of Individual Applications".

te, la Norvège, a accepté à son tour la compétence de la Commission en cette matière (le 13 décembre 1955) [1].

Du 5 juillet 1955 au 31 décembre 1957, la Commission a été saisie de trois cent quarante-trois requêtes individuelles. Durant la période considérée, aucune de ces requêtes n'a dépassé le stade de l'examen de sa recevabilité [2]. En effet, deux cent soixante dix-sept d'entre elles ont été déclarées irrecevables et quinze rayées du rôle (généralement pour cause de retrait). Quant aux cinquante-et-une autres requêtes, elles demeuraient pendantes devant la Commission, soit que l'échange d'observations entre les parties, prévu aux articles 45 et 46 du Règlement intérieur, fût encore en cours (sept requêtes), soit que la Commission eût ordonné un complément d'instruction avant de se prononcer ou qu'elle n'eût pas encore abordé l'examen de l'affaire [3].

Les deux cent soixante dix-sept décisions rendues par la Commission, jusqu'au 31 décembre 1957, au sujet de la recevabilité des requêtes individuelles, tracent d'ores et déjà les lignes de sa jurisprudence. Les dimensions du présent Annuaire ne permettent pas de les publier toutes. Du reste, beaucoup d'entre elles ne revêtent qu'une importance limitée. Pour ces raisons, il a paru indiqué de reproduire dans ce volume une sélection de ces décisions, choisies parmi les plus typiques.

Les décisions ainsi retenues pour insertion ont été réparties en onze rubriques correspondant aux principaux aspects de la jurisprudence de la Commission: épuisement des voies de recours internes; délai de six mois; compétence *ratione temporis*; compétence *ratione personae*; requêtes essentiellement les mêmes que des requêtes précédemment examinées; requêtes abusives; droits et libertés garantis; article 17 de la Convention; absence d'apparence de violation; erreurs de fait ou de droit imputées aux juridictions internes; examen d'office. Ce classement par rubriques se double d'un système de renvois pour celles des décisions qui offrent un réel intérêt sur plusieurs points de droit.

Au début de chaque rubrique figure une brève notice introductive. Il importe de souligner que ces notices n'ont point pour but d'interpréter ni de commenter la jurisprudence de la Commission. En outre, elles se réfèrent uniquement à la période qui a pris fin le 31 décembre 1957, sans préjudice des développements ultérieurs de ladite jurisprudence.

A l'intérieur des diverses rubriques, les décisions sont rangées

---

[1] Cf. le tableau qui figure à la page 56.

[2] Entre le 1er janvier et le 30 septembre 1958, au contraire, deux requêtes individuelles ont été déclarées *recevables*.

[3] Pour plus de détails, voir le document H (57) 1 de la Direction des Droits de l'Homme du Conseil de l'Europe, intitulé "Procédure et jurisprudence de la Commission européenne des Droits de l'Homme en matière de recours individuels".

which will be readily understood, the names of the applicants and, in general, any details by which they could be identified have been omitted. The only exception is in respect of the application by the German Communist Party, which has already received wide publicity in the press.

dans l'ordre chronologique (date de la décision et, subsidiairement, date du dépôt de la requête). Cette méthode a l'avantage de mettre en évidence l'évolution de la jurisprudence de la Commission.

Les décisions dont s'agit se trouvent reproduites ci-après dans leur texte intégral. Toutefois, et pour des motifs aisément compréhensibles, le nom des requérants et, plus généralement, les éléments de nature à permettre l'identification de ceux-ci en ont été omis. Il n'en va autrement que pour une seule affaire, celle relative à la requête du Parti Communiste d'Allemagne, qui a déjà reçu dans la presse une large diffusion.

I. EXHAUSTION OF DOMESTIC REMEDIES

I. EPUISEMENT DES VOIES DE RECOURS INTERNES

Article 26 of the Convention provides that "the Commission may only deal with the matter after all domestic remedies have been exhausted, according to the generally recognised rules of international law" while paragraph 3 of Article 27 further provides that "the Commission shall reject any petition referred to it which it considers inadmissible under Article 26".

Up to 31st December, 1957, the Commission had declared 76 individual applications inadmissible, partly or wholly on the ground that all domestic remedies had not been exhausted. Ten of these decisions are given below.[1]

Aux termes de l'article 26 de la Convention, "la Commission ne peut être saisie qu'après l'épuisement des voies de recours internes, tel qu'il est entendu selon les principes de droit international généralement reconnus...". D'autre part, l'article 27 précise, en son paragraphe 3, que "la Commission rejette toute requête qu'elle considère comme irrecevable par application de l'article 26".

Au 31 décembre 1957, la Commission avait déclaré irrecevables soixante-seize requêtes individuelles, pour le motif, parfois combiné avec d'autres, que les voies de recours internes n'avaient pas été épuisées. Dix de ces décisions se trouvent reproduites ci-après.[1]

[1] See also, *inter alia:*

No. 165/56: under 7 below (Rights and freedoms guaranteed)
167/56: under 9 below (No *prima facie* violation)
172/56: under 7 below (Rights and freedoms guaranteed)
188/56: under 4-B-ii below (Application against a State that has signed but not yet ratified the Convention)
245/57: under 4-B-iii below (Applications against the Saar)
261/57: under 11 below (*Ex officio* examination)
273/57: under 7 below (Rights and freedoms guaranteed)
277/57: under 4-B-ii below (Application against a State that has signed but not yet ratified the Convention)
277/57: under 7 below (Rights and freedoms guaranteed)
285/57: under 10 below (Alleged errors of municipal tribunals)

[1] Voir également, entre autres:

No. 165/56: sous 7 infra (Droits et libertés garantis);
167/56: sous 9 infra (Absence d'apparence de violation);
172/56: sous 7 infra (Droits et libertés garantis);
188/56: sous 4-B-ii infra (Requêtes dirigées contre un Etat ayant signé mais non ratifié la Convention);
245/57: sous 4-B-iii infra (Requêtes dirigées contre la Sarre);
261/57: sous 11 infra (Examen d'office);
273/57: sous 7 infra (Droits et libertés garantis);
276/57: sous 4-B-ii infra (Requêtes dirigées contre un Etat ayant signé mais non ratifié la Convention);
277/57: sous 7 infra (Droits et libertés garantis);
285/57: sous 10 infra (Erreurs imputées aux juridictions internes).

No. 115/55

"...

Vu la requête introduite le 1er novembre 1955 par *X*... contre *la République fédérale d'Allemagne*, enregistrée le 2 novembre 1955 sous le No. de dossier 115/55;

Vu le rapport prévu à l'article 45, § 1 du Règlement intérieur de la Commission;

Après avoir délibéré,

Considérant que le requérant prétend avoir été interné arbitrairement, de novembre 1949 à septembre 1950, dans un asile du Land de Z... où il aurait été maltraité; qu'ignorant l'identité des responsables de son internement, il aurait demandé au Parquet de B..., en 1951, d'ouvrir une instruction contre inconnu; que, sans lui fournir de motifs, le Parquet aurait refusé de donner suite à sa demande; qu'après recours du requérant devant le Ministère fédéral de la Justice, le Parquet aurait cependant repris, en 1955, l'examen de la demande, mais que le Procureur de B... aurait à nouveau ordonné, le 5 novembre 1955, la clôture de l'instruction; que le recours du requérant contre cette décision aurait été rejeté par le Procureur Général de C... le 2 janvier 1956; que le requérant prétend avoir attaqué cette dernière décision du Procureur Général devant la Cour d'Appel (*Oberlandesgericht*) de C... le 1er février 1956; qu'il demande à la Commission d'examiner son cas sans attendre la décision de la Cour de C..., vu le délai considérable qui s'est écoulé depuis sa première plainte en 1951;

Considérant, en ce qui concerne l'internement dans un asile en 1949, que les faits incriminés remontent à une période antérieure à l'entrée en vigueur de la Convention à l'égard de la République fédérale d'Allemagne (3 septembre 1953); que la Convention ne régit que les faits postérieurs à son entrée en vigueur à l'égard de la Partie Contractante intéressée; qu'il y a donc lieu de rejeter la requête de ce chef, comme irrecevable *ratione temporis;*

Considérant, d'autre part, en ce qui concerne le refus du Procureur de B... d'ouvrir, à la demande du requérant, une instruction contre inconnu, qu'aux termes de l'article 26 de la Convention, la Commission ne peut être saisie qu'après l'épuisement des voies de recours internes, tel qu'il est entendu selon les principes de droit international généralement reconnus; qu'il appert que le requérant n'a pas épuisé les voies de recours internes, son appel étant encore pendant devant la Cour de C...; qu'il est vrai que le requérant prétend qu'à la suite de délai qui s'est écoulé depuis sa première plainte en 1951, il n'est plus tenu à l'épuisement préalable des voies de recours internes; que, toutefois, il ne résulte pas de l'examen du dossier que, dans l'ordre de la protection judiciaire, le requérant ait subi un traitement non conforme aux principes de droit international généralement reconnus; qu'il ressort de ce qui précède que le requérant n'a pas satisfait aux prescriptions de l'article 26 de la Convention; qu'il y a donc lieu de rejeter la requête, de ce chef, en vertu de l'article 27, § 3 de la Convention;

Par ces motifs,
Déclare la requête irrecevable".

[Décision rendue le 30 mai 1956]

No. 27/55

"...

Vu la requête introduite le 14 juillet 1955 par X ... contre la République fédérale d'Allemagne, enregistrée le 25 juillet 1955 sous le N° de dossier 27/55, par laquelle le requérant se plaint de ce que la Cour fédérale de Cassation (*Bundesgerichtshof*), par son arrêt du 20 avril 1955 – IV ZR 266/54 –, ait violé les articles 9, 10, 11 et 16 de la Convention européenne des Droits de l'Homme et des Libertés fondamentales, à l'occasion d'une demande par lui introduite aux fins de réparation des dommages subis sous le régime nazi [1];

Vu le rapport du 22 septembre 1955, prévu à l'article 45, § 1 du Règlement intérieur de la Commission;

Vu l'Ordonnance rendue par le Président de la Commission européenne des Droits de l'Homme le 24 septembre 1955, invitant le Gouvernement de la République fédérale d'Allemagne à présenter à la Commission ses observations écrites sur la recevabilité de la requête et invitant le requérant à présénter, par la suite, sa réplique aux observations du Gouvernement allemand;

Par ses observations écrites du 29 novembre 1955, le Gouvernement de la République fédérale d'Allemagne demande à la Commission de rejeter la requête comme irrecevable par application de l'article 26 de la Convention, le requérant n'ayant pas épuisé le recours de droit constitutionnel (*Verfassungsbeschwerde*) devant la Cour fédérale de Justice Constitutionnelle (*Bundesverfassungsgericht*);

Par sa réplique du 27 décembre 1955, le requérant demande à la Commission d'entrer dans l'examen du fond de la requête, en faisant valoir qu'il aurait, le 4 juillet 1955, dûment formé devant la Cour fédérale de Justice Constitutionnelle un recours de droit constitutionnel, mais que la procédure appliquée par cette Cour en la matière exige souvent de très longs délais qu'il serait injuste de lui faire supporter; il soutient, en outre, que le recours en question n'est pas, de par sa nature, un recours interne au sens de l'article 26 de la Convention;

[1] Cette requête fut communiquée au gouvernement de la République Fédérale d'Allemagne par application de l'article 45, § 2 du Règlement intérieur. La Commission ne la déclara irrecevable qu'après échange d'observations écrites entre les parties.

Vu l'Ordonnance rendue par le Président de la Commission le 20 janvier 1956, invitant le Gouvernement de la République fédérale d'Allemagne à présenter à la Commission ses observations écrites sur la réplique du requérant;

Vu les observations écrites du Gouvernement de la République fédérale d'Allemagne du 16 février 1956;

Après avoir délibéré,

Considérant que le recours de droit constitutionnel (*Verfassungsbeschwerde*) à la Cour fédérale de Justice Constitutionnelle (*Bundesverfassungsgericht*), dans les matières relevant de la compétence de cette Cour, est un recours interne qui tombe en principe dans le champ d'application des dispositions de l'article 26 de la Convention;

Eu égard au fait que, le 4 juillet 1955, le requérant a intenté devant la Cour fédérale de Justice Constitutionnelle une action relative aux matières qui font l'objet de sa présente requête, et que cette action est pendante devant ladite Cour qui aura donc à se prononcer sur la question de sa propre compétence dans la matière;

Eu égard au fait qu'en l'état actuel de la cause aucun retard indû de procédure ne s'est produit devant ladite Cour;

Eu égard au fait que le Commission n'a pas constaté l'existence de circonstances particulières en cette affaire, – comme par exemple une jurisprudence bien établie – qui seraient de nature à dispenser le requérant, selon les principes de droit international généralement reconnus (article 26 de la Convention), d'épuiser le recours devant la Cour fédérale de Justice Constitutionnelle;

Qu'il y a donc lieu, au stade actuel, de rejeter la requête en vertu de l'article 27, § 3 de la Convention, pour non-épuisement des voies de recours internes;

Par ces motifs,
Déclare la requête irrecevable" [1].

[Décision rendue le 31 mai 1956]

No. 181/56

"...

Vu la requête introduite le 14 mai 1956 par X ... contre la République Fédérale d'Allemagne, enregistrée le 16 mai 1956 sous le N° de dossier 181/56;

Vu le rapport prévu à l'article 45, § 1, du Règlement intérieur de la Commission;

Après avoir délibéré,

Considérant que le requérant, Allemand d'origine lorraine, aurait été arrêté en 1936 par la police secrète nazie à B ..., alors qu'il

[1] Dans le même sens: décisions relatives à la recevabilité des requêtes No 188/56 (infra, sous IV-8), 261/57 (infra, sous XI) et 277/57 (infra, sous VII).

venait de rentrer en Allemagne après avoir passé deux mois dans la Légion Etrangère; qu'il aurait été interné de 1936 à 1945, sous l'accusation d'espionnage, dans les camps de concentration de C ... et de D ...; que, pendant cet internement, il aurait enduré des mauvais traitements;

Considérant que le requérant se plaint de ce que l'autorité administrative compétente de F ... (*Regierungspräsident-Entschädigungsbehörde für politisch, rassisch oder religiös Verfolgte*) ait refusé, le 20 septembre 1955, de lui accorder une indemnité à titre de victime du régime nazi, pour le motif qu'il ne remplissait pas les conditions auxquelles l'article 1, § 1 de la loi fédérale du 18 septembre 1953 sur l' indemnisation des victimes des persécutions nazies (*Bundesentschädigungsgesetz*) subordonne l'octroi d'une telle indemnité; que cette décision constituerait, d'après le requérant, une discrimination fondée soit sur son origine lorraine, soit sur ses états de service dans la Légion Etrangère; que l'article 99 de la loi précitée offrait au requérant la faculté d'introduire un recours judiciaire contre ladite décision, et ce dans un délai de trois mois à partir de la notification de celle-ci; que, par lettre du 13 octobre 1956, le requérant reconnaît n'avoir point usé de cette faculté, mais soutient que ses ressources ne lui permettaient pas de le faire; qu'il ne semble pas non plus avoir sollicité l'assistance judiciaire;

Considérant que le requérant, qui se dit malade et sans ressources, demande à la Commission de l'aider à obtenir une indemnité;

Considérant, en ce qui concerne l'internement et les mauvais traitements subis par le requérant de 1936 à 1945, que les faits allégués remontent à une période antérieure au 3 septembre 1953, date d'entrée en vigueur de la Convention européenne des Droits de l'Homme à l'égard de la République Fédérale d'Allemagne; que, selon les principes de droit international généralement reconnus, ladite Convention ne régit, pour chaque Partie Contractante, que les faits postérieurs à son entrée en vigueur à l'égard de cette Partie; qu'il y a donc lieu de rejeter la requête de ce chef, comme irrecevable *ratione temporis*;

Considérant, pour autant que la requête incrimine la décision susmentionnée du 20 septembre 1955, qu'aux termes de l'article 26 de la Convention, la Commission ne peut être saisie qu'après l'épuisement des voies de recours internes, tel qu'il est entendu selon les principes de droit international généralement reconnus; que le requérant n'a point exercé, contre cette décision, les recours judiciaires que lui accordait la loi susvisée du 18 septembre 1953; qu'au surplus, l'examen du dossier ne permet pas de dégager l'existence de circonstances particulières de nature à relever le requérant, selon les principes de droit international généralement reconnus, de l'obligation d'épuiser les voies de recours internes dont il disposait; qu'en effet, l'insuffisance des ressources du requérant ne saurait à elle seule, en l'espèce, revêtir le caractère d'une telle circonstance; qu'il appert donc que le requérant n'a pas satisfait aux prescriptions de l'article 26 de la Convention; qu'il y a lieu, par conséquent, de rejeter la requête également de ce chef, en vertu de l'article 27, § 3 de la Convention, pour non-épuisement des voies de recours internes;

Par ces motifs,
Déclare la requête irrecevable".

[Décision rendue le 6 mars 1957]

No. 199/56

" ...

Vu la requête introduite le 13 juillet 1956 par X ... contre la République Fédérale d'Allemagne, enregistrée le 16 juillet 1956 sous le N° de dossier 199/56;

Vu le rapport prévu à l'article 45, § 1, du Règlement intérieur de la Commission;

Après avoir délibéré,

Considérant que le requérant se plaint, de façon peu claire, d'une mauvaise administration de la justice en Allemagne; qu'il ressort des pièces qu'il a produites qu'il avait demandé au Procureur près le Tribunal (*Landgericht*) de B ... d'entamer contre M. A ..., juge au Tribunal (*Amtsgericht*) de C ..., des poursuites pour prévarication; que le requérant reprochait notamment à ce juge de ne pas avoir revêtu sa robe à l'audience lors d'un procès civil qu'un nommé D ... avait intenté contre le requérant en 1954; que ledit Procureur refusa, le 24 mars 1956, de poursuivre le juge A ..., pour le motif que celui-ci n'avait commis aucune infraction pénale; que le recours du requérant contre cette décision fut rejeté comme manifestement mal fondé par le Procureur Général près la Cour d'Appel de B ... le 20 avril 1956; que le requérant introduisit contre cette dernière décision un "recours hiérarchique" (*Dienstaufsichtsbeschwerde*), que le Ministère de la Justice du Land de F ... rejeta le 12 juin 1956;

Considérant que l'examen du dossier, tel qu'il se présente, ne permet pas, de façon générale, de dégager l'apparence d'une violation d'un des droits reconnus dans la Convention européenne des Droits de l'Homme, et notamment du droit à une bonne administration de la justice, sous les conditions fixées et dans les limites prescrites par l'article 6 de ladite Convention; qu'il appert donc que la requête est manifestement mal fondée; qu'il y a lieu, par conséquent, de la rejeter en vertu de l'article 27, § 2 de la Convention;

Considérant, en tout état de cause, qu'aux termes de l'article 26 de la Convention, la Commission ne peut être saisie qu'après l'épuisement des voies de recours internes, tel qu'il est entendu selon les principes de droit international généralement reconnus; que le requérant n'a pas introduit contre la décision précitée du Procureur

Général de B ..., devant la Cour d'Appel (*Oberlandesgericht*) de B ..., le recours judiciaire que la loi lui accordait en sus du "recours hiérarchique" par lui exercé; qu'au surplus l'examen du dossier, tel qu'il se présente, ne permet pas de dégager l'existence de circonstances particulières de nature à relever le requérant, selon les principes de droit international généralement reconnus, de l'obligation d'épuiser les voies de recours internes dont il disposait; qu'il appert donc que le requérant n'a pas satisfait aux prescriptions de l'article 26 de la Convention; qu'il y a lieu, par conséquent, de rejeter également la requête en vertu de l'article 27, § 3 de la Convention, pour non-épuisement des voies de recours internes;

Par ces motifs,
Déclare la requête irrecevable".

[Décision rendue le 6 mars 1957]

No. 226/56

" ...

Vu la requête introduite le 13 octobre 1956 par X ... contre la République Fédérale d'Allemagne, enregistrée le 15 octobre 1956 sous le N° de dossier 226/56;

Vu le rapport prévu à l'article 45, § 1, du Règlement intérieur de la Commission;

Après avoir délibéré,

Considérant que le requérant, personne déplacée de nationalité polonaise, résidant actuellement dans la République Fédérale d'Allemagne et placé sous le contrôle du Haut Commissariat des Nations-Unies pour les réfugiés, se plaint en premier lieu de l'internement qu'il a subi en tant que prisonnier politique, du 17 janvier 1944 au 16 avril 1945, dans plusieurs camps de concentration nazis, internement au cours duquel il a enduré divers mauvais traitements et a été astreint à accomplir des travaux forcés; qu'il allègue à cet égard la violation des articles 3, 4 et 5, § 1 de la Convention européenne des Droits de l'Homme;

Considérant que le requérant se plaint d'autre part de ne point obtenir réparation du préjudice par lui souffert du fait de son internement; qu'en effet il a entrepris, à partir de 1948, de multiples démarches, notamment auprès du Haut Commissariat des Nations-Unies pour les réfugiés et du Chancelier Adenauer, mais que ces démarches sont demeurées infructueuses; que, par lettre du 14 septembre 1956, le fonctionnaire chargé de veiller à la procédure d'indemnisation (*öffentlicher Anwalt dür die Wiedergutmachung*) près le Tribunal de B ... a rappelé au requérant que la loi fédérale sur les indemnisations (*BEG*) ne prévoit l'indemnisation des non-ressortissants que si les persécutions nazies leur ont causé des dommages physiques ayant entraîné une invalidité d'au moins 25%, condition non remplie par le requérant; que le requérant semble interpréter cette lettre comme une fin de non-recevoir définitive, s'opposant pratiquement à la continuation de ses démarches; qu'il proteste en outre contre les dispositions de la loi susmentionnée laquelle, en réservant aux Polonais persécutés par les nazis un traitement beaucoup moins favorable que celui dont bénéficient les nationaux allemands, consacrerait une discrimination inadmissible; que, selon lui, le refus de réparation auquel il se heurte constituerait une atteinte au droit reconnu à l'article 5, § 5 de la Convention européenne des Droits de l'Homme;

Considérant, en ce qui concerne l'internement, les travaux forcés et les mauvais traitements incriminés, que les faits allégués remontent à une période antérieure au 3 septembre 1953, date d'entrée en vigueur de la Convention européenne des Droits de l'Homme à l'égard de la République Fédérale d'Allemagne; que, selon les principes de droit international généralement reconnus, ladite Convention ne régit, pour chaque Partie Contractante, que les faits postérieurs à son entrée en vigueur à l'égard de cette Partie; qu'il y a donc lieu de rejeter la requête de ce chef, comme irrecevable *ratione temporis*;

Considérant, pour autant que la requête a trait à l'échec des démarches entreprises par le requérant en vue d'obtenir une indemnisation, qu'aux termes de l'article 26 de la Convention, la Commission ne peut être saisie qu'après l'épuisement des voies de recours internes, tel qu'il est entendu selon les principes de droit international généralement reconnus; que le requérant n'a introduit aucun recours devant les tribunaux allemands, alors qu'il en avait la faculté; qu'au surplus l'examen du dossier ne permet pas de dégager l'existence de circonstances particulières de nature à relever le requérant, selon les principes de droit international généralement reconnus, de l'obligation d'épuiser les voies de recours internes dont il disposait; que la lettre susmentionnée de l'öffentlicher Anwalt für die Wiedergutmachung près le Tribunal de B ... ne saurait être considérée comme ayant le caractère d'une telle circonstance; qu'il appert donc que le requérant n'a pas satisfait aux prescriptions de l'article 26 de la Convention; qu'il y a lieu, par conséquent, de rejeter la requête également de ce chef, en vertu de l'article 27, § 3 de la Convention, pour non-épuisement des voies de recours internes;

Par ces motifs,
Déclare la requête irrecevable".

[*Décision rendue le 7 mars 1956*]

No. 232/56

" ...

Vu la requête introduite le 6 novembre 1956 par X ... contre la République Fédérale d'Allemagne, enregistrée le 9 novembre 1956 sous le N° de dossier 232/56;

Vu le rapport prévu à l'article 45, § 1, du Règlement intérieur de la Commission;

Après avoir délibéré,

Considérant que le requérant a appartenu autrefois à l'administration allemande de la justice en qualité de fonctionnaire, mais qu'il a été révoqué le 4 décembre 1926, en vertu d'un arrêt de la Cour de Justice disciplinaire du Reich, pour faute grave commise hors de l'exercice de ses fonctions; qu'estimant cette décision injuste il a, après la guerre, introduit une demande en révision; qu'il se plaint de ce que la Cour administrative de B ... a rejeté cette demande le 14 octobre 1955;

Considérant que le requérant prétend d'autre part avoir été condamné à tort:

(1) le 18 octobre 1930, par le Tribunal (*Landgericht*) de C ... pour usure;

(2) les 4 mars 1932, 5 septembre 1932, 3 décembre 1932 et 15 mars 1944, par le même Tribunal pour injure;

Considérant que le requérant allègue que ces diverses décisions constituent une violation de ses droits fondamentaux; que, de façon générale, les juridictions allemandes l'auraient toujours traité de manière arbitraire et partiale; qu'il réclame une indemnité de 342.800 RM pour le préjudice qu'il aurait subi de ce fait;

Considérant, en ce qui concerne la décision rendue le 14 octobre 1955 par la Cour administrative de B ..., qu'aux termes de l'article 26 de la Convention de Sauvegarde des Droits de l'Homme et des Libertés fondamentales, la Commission ne peut être saisie d'une requête qu'après l'épuisement des voies de recours internes, tel qu'il est entendu selon les principes de droit international généralement reconnus; que le requérant ne démontre pas avoir exercé, devant la Cour fédérale administrative (*Bundesverwaltungsgericht*), le recours qu'il avait la possibilité d'introduire; qu'au surplus l'examen du dossier ne permet pas de dégager l'existence de circonstances particulières de nature à relever le requérant, selon les principes de droit international généralement reconnus, de l'obligation d'épuiser les voies de recours internes dont il disposait; qu'il appert donc que le requérant n'a pas observé les prescriptions de l'article 26 de la Convention en ce qui concerne l'épuisement des voies de recours internes; qu'il y a lieu, dès lors, de rejeter la requête de ce chef par application de l'article 27, § 3 de la Convention;

Considérant que tous les autres faits allégués remontent à une période antérieure à l'entrée en vigueur de la Convention à l'égard de la République Fédérale d'Allemagne (3 septembre 1953); que, selon les principes de droit international généralement reconnus, la Convention ne régit, pour chaque Partie Contractante, que les faits postérieurs à son entrée en vigueur à l'égard de cette Partie; qu'il y a donc lieu de rejeter la requête de ce chef, comme irrecevable *ratione temporis*:

Par ces motifs,

Déclare la requête irrecevable".

[Décision rendue le 15 juillet 1957]

No. 225/56

" . . .

Vu la requête introduite le 3 octobre 1956 par X . . . contre la République Fédérale d'Allemagne, enregistrée le 9 octobre 1956 sous le N° de dossier 225/56;

Vu le rapport prévu à l'article 45, § 1, du Règlement intérieur de la Commission;

Après avoir délibéré,

Considérant que le requérant avait déjà saisi la Commission, le 12 janvier 1956, d'une première requête (No 149/56), par laquelle il se plaignait, de façon peu cohérente, de la "justice du Land de B . . .", et notamment d'avoir été soumis à un examen médical de son état mental, ordonné par le Tribunal d'arrondissement (*Amtsgericht*) de C . . . (Allemagne); que la Commission avait rejeté cette requête le 28 septembre 1956, comme manifestement mal fondée;

Considérant que le requérant déclare, dans son nouveau recours, que, le susdit examen médical lui ayant été défavorable, le Tribunal d'arrondissement de C . . . a, le 23 novembre 1956, ordonné sa mise sous tutelle "pour éviter que le requérant ne s'adresse encore par des requêtes, qu'il a jusqu'ici rédigées lui-même, aux autorités administratives et aux tribunaux"; qu'il soutient que cette mesure l'a "privé d'une partie de ses droits fondamentaux"; qu'il s'en est plaint, le . . . 1956, auprès de la Cour Fédérale de Justice Constitutionnelle; que cette Cour, par lettre datée du ... 1957, lui a fait savoir qu'elle avait rejeté provisoirement sa demande pour le motif que le recours n'avait pas été introduit par le tuteur du requérant;

Considérant que le requérant réclame la levée de son interdiction, une indemnité correspondant au dommage qu'il aurait subi et le châtiment des fonctionnaires responsables de son interdiction; qu'il demande en outre à la Commission d'examiner, de façon générale, les conditions régnant dans les asiles d'aliénés du Land de B . . ., de l'autoriser à exposer oralement son cas soit directement devant la Commission à Strasbourg, soit devant un Consulat de France en Allemagne, et d'entendre un témoin désigné par lui;

Considérant qu'aux termes de l'article 26 de la Convention, la Commission ne peut être saisie qu'après l'épuisement des voies de recours internes, tel qu'il est entendu selon les principes de droit international généralement reconnus; que la Cour Fédérale de Justice Constitutionnelle n'a déclaré irrecevable le recours du requérant que pour le motif que celui-ci ne pouvait agir en justice que représenté par son tuteur; que, de ce fait, ladite Cour n'a pas encore jugé le fond de l'affaire; qu'au surplus l'examen du dossier, tel qu'il se présente, ne permet pas de dégager l'existence de circonstances particulières de nature à relever le requérant, selon les principes de droit international généralement reconnus, de l'obligation d'épuiser les voies de recours internes dont il disposait; qu'il appert donc que le requérant n'a pas observé les prescriptions de l'article 26 de la Convention en ce qui concerne l'épuisement des voies de recours internes; qu'il y a lieu, dès lors, de rejeter la requête de ce chef en vertu de l'article 27 § 3 de la Convention;

Considérant par ailleurs, de façon générale, que l'examen du dossier, tel qu'il se présente, ne permet pas de dégager l'apparence d'une violation d'un des droits et libertés reconnus dans la Convention; qu'il appert donc que la requête est manifestement mal fondée; qu'il y a lieu, en conséquence, de la rejeter également de ce chef, par application de l'article 27, § 2 de la Convention;

Par ces motifs,

Déclare la requête irrecevable".

[Décision rendue le 18 juillet 1957]

No. 263/57

"...

Vu la requête introduite le 11 février 1957 par X ... contre la République Fédérale d'Allemagne, enregistrée le ler mars 1957 sous le N° de dossier 263/57;

Vu le rapport prévu à l'article 45, § 1, du Règlement intérieur de la Commission;

Après avoir délibéré,

Considérant que le requérant fut condamné, le 4 janvier 1956, à vingt-deux mois de réclusion par le Tribunal (*Landgericht*) de B ... pour avoir, dans l'exercice de ses fonctions d'inspecteur des chemins de fer, commis des délits de détournement et de soustraction, que son recours en cassation (*Sprungrevision*) fut rejeté, le ... 1956, par la Cour fédérale de Justice (*Bundesgerichtshof*), comme "manifestement mal fondé"; qu'après l'expiration du délai d'un mois dont il disposait à cet effet le requérant introduisit, contre ledit arrêt, un recours de droit constitutionnel (*Verfassungsbeschwerde*) que la Cour Fédérale de Justice Constitutionnelle (*Bundesverfassungsgericht*) rejeta le ... 1957;

Considérant que le requérant se plaint de ce qu'on l'ait empêché, au cours de l'instruction, d'assister à l'audition des témoins lors d'une descente sur les lieux et de ce que trois des témoins entendus lors de ladite descente sur les lieux n'aient pas été cités à comparaître devant le Tribunal de B ..., lequel aurait néanmoins fondé sa décision sur leurs dépositions sans que le requérant ait eu la possibilité de réfuter celles-ci;

Considérant que le requérant allègue, d'autre part, que les autorités de la prison où il se trouve ont retardé l'expédition de la lettre par laquelle il avait introduit son recours de droit constitutionnel, de sorte que cette lettre ne serait parvenue à la Cour Fédérale de Justice Constitutionnelle qu'après l'expiration du délai légal d'un mois;

Considérant qu'il ressort de l'examen du dossier que la Cour Fédérale de Justice Constitutionnelle (*Bundesverfassungsgericht*) n'a pas rejeté ledit recours pour l'unique motif que le requérant n'avait pas observé le délai d'un mois dont il disposait; qu'en effet, la Cour a également retenu que le requérant n'avait pas soumis à la Cour Fédérale de Justice (*Bundesgerichtshof*) ceux de ses griefs qui visaient la procédure menée devant le Tribunal de B ..., et que, par conséquent, il n'avait pas rempli la condition à laquelle l'article 90, § 2 de la loi sur la Cour Fédérale de Justice Constitutionnelle subordonne l'exercice de ce recours, à savoir l'épuisement préalable des voies de recours;

Considérant, sans entrer dans l'examen de la matérialité des faits avancés par le requérant, qu'aux termes de l'article 26 de la Convention de Sauvegarde des Droits de l'Homme et des Libertés fondamentales, la Commission ne peut être saisie qu'après l'épuisement des voies de recours internes, tel qu'il est entendu selon les principes de droit international généralement reconnus; que, pour se conformer aux dispositions de cet article, il ne suffit pas que le requérant ait exercé les recours internes qui lui étaient ouverts au sens dudit article 26; qu'à défaut d'impossibilité ou d'empêchement, et dans la mesure où cela dépendait raisonnablement de lui, le requérant aurait dû également faire valoir, devant l'autorité judiciaire supérieure, les droits dont il allègue actuellement la violation par la décision de la juridiction inférieure; qu'il ressort du dossier qu'il a omis de soulever, devant la Cour Fédérale de Justice (*Bundesgerichtshof*), les griefs d'ordre procédural qu'il impute au Tribunal (*Landgericht*) de B ...; qu'il n'a pas établi devant la Commission l'existence d'une raison valable susceptible de justifier cette omission; qu'au surplus l'examen du dossier ne permet pas de dégager en l'espèce l'existence de circonstances particulières de nature à relever le requérant, selon les principes de droit international genéralement reconnus, de l'obligation d'épuiser les voies de recours internes dont il disposait; qu'il appert donc que le requérant n'a pas satisfait aux prescriptions de l'article 26 de la Convention en ce qui concerne l'epuisement des voies de recours internes; qu'il y a lieu, par conséquent, de rejeter la requête de ce chef par application de l'article 27, § 3 de la Convention.

Par ces motifs,
Déclare la requête irrecevable".

[Décision rendue le 20 juillet 1957]

No. 289/57

" ...

Vu la requête introduite le 30 mai 1957 par X ... contre la République Fédérale d'Allemagne, enregistrée le 3 juin 1957 sous le N° de dossier 289/57;

Vu le rapport prévu à l'article 45, § 1, du Règlement intérieur de la Commission;

Après avoir délibéré,

Considérant que le requérant, ressortissant allemand, est fonctionnaire titularisé et se trouve actuellement affecté, en qualité de "Justizinspektor", au Greffe du Tribunal d'arrondissement (*Amtsgericht*) de B ... (République Fédérale d'Allemagne); qu'il se plaint d'avoir fait l'objet, entre 1946 et 1957, de plusieurs mesures disciplinaires qu'il estime injustes; qu'en effet lesdites mesures s'expliqueraient par le fait que le requérant, au lendemain de la guerre mondiale 1939–1945, se serait opposé à l'accès d'anciens nazis à la magistrature;

Considérant que le requérant introduisit le 8 février 1952, devant le Tribunal administratif régional (*Landesverwaltungsgericht*) de C ..., un recours contre son supérieur hiérarchique, afin d'obtenir la révocation d'une partie des mesures disciplinaires prises contre lui; qu'il demandait notamment le retrait de certains documents défavorables versés à son dossier personnel, alléguant qu'il n'avait point été préalablement entendu au sujet de ces documents, contrairement à ce qu'exigent la loi allemande sur la Fonction Publique (*Deutsches Beamtengesetz*) et l'ordonnance du 17 juin 1949 du Ministère de l'Intérieur du Land de D ...; que le Landesverwaltungsgericht le débouta néanmoins le 23 octobre 1952;

Considérant que, le 8 avril 1957, le requérant se vit infliger par la Chambre disciplinaire (*Disziplinarkammer*) du Tribunal administratif susmentionné une nouvelle sanction disciplinaire ayant pour effet de le priver de toute augmentation de traitement pour une durée de trois ans; qu'il affirme que la faute disciplinaire que le Tribunal lui avait imputée était inexistante; que le requérant avait la faculté d'interjeter appel contre ladite décision, dans un délai de deux semaines à partir de la notification de cette même décision, devant la Chambre disciplinaire (*Disziplinarsenat*) de la Cour administrative supérieure (*Oberverwaltungsgericht*) de F ...; qu'il n'a pas usé de cette faculté; qu'il déclare au surplus n'être pas en mesure, en raison de son état de santé, de chercher à obtenir gain de cause devant des instances dont il suppose d'ailleurs qu'elles n'ont même pas la "volonté de rendre des décisions conformes à la notion d'Etat de droit"; qu'il déclare renoncer en conséquence à toute procédure ultérieure;

Considérant que le requérant se plaint plus particulièrement de ce que, durant les dix dernières années, des documents défavorables à sa personne aient été versés à son dossier sans que ses supérieurs hiérarchiques lui aient donné l'occasion de présenter sa défense; que les décisions administratives et judiciaires rendues à son encontre n'en auraient pas moins utilisé les indications contenues dans ces documents; que le requérant reproche, entre autres, aux juridictions saisies de son affaire de ne pas avoir pris en considération la plupart des arguments avancés par lui; qu'il demande l'annulation de la décision du 8 avril 1957;

Considérant que certains des faits allégués, ainsi que la décision rendue par le Tribunal administratif de C ... le 23 octobre 1952, remontent à une période antérieure au 3 septembre 1953, date d'entrée en vigueur de la Convention de Sauvegarde des Droits de l'Homme et des Libertés fondamentales à l'égard de la République Fédérale d'Allemagne; que, selon les principes de droit international généralement reconnus, ladite Convention ne régit, pour chaque Partie Contractante, que les faits postérieurs à son entrée en vigueur à l'égard de cette Partie; qu'il y a donc lieu de rejeter la requête de ce chef comme irrecevable *ratione temporis*;

Considérant, d'autre part, pour autant que la requête vise la période postérieure au 3 septembre 1953, et notamment la décision rendue par le même Tribunal administratif le 4 avril 1957, qu'aux termes de l'article 26 de la Convention, la Commission européenne des Droits de l'Homme ne peut être saisie qu'après l'épuisement des voies de recours internes, tel qu'il est entendu selon les principes de droit international généralement reconnus et dans le délai de six mois, à partir de la décision interne définitive; que le requérant n'a point exercé, pour attaquer la décision susmentionnée du 4 avril 1957, le recours judiciaire dont il disposait devant l'Oberverwaltungsgericht de F ...; qu'au surplus, l'examen du dossier ne permet pas de dégager l'existence de circonstances particulières de nature à relever le requérant, selon les principes de droit international généralement reconnus, de l'obligation d'épuiser les voies de recours internes dont il disposait; que, notamment, le mauvais état de santé du requérant ne saurait, en principe et par lui-même, faire échec à cette obligation; que d'autre part l'opinion personnelle du requérant quant aux chances de succès d'un éventuel appel à l'Oberverwaltungsgericht de F ... ne saurait être prise en considération, car cette opinion ne s'appuie sur aucun élément susceptible de prouver que cet appel aurait vraisemblablement été inefficace ou insuffisant; qu'il appert donc que le requérant n'a pas satisfait aux prescriptions précitées de l'article 26 de la Convention en ce qui concerne l'épuisement des voies de recours internes; qu'il y a lieu, dès lors, de rejeter la requête de ce chef par application de l'article 27, § 3, de la Convention;

Par ces motifs,
Déclare la requête irrecevable".

[Décision rendue le 6 septembre 1957]

No. 254/57

" . . .

Having regard to the application lodged on 4th November, 1956, by X . . . against the Federal Republic of Germany and registered on 15th February, 1957, under file No. 254/57;

Considering that the facts of the case are as follows:

1. The applicant, of German nationality, was sentenced on 30th August, 1956, by the Criminal Court (Landgericht) of A . . . (Federal Republic of Germany), to three and a half years' imprisonment, a fine of 600 DM. and the loss of civic rights for five years, on three counts of fraud and one of attempted fraud, not being a first offender.

At the same time, the Court ordered his detention for an indefinite period (*Sicherungsverwahrung* – Art. 20 (a) and 42 (e) of the German Criminal Code) as a dangerous habitual criminal. The judgement shows, moreover, that the applicant, born in 1914, has been sentenced thirteen times since 1932 (mostly on counts of fraud), and on eight of these occasions to periods of imprisonment exceeding six months.

The applicant claims to have been wrongfully convicted on the basis of false evidence. He also alleges that the Court was prejudiced against him and that some of his previous convictions should not have been taken into account in determining his sentence since they were due to his Jewish origin and anti-Nazi sentiments. He further maintains that all his previous convictions were unjustified.

The applicant appealed (*Revision*) against the above judgement to the Federal Court of Justice (*Bundesgerichtshof*). On 28th November, 1956, this Court rejected his appeal as "manifestly without foundation."

2. Furthermore, the applicant has lodged a series of complaints against a German magistrate named B . . . . This magistrate is alleged to have used intimidation and threats while interrogating the plaintiff before his trial, when he was on remand.

He was also alleged to have intercepted two letters addressed to the applicant, informing him of his wife's pregnancy. The applicant protested on the grounds of his right to keep in touch with his wife and of his duty as a husband to afford her all necessary assistance. M. B . . . is alleged to have curtly replied that he did not believe the applicant's statement. This, the applicant claims, was a violation of Article 8 of the Convention.

The applicant's plea against M. B . . . was rejected on 7th August, 1956, by the Chief Prosecutor (*Oberstaatsanwalt*) of the Court (*Landgericht*) of A . . ., as being without foundation. The applicant protested against this rejection to the Ministry of Justice of the "Land" of C . . ., apparently without result.

3. The applicant also alleges that during his period of detention

under remand, a petition addressed by him on 20th March, 1956, to the President of the Republic was intercepted by the A ... prison authorities. He protests against this interception.

Considering that the applicant asks the Commission to declare the violation, by the German Authorities, of Articles 5 (paragraph 1), 6 (paragraph 1) and 8 of the Convention; that he asks for a re-trial (*Wiederaufnahme des Verfahrens*) of the case culminating in his latest conviction; that he claims damages for himself and a rest-cure for his wife, in compensation for the privations and "mental cruelty" from which she is alleged to have suffered during her pregnancy; and lastly that he asks for the "extradition" of his wife and children to the Netherlands where he is said to own a hotel and other property;

With regard to the complaint by the applicant concerning his conviction on 30th August 1956.

Whereas, on one hand, according to Article 26 of the European Convention for the Protection of Human Rights and Fundamental Freedoms, the Commission may only deal with a matter after all domestic remedies have been exhausted, according to the generally recognised rules of international law and within a period of six months from the date on which the final decision was taken;

Whereas the applicant did not avail himself of his right to appeal to the Federal Constitutional Court (*Bundesverfassungsgericht*) against the decision of the Court of Justice (*Bundesgerichtshof*) of 28th November, 1956;

Whereas the recourse to the Federal Constitutional Court, for matters within the competence of that Court, is a domestic remedy which in principle falls within the scope of the provision contained in Article 26 of the Convention;

Whereas, moreover, an examination of the file in its present state does not disclose the existence of any special circumstances which would have released the applicant, according to the generally recognised rules of international law, from the obligation to exhaust the domestic remedies at his disposal;

Whereas it, therefore, appears that the applicant has not satisfied the conditions laid down in Article 26 of the Convention in regard to the exhaustion of local remedies;

Whereas the application should in this respect, in pursuance of Article 27, paragraph 3, of the Convention, accordingly be rejected;

Whereas, on the other hand, an examination of the file in its present state does not generally speaking disclose any *prima facie* violation of the rights and freedoms set forth in the Convention, in particular the right to liberty and security of person and of the right to the proper administration of justice under the conditions laid down and within the limits defined in Articles 5 and 6 of the said Convention;

Whereas it should in particular be observed, with regard to the condemnation attacked by the applicant, that the European Commission of Human Rights was not set up as a higher court to examine alleged errors of law or fact committed by the domestic courts of the Contracting Parties acting wholly within their jurisdiction but, in accordance with Article 19 of the Convention, to ensure observance of the obligations undertaken by the Parties in the Convention;

Whereas errors of law or fact committed by domestic courts concern the Commission, during its examination of the admissibility of applications, only insofar as they appear to have resulted in the violation of one of the rights and freedoms limitatively listed in the Convention;

Whereas, more generally, the Commission is only competent to pronounce on the judgements of domestic courts if there is a presumption that such judgements were given in disregard of the rights and freedoms guaranteed by the Convention;

Whereas an examination of the file does not disclose any appearance of such a violation;

Whereas it therefore appears that the application is in this respect manifestly illfounded;

Whereas it should, in pursuance of Article 27, paragraph 2, of the Convention, accordingly be rejected;

With regard to the applicant's complaints against judge b ... and against the interception of his petition to the President of the Republic.

Whereas the applicant had the right to appeal by way of application (*Beschwerde*) to the Attorney-General (*Generalstaatsanwalt*) of the Court of Appeal (*Oberlandesgericht*) of D ..., against the abovementioned decision of the Public Prosecutor (*Oberstaatsanwalt*) of the Tribunal of A ... of 7th August, 1956;

Whereas he has not proved that he did avail himself of this right;

Whereas the applicant could have lodged an administrative appeal against the decision of interception complained of;

Whereas he has not proved that he did in fact avail himself of this remedy;

Whereas, moreover, in both the above-mentioned instances, an examination of the file does not disclose, in this particular case, the existence of any special circumstances which would have released the applicant, according to the generally recognised rules of international law, from the obligation to exhaust the domestic remedies at his disposal;

Whereas it, therefore, appears that the applicant has not satisfied the conditions laid down in Article 26 of the Convention in regard to the exhaustion of local remedies;

Whereas the application should, also in this respect, in pursuance of Article 27, paragraph 3, of the Convention, accordingly be rejected;

Now therefore the Commission

Declares this application to be inadmissible".

[Decision taken on 16th December, 1957]

2. TIME LIMIT OF SIX MONTHS

2. DELAI DE SIX MOIS

Article 26 of the Convention provides that "the Commission may only deal with the matter after all domestic remedies have been exhausted, according to the generally recognised rules of international law, and within a period of six months from the date on which the final decision was taken". Paragraph 3 of Article 27 further provides that "the Commission shall reject any petitions referred to it which it considers inadmissible under Article 26".

Up to 31st December, 1957, the Commission had rejected two individual applications (Nos. 188/56 and 267/57) on the ground that, in the case of certain of the complaints, the period of six months had been exceeded. The decision relating to the first of these two applications is given below under 4-B (Limitation *ratione personae*).

Aux termes de l'article 26 de la Convention, "la Commission ne peut être saisie qu'après l'épuisement des voies de recours internes, tel qu'il est entendu selon les principes de droit international généralement reconnus et dans le délai de six mois, à partir de la date de la décision interne définitive". D'autre part, l'article 27 précise, en son paragraphe 3, que "la Commission rejette toute requête qu'elle considère comme irrecevable par application de l'article 26".

Au 31 décembre 1957, la Commission avait déclaré irrecevables pour inobservation du délai de six mois, quant à certains des griefs y formulés, deux requêtes individuelles (No. 188/56 et 267/57). La décision relative à la première de ces requêtes se trouve reproduite sous une autre rubrique (voir sous 4-B infra, *Ratione personae*).

3. LIMITATION RATIONE TEMPORIS

3. COMPETENCE RATIONE TEMPORIS

As regards the effect of the Convention and Protocol in relation to the date of the facts complained of, the Commission has strictly observed the principle of non-retroactivity. Up to 31st December, 1957, it had declared 113 individual applications inadmissible, partly or wholly on the ground that they referred to events that had occurred before the entry into force, in respect of the Contracting Party concerned, of the Convention or Protocol. Five of these decisions are given below [1].

[1] See also, inter alia, the decisions regarding the admissibility of the following applications:

No. 172/56: under 7 below (Rights and freedoms giaranteed)
238/56: under 7 below (Rights and freedoms giaranteed)
256/57: under 4-B-iv below (Applications against individuals)
323/57: under 9 below (No *prima facie* violation) See also Doc. DH (55) 13, pp. 5-6).

En ce qui concerne la portée de la Convention et du Protocole additionnel dans le temps, la Commission a strictement respecté le principe de non-rétroactivité. Au 31 décembre 1957, elle avait déclaré cent treize requêtes individuelles irrecevables *ratione temporis* pour le motif, parfois combiné avec d'autres, que ces requêtes se référaient à des faits antérieurs à l'entrée en vigueur de la Convention ou du Protocole additionel à l'égard de la Partie Contractante mise en cause. Cinq de ces décisions se trouvent reproduites ci-après [1].

No. 33/55

" . . .

Vu la requête introduite le 28 juillet 1955 par M. X ... contre la Suède, enregistrée le 3 août 1955 sous le N° de dossier 33/55;

Vu le rapport révu à l'article 45, § 1, du Règlement intérieur de la Commission;

Après avoir délibéré,

Considérant que le requérant, employé au Service de Voirie de la Ville de Z..., affirme avoir fait l'objet d'allégations injurieuses, ayant trait notamment à son état mental et à ses aptitudes professionnelles, de la part de M. A ..., son supérieur hiérarchique; que la plainte en diffamation par lui introduite contre ce dernier et contre la Fédération des Travailleurs Municipaux Suédois aurait été rejetée successivement le 17 janvier 1952 par le Tribunal de première instance de Z ..., le 24 mai 1952 par la Cour d'Appel de Z ... et le ... 1952 par la Cour Suprême;

Considérant que le requérant se plaint d'autre part d'avoir été accusé à tort de vol de bois de chauffage par MM. B ... et C ..., ses supérieurs hiérarchiques; que, malgré le retrait des dépositions des témoins à charge, la plainte en diffamation par lui introduite aurait été rejetée successivement le 18 mars 1954 par le Tribunal de première instance de Z ..., le 21 décembre 1954 par la Cour d'appel de Z ... et le ... 1955 par la Cour suprême; que les décisions desdites juridictions revêtiraient un caractère discriminatoire, et auraient injustement favorisé les défendeurs, vu leur rang hiérarchique plus élevé;

Considérant que le requérant réclame la réparation du préjudice subi;

Sur les faits allégués à l'encontre de MM.A ..., B ... et C ... et de la fédération des travailleurs municipaux suédois:

Considérant que, pour autant qu'elle vise les faits en question, la requête est en réalité formée contre de simples particuliers;

---

[1] Voir également, entre autres, les décisions rendues au sujet de la recevabilité des requêtes:
No. 172/56: sous 7 infra (Droits et libertés garantis);
238/56: sous 7 infra (Droits et libertés garantis);
256/57: sous 4-B-iv infra (Requêtes dirigées contre de simples particuliers);
323/57: sous 9 infra (Absence d'apparence de violation).
Cf. aussi le Doc. DH (55) 13, pp. 5-6.

Considérant qu'aux termes de l'article 19 de la Convention, la Commission européenne des Droits de l'Homme a pour seule tâche d'assurer le respect par les Hautes Parties Contractantes des engagements résultant pour celles-ci de la Convention;

Considérant d'ailleurs que, dans cette même mesure, l'objet de la requête n'a aucun rapport avec celui de la Convention;

Sur les procédures judiciaires menées par le requérant.

Considérant que certaines de ces procédures remontent à une période antérieure au 3 septembre 1953, date d'entrée en vigueur de la Convention à l'égard de la Suède;

Considérant que, selon les principes de droit international généralement reconnus, la Convention ne régit pas les faits antérieurs à son entrée en vigueur à l'égard de la Partie Contractante mise en cause;

Considérant en outre que, pour autant que l'affaire pourrait éventuellement tomber dans le champ d'application de l'article 6 de la Convention pour la période postérieure au 3 septembre 1953, l'examen de la requête ne permet pas de dégager une violation quelconque de la Convention;

Qu'il résulte de ce qui précède qu'il y a lieu de déclarer la requête irrecevable *ratione temporis* et en vertu de l'article 27, paragraphe 2, de la Convention, comme incompatible avec les dispositions de la Convention et manifestement mal fondée;

Par ces motifs,

Déclare la requête irrecevable".

[Décision rendue le 23 septembre 1955]

No 60/55

" . . .

Vu la requête introduite le 19 août 1955 par X . . . contre l'Irlande, enregistrée le 22 août 1955 sous le N° de dossier 60/55;

Vu le rapport prévu à l'article 45, § 1, du Règlement intérieur de la Commission;

Après avoir délibéré,

Considérant que le requérant soutient que l'"Irish Land Commission" avait concédé à son père, en 1927, deux lots de terrain à titre de fermage en attendant la conclusion d'un contrat de vente; qu'il aurait succédé à son père en qualité de fermier; qu'il aurait acquis, par la suite, la pleine propriété des terres en question, les annuités dues au Gouvernement britannique par les fermiers irlandais placés dans une situation analogue ayant été réglées moyennant le versement par le Gouvernement irlandais d'une somme de dix millions de livres, dont le requérant aurait payé sa part; que le requérant aurait sous-loué en 1939 une partie desdites terres, y compris une carrière de gravier, à la Compagnie Y ... et Z ..., laquelle, contrevenant aux termes du contrat de sous-location, aurait, à partir de mars 1944, vendu du gravier à des tiers; que le requérant se serait adressé en mai 1944 à N. A ..., avocat consultant, aux fins de défendre ses intérêts; que ledit avocat aurait fait traîner les choses en longueur jusqu'au 22 september 1944, date à laquelle le requérant aurait appris fortuitement qu'il agissait en collusion avec ses adversaires; que le requérant aurait alors sollicité et obtenu les services d'un autre avocat consultant, N. B ..., lequel lui aurait donné de fausses informations jusqu'en mars 1950, date à laquelle le requérant se serait plaint, sans succès, auprès du Ministre de la Justice; qu'il aurait déployé tous les efforts possibles pour soumettre son cas à un tribunal, mais que toutes les personnes auxquelles il aurait demandé leur concours à cet effet auraient refusé de l'aider et de lui fournir les renseignements nécessaires; qu'il considère, de ce fait, que tous les recours internes disponibles ont été épuisés; que le Tribunal de C ... l'aurait dépossédé en octobre 1946 et que, deux ans plus tard, les deux lots de terrain auraient été attribués à d'autres personnes, dont M. Z ...; que le requérant réclame la réparation du préjudice par lui subi;

Considérant que les faits allégués remontent à une période antérieure au 3 septembre 1953, date d'entrée en vigueur de la Convention à l'égard de l'Irlande;

Considérant que, selon les principes de droit international généralement reconnus, la Convention ne régit pas les faits antérieurs à son entrée en vigueur à l'égard de la Partie Contractante mise en cause;

Qu'il résulte de ce qui précède que la requête se réfère à des faits trop anciens et qu'il y a lieu de la déclarer irrecevable *ratione temporis*, sans s'arrêter au point de savoir si elle vise en réalité de simples particuliers, et non point la République d'Irlande, et si les recours internes ont été épuisés;

Par ces motifs,
Déclare la requête irrecevable".

[Décision rendue le 23 septembre 1955]

No 46/55

" ...

Vu la requête introduite le 10 août 1955 par M. X ... contre la Belgique, enregistrée le 16 août 1955 sous le N° de dossier 46/55;

Vu le rapport prévu à l'article 45, § 1, du Règlement intérieur de la Commission;

Après avoir délibéré,

Considérant que le requérant se plaint d'avoir été condamné à tort à trois ans de prison par la Nième Chambre de la Cour Militaire de B ... le 15 mars 1945;

Considérant que les faits allégués remontent à une période antérieure au 14 juin 1955, date de l'entrée en vigueur de la Convention à l'égard de la Belgique;

Considérant que, selon les principes de droit international généralement reconnus, la Convention ne régit pas les faits antérieurs à son entrée en vigueur à l'égard de la Partie Contractante mise en cause;

Considérant qu'il résulte de ce qui précède que la requête est irrecevable *ratione temporis*;

Par ces motifs,

Déclare la requête irrecevable".

[Décision rendue le 24 septembre 1955]

No. 40/55

" ...

Vu la requête introduite le 5 août 1955 par X ... contre la République Fédérale d'Allemagne, enregistrée le 10 août 1955 sous le N° de dossier 40/55;

Vu le rapport prévu à l'article 45, § 1, du Règlement intérieur de la Commission;

Après avoir délibéré,

Considérant que le requérant, ancien fonctionnaire des postes allemandes, avait accédé, le ler mai 1943, au grade d' "Oberpostamtmann", mais que l'administration des postes, attribuant cette promotion aux sentiments pro-nazis du requérant, aurait rétrogradé celui-ci, le 11 octobre 1946, au grade de "Postamtmann"; qu'il considère cette décision injustifiée, d'autant plus qu'il n'aurait pas eu l'occasion de se défendre; qu'il aurait retiré, le 22 mai 1951, une action par lui introduite le 2 mars 1949 devant le Tribunal administratif de B ..., car ce tribunal n'aurait pas compétence pour juger des faits antérieurs au ler avril 1949;

Considérant que les faits incriminés remontent à une périoee antérieure à l'entrée en vigueur de la Convention (3 septembre 1953); que la Convention ne régit que les faits postérieurs à son entrée en vigueur à l'égard de la Partie Contractante intéressée; qu'il y a donc lieu de rejeter la requête, comme irrecevable *ratione temporis*;

Par ces motifs,

Déclare la requête irrecevable".

[Décision rendue le 16 décembre 1955]

No. 220/56

" ...

Vu la requête introduite le ler octobre 1956 par X ... contre la

République Fédérale d'Allemagne, enregistrée le 2 octobre 1956 sous le N° de dossier 220/56;

Vu le rapport prévu à l'article 45, § 1 du Règlement intérieur de la Commission;

Après avoir délibéré,

Considérant que le requérant, général de corps d'armée de l'armée française, actuellement à la retraite, se plaint de ce que la République Fédérale d'Allemagne ne lui a pas accordé réparation d'un vol d'objets d'art commis à son détriment, le 26 juin 1944, à B ... (France), par des éléments des forces allemandes d'occupation; qu'il appert que ces éléments agissaient sans aucune nécessité militaire, pour le compte d'une organisation officielle et spécialisée, dite "Service Rosenberg-Sud", et dans le cadre d'une opération minutieusement et systématiquement préparée; que le préjudice ainsi causé au requérant, tel qu'évalué par expertise du 21 novembre 1944, s'élèverait à 19.971.645 francs 90;

Considérant qu'après la guerre le requérant soumit son cas à diverses autorités françaises; qu'il ressort des pièces versées au dossier que, de l'avis de ces autorités, ni la législation française en matière de dommages de guerre, ni les accords conclus par la France avec la République Fédérale d'Allemagne ne permettraient actuellement de donner satisfaction au requérant;

Considérant que le requérant déclare d'autre part avoir saisi toutes les autorités administratives de la République Fédérale d'Allemagne en vue d'obtenir la restitution des objets dérobés ou, à défaut, une indemnité adéquate; qu'il a notamment écrit, le ... juin 1953, au Chancelier Adenauer qui, le ... juillet 1953, lui a répondu qu'il avait chargé les services compétents d'entreprendre de nouvelles recherches; que, le ... 1955, X ... a adressé au Chancelier Adenauer une seconde lettre; que, le ... 1955, le Secrétaire d'Etat à la Chancellerie Fédérale lui a fait savoir, au nom du Chancelier, que la Convention sur le Règlement de Questions issues de la guerre et de l'occupation, signée à Bonn le 26 mai 1952 par la France, la Grande-Bretagne, les Etats-Unis et la République Fédérale d'Allemagne, et amendée par l'Annexe IV au Protocole sur la cessation du régime d'occupation dans la République Fédérale d'Allemagne, signé à Paris le 23 octobre 1954 par les mêmes puissances, prescrivait la constitution d'une autorité de la République Fédérale chargée, entre autres, de rechercher les objets d'art emportés pendant l'occupation par des services allemands et de les restituer ou, si cela n'était pas possible, de dédommager leurs propriétaires; que le requérant interprète cette réponse comme un engagement moral de réparation très net; qu'il devait cependant recevoir ultérieurement de l'Office Fédéral pour les Restitutions Externes une lettre, datée du ... 1955, par laquelle ledit Office lui annonçait qu'il procéderait, à la demande du Gouvernement français, à toutes les recherches requises, et ce conformément aux articles 1 et 2 du Chapitre V de la Convention susmentionnée; que l'office en question ajoutait toutefois que, si les recherches n'aboutissaient pas, le requérant ne pourrait formuler une demande d'indemnisation, la Convention précitée ne prévoyant la présentation d'une telle demande qu'au cas où les biens revendiqués auraient été identifiés en Allemagne mais n'auraient pu être restitués parce qu'ils auraient été détruits ou perdus postérieurement à leur identification; que le requérant écrivit alors une troisième fois, le ... 1956, au Chancelier Adenauer; que, le ... 1956, le Secrétaire d'Etat à la Chancellerie Fédérale lui répondit dans le même sens que l'Office Fédéral pour les Restitutions Externes, attirant en outre son attention sur le fait que la Convention sur le Règlement de Questions issues de la guerre et de l'occupation réservait aux gouvernements le droit d'intervenir;

Considérant que le requérant se plaint de n'avoir jamais obtenu la moindre restitution ni la moindre indemnisation; qu'il réclame la reconnaissance de son droit et la réparation du préjudice subi;

Considérant que les faits primaires de la cause et certaines des démarches du requérant remontent à une période antérieure au 3 septembre 1953, date d'entrée en vigueur de la Convention de Sauvegarde des Droits de l'Homme et des Libertés fondamentales à l'égard de la République Fédérale d'Allemagne; que, selon les principes de droit international généralement reconnus, ladite Convention ne régit, pour chaque Partie Contractante, que les faits postérieurs à son entrée en vigueur à l'égard de cette Partie; qu'il y a donc lieu de rejeter la requête de ce chef, comme irrecevable *ratione temporis*;

Considérant d'autre part que les démarches postérieures au 3 septembre 1953, tant par elles-mêmes que par leur résultat, ne soulèvent pas la question d'une violation d'un des droits et libertés reconnus dans la Convention;

Considérant en outre le droit de toute personne au respect de ses biens, dont la violation alléguée constitue le grief essentiel du requérant, se trouve garanti à l'article ler du Protocole additionnel à la Convention; que l'atteinte au droit de propriété du requérant remonte cependant à une période antérieure au 13 février 1957, date d'entrée en vigueur de ce Protocole à l'égard de la République Fédérale d'Allemagne; que, selon les principes de droit international généralement reconnus, ledit Protocole ne régit, pour chaque Partie Contractante, que les faits postérieurs à son entrée en vigueur à l'égard de cette Partie; qu'il y a donc lieu de rejeter la requête également de ce chef, comme irrecevable *ratione temporis*;

Par ces motifs,
Déclare la requête irrecevable"

[Décision rendue le 15 juillet 1957]

4. LIMITATION RATIONE PERSONAE
4. COMPETENCE RATIONE PERSONAE

A. APPLICANT

Under paragraph 1 of Article 25 of the Convention, the Commission may only receive a petition from a person, nongovernmental organisation or group of individuals provided that such person, organisation or group claims to be the victim of a violation of the rights and freedoms set forth in the Convention.

The Commission has several times had occasion to define what is meant by 'victim'. Up to 31st December, 1957, it had declared 3 individual applications (Nos. 2/55, 113/55 and 282/57) inadmissible on the grounds that the applicant had no personal interest or was otherwise not competent to make the application. In the case of other applications, the Commission decided that while they conformed in this respect to the requirements of the Convention they were inadmissible on other grounds. Five decisions of this nature are given below.

A. QUANT AU DEMANDEUR

Il ressort de l'article 25, paragraphe 1 de la Convention qu'une personne physique, une organisation non gouvernementale ou un groupe de particuliers ne peut saisir la Commission d'une requête que si cette personne, cette organisation ou ce groupe se prétend victime d'une violation des droits et libertés reconnus dans la Convention.

La Commission a eu plusieurs fois l'occasion de préciser cette notion de "victime". Au 31 décembre 1957, elle avait déclaré irrecevable, pour défaut d'intérêt ou de qualité en la personne du requérant, trois requêtes individuelles (No 2/55, 113/55 et 282/57). Dans quelques cas, elle a conclu au contraire que la requête répondait à cet égard aux exigences de la Convention, tout en la rejetant pour d'autres motifs. Cinq décisions relatives à cette matière se trouvent reproduites ci-après.

No. 99/55

"...

Vu la requête introduite le 29 septembre 1955 par X ... contre la République Fédérale d'Allemagne, enregistrée le 7 octobre 1955 sous le N° de dossier 99/55;

Vu le rapport prévu à l'article 45, § 1, du Règlement intérieur de la Commission;

Après avoir délibéré,

Considérant que le requérant a été condamné par un tribunal allemand, par application des articles 42 (e) et 20 (a) du Code pénal allemand, à l'internement pour une durée indéterminée; qu'il demande à la Commission d'examiner la compatibilité desdits articles avec les dispositions de la Convention;

Considérant qu'aux termes de l'article 19 de la Convention, la Commission européenne des Droits de l'Homme a été instituée "afin d'assurer le respect des engagements" assumés par les Parties contractantes; qu'il incombe donc à la Commission, dès qu'elle est saisie par un particulier, de rechercher si, dans le cas qui lui est soumis, il y a ou non violation de la Convention; qu'il est vrai que le requérant se borne en l'espèce à interroger la Commission sur la compatibilité de la législation allemande précitée avec les dispositions de la Convention; que néanmoins la Commission s'estime habilitée à considérer la requête comme émanant, conformément aux dispositions de l'article 25, d'une personne "qui se prétend victime d'une violation par l'une des Hautes Parties Contractantes des droits reconnus dans la Convention";

Considérant que l'article 5 de la Convention prévoit que nul ne peut être privé de sa liberté sauf selon les voies légales, et ce notamment dans le cas où "il est détenu régulièrement après condamnation par un tribunal compétent "(art. 5 paragr. 1 a); qu'il appert que ces conditions se trouvent réunies en l'espèce; qu'au surplus l'examen du dossier ne permet pas de dégager l'existence d'une violation d'un des droits reconnus dans la Convention, y compris ceux reconnus à l'article 5; qu'il y a donc lieu de rejeter la requête en vertu de l'article 27, § 2 de la Convention, comme manifestement mal fondée;

Par ces motifs,
Déclare la requête irrecevable".

[Décision rendue le 17 décembre 1955]

No. 113/55

"...

Vu la requête introduite le 28 octobre 1955 par X ... contre la République fédérale d'Allemagne, enregistrée le 29 octobre 1955 sous le N° de dossier 113/55;

Vu le rapport prévu à l'article 45, § 1 du Règlement intérieur de la Commission;

Après avoir délibéré,

Considérant que le requérant réclame des dommages et intérêts de 34.800 DM au nom de ses trois soeurs mariées (nées en Hongrie), qui auraient été maltraitées par les Nazis; qu'il déclare avoir soumis cette affaire à l'Office d'indemnisation (Entschädigungsamt) et au Président Fédéral (Bundespräsident), sans obtenir la réparation réclamée;

Considérant que le Secrétariat a écrit au requérant le 4 novembre 1955, lui demandant de fournir des pièces établissant qu'il était autorisé à agir au nom de ses trois soeurs et que cette lettre est restée sans réponse; que sur nouvelle lettre du Secrétariat, du 27 janvier 1956, le requérant a répondu le 20 mars 1956 n'être pas en mesure, pour des "raisons personnelles", d'envoyer la procuration requise avant d'avoir obtenu la permission d'émigrer en Autriche avec ses trois soeurs;

Considérant qu'aux termes de l'article 25 de la Convention, la Commission ne peut être saisie d'une requête individuelle que si le requérant se prétend "victime" d'une violation par l'une des Hautes Parties Contractantes des droits reconnus dans la Convention; qu'admettant que la Commission puisse être saisie, en cas de violation de la Convention, par un proche parent de la victime ou même par tout tiers en tant que la prétendue violation leur causerait un préjudice ou en tant qu'ils auraient un intérêt personnel valable à mettre fin à cette violation ou encore lorsque la victime elle-même se trouve dans l'impossibilité d'agir pour faire valoir ses droits, il suffira de constater qu'en l'espèce le requérant poursuit la réparation pécuniaire du prétendu préjudice subi par ses soeurs du fait d'avoir été maltraitées par les nazis; que le requérant n'a pas justifié, bien qu'invité à le faire, avoir été dûment habilité par ses soeurs à agir en leur nom, comme le prescrit au surplus l'article 40 du Règlement intérieur de la Commission; qu'il y a donc lieu de déclarer la requête irrecevable par application de l'article 27, § 2 de la Convention pour non conformité avec l'article 25 de ladite Convention;

Par ces motifs,
Déclare la requête irrecevable".

[Décision rendue le 30 mai 1956]

No. 100/55

" ...

Vu la requête introduite le 9 octobre 1955 par X ..., Y ... et Z ... contre la République fédérale d'Allemagne, enregistrée le 10 octobre 1955 sous le N° de dossier 100/55;

Vu le rapport prévu à l'article 45, § 1 du Règlement intérieur de la Commission;

Après avoir délibéré,

Considérant que les requérants se plaignent de ce que le nommé B ..., leur frère et beau-frère, soit maintenu en prison deux ans après avoir purgé sa peine, et ce en vertu des articles 20 a) et 42 e) du Code pénal allemand (détention à durée indéterminée); qu'ils demandent à la Commission d'examiner cette affaire;

Considérant qu'aux termes de l'article 25 de la Convention, la Commission ne peut être saisie d'une requête individuelle que si le requérant se prétend lui-même victime d'une violation, par l'une des Hautes Parties Contractantes, des droits reconnus dans la Convention;

Considérant qu'en l'espèce les requérants se plaignent d'une prétendue violation d'un de ces droits dont leur frère et beau-frère serait victime; que bien qu'ils ne démontrent pas que B ... les ait dûment habilités à agir en son nom, on pourrait toutefois admettre que lorsqu'une violation de la Convention est commise, un proche parent de la victime, ou tout autre tiers, pourrait de sa propre initiative saisir la Commission, en tant que cette violation lui causerait un préjudice ou en tant qu'il aurait un intérêt personnel valable à obtenir qu'il soit mis fin à cette violation; que B ... a lui-même introduit, le 20 novembre 1955, une requête n° 138/55)(par laquelle il se plaint des mêmes faits;

Considérant qu'aux termes de l'article 5 de la Convention, nul ne peut être privé de sa liberté, sauf dans les cas y énumérés et selon les voies légales, notamment lorsqu' "il est détenu régulièrement après condamnation par un tribunal compétent"; qu'il appert que ces diverses conditions se trouvent réunies en l'espèce; qu'au surplus l'examen du dossier ne permet pas de dégager l'apparence d'une violation d'un des droits reconnus dans la Convention, notamment aux articles 5 et 6; qu'il y a donc lieu de rejeter la requête de ce chef en vertu de l'article 27, § 2 de la Convention, comme manifestement mal fondée;

Par ces motifs,
Déclare la requête irrecevable".

[Décision rendue le 31 mai 1956]

No. 155/56

" ...

Vu la requête introduite le 24 janvier 1956 par E. X ... contre la République Fédérale d'Allemagne, enregistrée le 27 janvier 1956 sous le N° de dossier 155/56

Vu le rapport prévu à l'article 45, § 1, du Règlement intérieur de la Commission;

Après avoir délibéré,

Considérant que la requérante se plaint de ce que son fils F. X ..., détenu à la prison de B ..., ne bénéficie pas de soins médicaux appropriés à son état de santé; que la maladie d'estomac dont il souffre aurait considérablement empiré;

Considérant qu'aux termes de l'article 25, § 1 de la Convention européenne des Droits de l'Homme, la Commission ne peut être saisie d'une requête individuelle que si le requérant se prétend lui-même victime d'une violation, par l'une des Hautes Parties Contractantes, des droits reconnus dans la Convention; que bien que la requérante ne démontre pas que son fils l'ait dûment habilitée à agir en son nom, on peut toutefois admettre qu'en cas de violation alléguée de la Convention, un proche parent de la victime ou même tout tiers puisse de sa propre initiative saisir la Commission, en tant que ladite violation lui causerait un préjudice, ou en tant qu'il aurait un intérêt personnel valable à obtenir qu'il soit mis fin à cette violation, ou encore lorsque la victime elle-même se trouve dans l'impossibilité d'agir pour faire valoir ses droits;

Considérant cependant que la requérante n'a point fourni de précisions suffisantes, ni produit aucun élément à l'appui de ses allégations, et ce malgré la demande expresse qui lui en a été faite, au nom de la Commission, par lettre du 7 février 1956 dont elle a accusé réception;

Considérant que l'examen du dossier, tel qu'il se présente, ne permet pas de dégager l'apparence d'une violation d'un des droits reconnus dans la Convention; qu'il appert donc que la requête est manifestement mal fondée,; qu'il y a lieu, par conséquent, de la rejeter en vertu de l'article 27, § 2 de la Convention;

Par ces motifs,

Déclare la requête irrecevable".

[Décision rendue le 29 septembre 1956]

No. 282/57

" . . .

Vu la requête introduite le 9 mai 1957 par X ... contre la République Fédérale d'Allemagne, enregistrée le 10 mai 1957 sous le N° de dossier 282/57;

Vu le rapport prévu à l'article 45, § 1, du Règlement intérieur de la Commission;

Après avoir délibéré,

Considérant que les faits de la cause peuvent se résumer comme suit:

1. Le requérant, ressortissant allemand, a, le 9 septembre 1949, conclu avec une firme sarroise, par devant notaire, un contrat constitutif d'une société à responsabilité limitée, destinée à l'édition de livres et autres publications.

2. A la suite de certaines difficultés au sein de la société, le requérant a intenté en 1951, auprès du Tribunal de lère instance de B ..., une action civile contre ses co-associés.

Afin de pouvoir poursuivre la procédure introduite par lui, le requérant aurait, en mars 1952, sollicité l'octroi de l'assistance judiciaire. Celle-ci lui aurait été refusée par la 8ème Chambre Civile du Tribunal de Première Instance de B ... Le requérant aurait alors formulé une deuxième demande qui serait restée sans suite. Sur requête au Président du Tribunal, il aurait fini cependant par obtenir, en 1953, le bénéfice de l'assistance judiciaire.

Le Tribunal de lère Instance de B ... aurait, le 6 juillet 1954, rendu un jugement partiel accueillant certaines des demandes du requérant. Sur appel des co-associés, la Cour d'Appel de B ... a toutefois infirmé, le 9 janvier 1957, le jugement dudit Tribunal.

Afin de se pourvoir en cassation contre l'arrêt du 9 janvier 1957, le requérant a présenté une demande d'assistance judiciaire qui a été rejetée par la IIème Chambre Civile de la Cour Fédérale de Justice, pour le motif que le pourvoi n'avait aucune chance de succès et que la valeur du litige n'était pas assez importante.

Le requérant aurait alors adressé, sans succès, une requête au Président de ladite Cour afin que l'assistance judiciaire lui fût accordée.

3. Après avoir introduit sa présente requête devant la Commission, le requérant aurait, le 25 juin 1957, porté plainte contre les trois magistrats responsables de l'arrêt précité du 9 janvier 1957, contre les trois avocats de la partie adverse et contre le magistrat qui, en tant que Président de la 8ème Chambre Civile du Tribunal de 1ère Instance de B ..., aurait en 1952 refusé l'assistance judiciaire.

Le 13 août 1957, le requérant a informé le Secrétariat de la Commission que le Ministère Public n'avait encore donné aucune suite à sa plainte. Il ressort cependant d'un document versé au dossier que, par la suite, le requérant a fait l'objet d'une contre-accusation pour injures, de la part des quatre magistrats et des trois avocats susmentionnés.

4. Le 19 octobre 1957, la Demoiselle C ... a fait savoir au Secrétariat que le requérant était décédé et qu'elle avait l'intention, en qualité d'héritière, de continuer la procédure introduite devant la Commission.

Par lettre du 26 octobre 1957, le Secrétariat a répondu à Mlle C ... qu'il "... informera la Commission de son intention...", mais que "... toutefois, sans préjuger la décision que la Commission sera finalement amenée à prendre dans cette affaire, et notamment sur la question de savoir si elle est effectivement habilitée à continuer la procédure introduite par le requérant, il lui paraîtrait d'ores et déjà utile qu'elle lui communiquât un certificat attestant sa qualité d'héritière ...".

5. Le 4 novembre 1957, la Demoiselle C ... a fait parvenir au Secrétariat un document, daté du 15 novembre 1956, dont il ressort qu'elle ne peut pas être considérée comme héritière du requérant, mais que celui-ci lui avait uniquement transféré la propriété de l'ensemble des objets se trouvant dans son appartement, en reconnaissance des services qu'elle lui avait rendus.

Considérant que le requérant se plaignait de l'attitude arbitraire des magistrats qui ont rendu l'arrêt de la Cour d'Appel de B ...; qu'il critiquait d'autre part l'extrême lenteur avec laquelle s'était déroulée, pendant cinq ans, la procédure qu'il avait introduite contre ses co-associés;

Considérant, pour autant qu'il s'agit de la requête primitive de X ..., que le décès du requérant a, sous réserve de ce qui suit, entraîné l'extinction de la demande; qu'il convient, par conséquent, de rayer l'affaire du rôle;

Considérant, pour autant que Mlle C ... cherche à reprendre la requête à son compte, qu'il échet de noter qu'aux termes de l'article

25, § 1 de la Convention européenne de Sauvegarde des Droits de l'Homme et des Libertés fondamentales, la Commission ne peut être saisie d'une requête individuelle que si le requérant se prétend lui-même victime d'une violation, par l'une des Hautes Parties Contractantes, des droits reconnus dans la Convention;

Que la question se pose dès lors de savoir si Mlle C ... peut légitimement "se prétendre victime d'une violation", par la République Fédérale d'Allemagne, des droits qu'invoquait le requérant; que, par "victime", l'article 25 précité de la Convention vise non seulement la ou les victimes directes de la violation alléguée, en l'occurrence X ..., mais encore toute victime indirecte à qui cette violation causerait un préjudice ou qui aurait un intérêt personnel valable à obtenir qu'il y soit mis fin; qu'il s'avère cependant que Mlle C ... ne remplit aucune de ces conditions; qu'en effet elle n'est pas l'héritière de X ... mais uniquement son ayant-droit à titre particulier et ce, semble-t-il, à la suite d'une dation en paiement; qu'au surplus les droits que X ... faisait valoir à l'encontre de ses co-associés ne figurent point parmi ceux qu'il a transférés à Mlle C ...;

Qu'il est vrai, d'autre part, que le représentant de la victime de la violation alléguée, voire une autre personne lorsque la victime se trouve dans l'impossibilité d'agir elle-même, peut introduire une requête au nom de ladite victime; que l'examen du dossier révèle toutefois que Mlle C ... ne possède en l'espèce aucun de ces titres;

Qu'il appert donc que Mlle C ... ne peut, faute d'intérêt et de qualité, soumettre à la Commission la présente requête; que celle-ci ne cadre point avec les prescriptions de l'article 25 de la Convention; qu'elle est donc incompatible avec les dispositions de la Convention; qu'il y a lieu, dès lors, de la rejetter de ce chef par application de l'article 27, § 2 de la Convention;

Par ces motifs,

a) en ce qui concerne la requête primitive de X ..., *décide de rayer l'affaire du rôle;*

b) en ce qui concerne la demande de Mlle C ... tendant à reprendre la requête à son compte, *déclare la requête irrecevable*".

[Décision rendue le 16 décembre 1957]

B. RESPONDENT

It follows from various provisions of the Convention that the Commission may only receive applications against a High Contracting Party which has recognised the right of individual recourse to the Commission and that a 'High Contracting Party' must be understood to mean a Member State of the Council of Europe that has signed and ratified the Convention and/or Protocol.

Up to 31st December, 1957, the Commission had declared 27 individual applications inadmissible, wholly or partly on the ground that they did not fulfil one or other of these conditions. These decisions, of which nine are given below, may be divided into four categories:

(i) Applications against States that are not members of the Council of Europe or against institutions for which Member States are not answerable;
(ii) Applications against a Member State of the Council of Europe which has signed but not ratified the Convention or Protocol;
(iii) Applications against the Saar;
(iv) Applications against private individuals

B. QUANT AU DEFENDEUR

De plusieurs dispositions de la Convention, il ressort que la Commission ne peut connaître d'une requête que si cette requête vise une Haute Partie Contractante ayant accepté le droit de recours individuel et que, par "Haute Partie Contractante", il faut entendre Etat membre du Conseil de l'Europe ayant signé et ratifié la Convention ou le Protocole additionnel, selon le cas.

Au 31 décembre 1957, la Commission avait déclaré vingt-sept requêtes individuelles irrecevables, pour le motif, parfois combiné avec d'autres, que ces requêtes ne remplissaient pas telle ou telle de ces conditions. Les décisions qu'elle a rendues en cette matière, dont neuf se trouvent reproduites ci-après, peuvent actuellement se répartir en quatre catégories:
(i) requêtes dirigées contre des Etats non membres du Conseil de l'Europe ou des institutions ne relevant pas des Etats membres;
(ii) requêtes dirigées contre un Etat membre du Conseil de l'Europe ayant signé, mais non ratifié la Convention ou le Protocole additionnel;
(iii) requêtes dirigées contre la Sarre;
(iv) requêtes dirigées contre de simples particuliers.

(i) *Applications against States that are not members of the Council of Europe or against institutions for which Member States are not answerable:*

(i) *Requêtes dirigées contre des Etats non membres du Conseil de l'Europe ou des institutions ne relevant pas des Etats membres:*

UNITED STATES OF NORTH AMERICA[1]
ETATS-UNIS D'AMERIQUE DU NORD[1]

No. 182/56

"...

Vu la requête introduite le 22 mai 1956 par X ... contre la République Fédérale d'Allemagne, enregistrée le 24 mai 1956 sous le N° de dossier 182/56;

[1] Applications rejected on this ground:
Nos. 182/56 (hereafter) and 88/55 (below, under Applications against a Member State of the Council of Europe which has signed but not ratified the Convention or Protocol) and 320/57.

[1] Requêtes rejetées de ce chef:
Nos 182/56 (ci-après) et No 88/55 (infra, sous "requêtes dirigées contre un Etat membre du Conseil de l'Europe ayant signé, mais non ratifié la Convention ou le Protocole additionnel") et 320/57.

Vu le rapport prévu à l'article 45, § 1, du Règlement intérieur de la Commission;

Après avoir délibéré,

Considérant que le requérant, domicilié à B ..., a acheté le 14 septembre 1938 à un nommé C ..., domicilié depuis 1934 (en Angleterre), l'immeuble sis à B ..., rue ..., No ..., et ce pour 60.000 RM; qu'en B ... 1948, C ... a introduit devant l'Office des restitutions, conformément aux dispositions de la loi No 59 du Gouvernement Militaire de la zone américaine d'occupation en Allemagne, une demande de restitution dudit immeuble, alléguant qu'il avait été obligé, en tant que Juif, de vendre l'immeuble en 1938, et ce uniquement en raison des mesures exceptionnelles dont les Juifs faisaient l'objet sous le régime nazi; qu'à la suite de cette demande, la restitution de l'immeuble en question a été ordonnée, le 5 octobre 1950, par la Chambre des restitutions (Wiedergutmachungskammer) du Tribunal (Landgericht) de B ...; que l'appel du requérant contre cette décision a été rejeté le 12 avril 1951 par la Chambre des restitutions de la Cour d'Appel (*Oberlandesgericht*) de B ... et, en dernière instance, le ... 1952, par la "United States Court of Restitution Appeals of the Allied High Commission for Germany" de D ...; que postérieurement à la signature, mais avant l'entrée en vigueur des Accords de Paris du 23 octobre 1954 conclus entre, d'une part, la République Fédérale d'Allemagne et, d'autre part, la France, le Royaume-Uni et les Etats-Unis d'Amérique du Nord, le requérant a introduit une demande en révision du procès de restitution, mais que cette demande a également été rejetée par la "United States Court of Restitution Appeals" de D ... le ... 1954; que le requérant prétend que la restitution sans indemnisation de l'immeuble à C ..., en tant qu'ex-propriétaire, prononcée par une juridiction qui, à son avis, n'était ni indépendante, ni impartiale, constitue une violation de la Convention, en particulier des articles 6 et 7; qu'il affirme notamment avoir effectué l'achat en 1938 en bonne et due forme, et même avoir payé un prix supérieur à la valeur réelle de l'immeuble; qu'en outre il aurait ignoré que le nommé C ... était Juif; qu'il soutient au surplus que depuis l'entrée en vigueur des Accords de Paris, par lesquels la République Fédérale d'Allemagne a assumé l'obligation d'appliquer la législation alliée en matière de restitution des biens aux victimes de l'oppression nazie, le gouvernement de ce pays est entièrement responsable d'une "expropriation sans indemnisation" exécutée en vertu de la législation alliée précitée; qu'en conséquence, le requérant réclame à la République Fédérale d'Allemagne le paiement d'une réparation de 119.200 RM plus 23.108 DM pour le dommage subi du fait de la restitution de l'immeuble dont il s'agit;

Considérant que la requête vise en fait les décisions rendues le ... 1952 et le ... 1954 par l' "United States Court of Restitution

Appeals" de D . . . ; mais considérant que cette Cour, bien qu'ayant exercé jusqu'au 5 mai 1955, date d'entrée en vigueur des Accords de Paris du 23 octobre 1954, sa juridiction sur le territoire de la République Fédérale d'Allemagne, avait été instituée par la Loi N° 59 du Gouvernement militaire américain en Allemagne; qu'elle se composait exclusivement de juges de nationalité américaine; que lesdits juges étaient, conformément à la Loi N° 21 du Haut-Commissariat des Etats-Unis d'Amérique du Nord pour l'Allemagne (cf. Journal Officiel du Haut-Commissariat Allié, p. 929), rémunérés par le Gouvernement des Etats-Unis et étaient soumis à l'autorité administrative et disciplinaire dudit gouvernement; que la Cour précitée rendait ses décisions au nom du Haut-Commissariat Allié et non pas "au nom du peuple", comme le prescrit la législation allemande (art. 311 du Code de procédure civile; art. 268 du Code de procédure pénale et art. 25, alinéa 4 de la Loi sur la Cour Fédérale de Justice constitutionnelle) pour toutes les jurisdictions allemandes; que ses décisions étaient définitives et, comme telles, soustraites au contrôle tant de la Cour Fédérale allemande de Cassation que de la Cour Fédérale de Justice constitutionnelle;

Considérant qu'il ressort suffisamment de ce qui précède que l' "United States Court of Restitution Appeals" de D . . . se trouvait placée en dehors de l'ordre juridictionnel de la République Fédérale d'Allemagne et relevait entièrement de l'autorité du Gouvernement militaire, puis du Haut-Commissariat des Etats-Unis en Allemagne, et ce dans le cadre du régime d'occupation qui n'a pris fin que le 5 mai 1955; que, par suite, les décisions incriminées de ladite Cour, passées en force de chose jugée avant le 5 mai 1955, émanent en fait non point de la juridiction de la République Fédérale d'Allemagne, au sens de l'article ler de la Convention, mais de celle des Etats-Unis; qu'en outre, aux termes de l'article 25, § 1 de la Convention, seules les Parties Contractantes peuvent faire l'objet d'une requête devant la Commission; qu'il ressort d'autre part de l'article 66, § 1 de la Convention que la Convention ne lie que les Membres du Conseil de l'Europe l'ayant signée et ratifiée; que les Etats-Unis d'Amérique du Nord ne remplissent aucune de ces conditions, et ne possèdent donc point la qualité de Partie à la Convention; qu'il y a lieu, par conséquent, de rejeter la requête en vertu de l'article 27, § 2 de la Convention;

Par ces motifs,
Déclare la requête irrecevable".

[Décision rendue le 8 mars 1957]

CZECHOSLOVAKIA

TCHECOSLOVAQUIE

No. 262/57

" ...

Vu la requête introduite le 28 février 1957 par X ... contre la République Fédérale d'Allemagne, enregistrée le 1er mars 1957;

Vu le rapport prévu à l'article 45, § 1, du Règlement intérieur de la Commission;

Après avoir délibéré,

Considérant que le requérant, ressortissant allemand domicilié depuis 1947 en Bavière, affirme avoir été gravement blessé en combat au cours de la Ière guerre mondiale; qu'au lendemain de cette guerre, une Commission médico-sociale aurait reconnu qu'il se trouvait frappé, de ce fait, d'une incapacité de travail de 70%; qu'il allègue qu'entre les deux guerres, alors qu'il vivait en territoire tchécoslovaque, les autorités tchécoslovaques ne lui auraient plus versé sa pension d'invalidité, et ce en raison de son attitude pro-allemande; qu'après la 2ème guerre mondiale, le requérant aurait demandé aux autorités de la République Fédérale allemande de lui servir la pension à laquelle il estime avoir droit; que toutefois ses requêtes auraient été rejetées; qu'il soufffrirait actuellement d'une incapacité de travail de 100% à la suite de plusieurs accidents qu'il aurait subis dans la République Fédérale allemande;

Considérant que, pour faire valoir ses droits à pension, le requérant s'est adressé en vain, entre 1954 et 1956, au Secrétaire d'État près la Chancellerie Fédérale, à la Cour Fédérale de Justice Constitutionnelle, à la Cour Fédérale de Justice, ainsi qu'au Président de cette dernière Cour;

Considérant que le requérant demande à la Commission d'intervenir en sa faveur afin que la République Fédérale d'Allemagne lui accorde la pension à laquelle il soutient avoir droit et afin que la République tchécoslovaque lui verse le rappel de sa pension, qu'il n'aurait pas reçue entre 1922 et 1945;

Considérant, de façon générale, que l'examen du dossier, tel qu'il se présente, ne permet pas de dégager l'apparence d'une violation d'un des droits et libertés reconnus dans la Convention européenne des Droits de l'Homme, et notamment du droit à une bonne administration de la justice, sous les conditions fixées et dans les limites définies à l'article 6 de ladite Convention;

Considérant en outre, et pour autant que la requête vise en réalité la République tchécoslovaque, qu'il ressort de l'article 25 § 1 de la Convention européenne des Droits de l'Homme que seules les Parties Contractantes à ladite Convention peuvent faire l'objet d'une requête recevable devant la Commission; qu'il découle d'autre part de l'article 66 de la Convention que seuls les pays membres du Conseil de l'Europe ayant dûment signé et ratifié la Convention possèdent la qualité de Parties Contractantes; que la République tchécoslovaque ne remplit aucune de ces conditions; qu'il appert donc que la requête est, de ce chef, incompatible avec les dispositions précitées de la Convention; qu'il y a lieu ,dès lors, de la rejeter également de ce chef par application de l'article 27 § 2 de la Convention, comme dirigée contre un pays non lié par la Convention;

Par ces motifs.
Déclare la requête irrecevable".

[Décision rendue le 28 août 1957]

(ii) *Applications against Member States of the Council of Europe which have signed but not ratified the Convention or Protocol*

(ii) *Requêtes dirigées contre un Etat membre du Conseil de l'Europe ayant signé, mais non ratifié la Convention ou le Protocole additionnel*

FRANCE
(Convention and Protocol) [1]
(Convention et Protocole additionnel) [1]

No. 276/57

" ...

Vu la requête introduite le 21 avril 1957 par Mme X ... contre la République Fédérale d'Allemagne, enregistrée le 23 avril 1957 sous le numéro de dossier 276/57;

Vu le rapport prévu à l'article 45, § 1 du Règlement intérieur de la Commission;

Après avoir délibéré,

Considérant que la requérante, allemande de naissance mais naturalisée française en 1929, résidant actuellement à B ... (France), se plaint en premier lieu de l'attitude qu'adopteraient à son égard certaines autorités françaises d'Alsace;

Considérant que la requérante reproche d'autre part aux autorités de la République Fédérale d'Allemagne de se refuser à l'indemniser du préjudice qu'elle a subi, pendant la guerre, du fait de sa détention et de sa déportation; qu'il ressort de l'examen du dossier que, le 18 juin 1941, les autorités allemandes d'occupation en Alsace arrêtèrent

[1] Applications rejected on this ground: Nos. 276/57 (below) and 153/56 and 320/57.

[1] Requêtes rejetées de ce chef, en tout ou partie: No 276/57 (ci-après) et Nos 153/56 et 320/57.

la requérante, apparemment pour "menées antinationales", te l'incarcérèrent à la prison de C ...; qu'elles l'internèrent ensuite au camp de concentration de D ..., avant de l'expulser en France non occupée en novembre 1941; que la requérante expose que sa détention a ruiné sa santé et que son expulsion lui a causé un préjudice matériel et financier considérable; que, depuis plus de six ans, elle chercherait en vain à obtenir réparation; qu'elle aurait d'abord effectué plusieurs démarches infructueuses auprès du Chancelier Adenauer et des Gouvernements de Bade-Wurtemberg, de Bavière et de Rhénanie-Palatinat; qu'elle soumit alors son cas à l'Office départemental d'indemnisation (*Bezirksamt für Wiedergutmachung*) de F ..., qui rejeta sa demande le 29 août 1956; que, le 11 septembre 1956, la requérante introduisit contre cette décision un recours devant le Tribunal (*Landgericht, Entschädigungskammer*) de F ...; que, le 18 décembre 1956, ce tribunal lui aurait, pour des motifs qu'elle omet d'indiquer, refusé l'octroi de l'assistance judiciaire, qu'elle avait sollicité; que la requérante ne se désista cependant pas, mais fut débouté par jugement du 14 mars 1957, rendu par défaut et sur pièces (*ohne mündliche Verhandlung*), ainsi que le permet l'article 209 § 3 de la loi fédérale sur l'indemnisation des victimes du régime nazi (*Bundesentschädigungsgesetz*); qu'à l'instar de l'Office départemental d'indemnisation, le Landgericht de F ... estima que Mme X n'appartenait à aucune des catégories de personnes auxquelles s'étend le bénéfice de la loi précitée; qu'il retint notamment que, de son propre aveu, elle n'avait pas été persécutée pour opposition politique au national-socialisme, ni pour des raisons de race, de religion ou de convictions philosophiques (article 1, § 1 de la susdite loi) et que d'autre part, à supposer qu'elle l'eût été en raison de sa nationalité française, elle ne remplissait pas la condition à laquelle l'article 167 de cette même loi subordonne en pareil cas l'ouverture du droit à réparation, à savoir la possession, à la date de l'entrée en vigueur de la loi, de la qualité de réfugié au sens de la Convention de Genève du 28 juillet 1951; que, le 29 avril 1957, la requérante aurait appelé du jugement susmentionné du Tribunal (*Landgericht*) de F ... devant la Cour (*Oberlandesgericht*) de G ...; que, par ordonnance du 29 mai 1957, cette Cour a rejeté une demande d'assistance judiciaire (*Armenrecht*) formulée par la requérante, pour le motif que l'appel "envisagé" ... n'avait aucune chance de succès; que, le 18 juin 1957, le Secrétariat a écrit à la requérante pour la prier de préciser si elle avait effectivement interjeté appel devant la Cour de G ..., ou si elle n'avait fait que saisir cette Cour d'une demande d'assistance judiciaire en vue d'un appel éventuel; que, le 20 juin 1957, la requérante a déclaré qu'elle avait interjeté appel "effectivement et définitivement"; qu'elle déclare d'autre part ignorer si elle dispose encore d'une voie de recours; qu'elle exprime cependant l'opinion qu'un recours ne s'ouvrirait à elle que si le Tribunal de F . . . ou la Cour de G . . . avait commis un vice de forme de quelque importance, ce qui, à son avis, n'est point le cas;

Considérant que la requérante se plaint de se voir refuser, comme Française, la réparation d'un préjudice subi du fait des autorités allemandes sur le sol alsacien, donc sur un sol français; qu'elle allègue la violation de l'article 13 de la Convention et réclame une indemnité de 40.000 DM;

Pour autant que la requête vise en réalité la République Française

Considérant qu'il ressort de l'article 25 § 1 de la Convention européenne des Droits de l'Homme que seules les Parties Contractantes à ladite Convention peuvent faire l'objet d'une requête recevable devant la Commission; qu'il découle d'autre part de l'article 66 de la Convention que seuls les pays membres du Conseil de l'Europe ayant dûment signé et ratifié la Convention possèdent la qualité de Parties Contractantes; que, quoique Membre du Conseil et signataire de la Convention, la France n'a pas encore ratifié celle-ci; qu'il appert donc que la requête ne cadre pas, à cet égard, avec les prescriptions des articles 25 et 66 précités et, partant, qu'elle est incompatible avec les dispositions de la Convention; qu'il y a lieu dès lors, de la rejeter de ce chef par application de l'article 27, § 2 de la Convention, comme dirigée contre un pays non lié par la Convention;

Pour autant que la requête vise la République Fédérale d'Allemagne:

Considérant que les faits primaires allégués remontent à 1941, c'est-à-dire à une période antérieure au 3 septembre 1953, date d'entrée en vigueur de la Convention à l'égard de la République Fédérale d'Allemagne; que, selon les principes de droit international généralement reconnus, la Convention ne régit, pour chaque Partie Contractante, que les faits postérieurs à son entrée en vigueur à l'égard de cette Partie; qu'il y a donc lieu de rejeter la requête également de ce chef, comme irrecevable *ratione temporis*;

Considérant enfin, en ce qui concerne les démarches et recours de la requérante, qu'aux termes de l'article 26 de la Convention, la Commission ne peut être saisie qu'après l'épuisement des voies de recours internes, tel qu'il est entendu selon les principes de droit international généralement reconnus et dans le délai de six mois, à partir de la date de la décision interne définitive; qu'il ressort de la réponse de la requérante, datée du 20 juin 1957, à la lettre que le Secrétariat lui avait adressée le 18 juin 1957, qu'une action demeure actuellement pendant devante la Cour (*Oberlandesgericht*) de G . . ., laquelle n'a jusqu'ici statué que sur la demande d'assistance judiciaire de la requérante et non point sur le fond; qu'au surplus l'examen du dossier, tel qu'il se présente, ne permet pas de dégager l'existence de circonstances particulières de nature à relever la requérante, selon les principes de droit international généralement reconnus, de l'obligation d'épuiser les voies de recours internes dont elle dispose; qu'il appert donc que la requérante n'a pas encore observé les prescriptions précitées de l'article 26 de la Convention en ce qui concerne l'épuisement des voies de recours internes; qu'il y a lieu, dès lors, de rejeter la requête de ce chef par application de l'article 27, § 3 de la Convention;

Par ces motifs,
Déclare la Requête irrecevable".

[Decision rendue le 29 août 1957]

AUSTRIA

AUTRICHE

(Convention and Protocol)
(Convention et Protocole additionnel)

It is to be noted that Austria ratified the Convention and Protocol on 3rd September, 1958, and also recognised the right of individual recourse to the Commission. Although the decision below is therefore now of academic interest only, it has been thought worthwhile to include it.

Il importe de souligner que l'Autriche a, le 3 septembre 1958, déposé ses instruments de ratification de la Convention et du Protocole additionnel et reconnu le droit de recours individuel devant la Commission. La décision reproduite ci-après n'offre donc plus guère qu'un intérêt rétrospectif. Il a cependant paru utile de la publier.

No. 188/56

"...

Vu la requête introduite le 5 juin 1956 par X ... contre la République fédérale d'Allemagne et l'Autriche et enregistrée le 11 juin 1956 sous le N° de dossier 188/56;

Vu le rapport prévu à l'article 45, § 1, du Règlement intérieur de la Commission;

Après avoir délibéré,

Considérant que les *faits* de la cause peuvent se résumer comme suit:

1. Le requérant, qui se dit inventeur d'un mobilier à usages multiples, est ressortissant allemand. Poursuivi en Autriche pour escroquerie, abus de confiane et diffamation, il resta en détention préventive du 31 décembre 1946 au 28 juillet 1947. Le 8 avril 1948, l'affaire fut classée à la demande du Ministère public.

Le requérant allègue avoir perdu, par la faute des autorités judiciares autrichiennes:

(a) sa maison, qui aurait fait l'objet d'une vente forcée aux enchères publiques;

(b) une somme de 23.200 schillings, que des tiers auraient prélevée sur son compte en banque.

2. Le requérant déclare avoir été, par la suite, expulsé du territoire autrichien; il s'est établi en Allemagne en novembre 1948.

3. Depuis qu'il réside sur le territoire de la République fédérale d'Allemagne, le requérant aurait été partie à toute une série de procédures pénales et civiles.

4. Il ressort en particulier des documents versés au dossier que le Tribunal de lère Instance (*Landgericht*) de B ... (République Fédérale d'Allemagne) a, le 4 juillet 1955, condamné le requérant à quatre ans et deux mois de réclusion, à 130 RM d'amende et à la déchéance des droits civiques pour trois ans à raison des délits suivants:

- escroquerie dans quinze cas;
- escroquerie continue en connexité avec un délit continu d'abus de confiance;
- soustraction frauduleuse;
- abus de confiance continu;
- non paiement d'une pension alimentaire et
- faux serment par imprudence.

Contre ce jugement, le requérant a formé un pourvoi en cassation que la Cour Fédérale de Justice (*Bundesgerichtshof*) a rejeté le ... 1955.

5. Avant de prononcer son jugement final du 4 juillet 1955 (cf. ci-dessus § 4), le tribunal semble avoir disjoint de la procédure principale certaines questions non précisées au sujet desquelles il a, au début de l'année 1955, rendu un "jugement partiel" (*Teilurteil*). Le requérant a demandé, le 27 mai 1955, la révision de ce dernier jugement, mais le Tribunal de Ière Instance de B ... l'a débouté le 21 décembre 1956.

Contre cette décision, le requérant a introduit une "requête" (*Beschwerde*) que la Cour d'Appel de C ... a également rejetée le 26 février 1957.

6. Le requérant avait d'autre part, en janvier 1955, formé un pourvoi en cassation contre un jugement prononcé le 4 novembre 1954 par le Tribunal de Ière Instance de B ... Toutefois, les documents versés au dossier ne permettent pas de déterminer s'il s'agit du jugement mentionné au § 5 ci-dessus.

Saisie de ce pourvoi, la Cour Fédérale de Justice aurait, le ... 1955, cassé le jugement incriminé sur certains points et renvoyé l'affaire pour nouvel examen à la juridiction de Ière Instance. Contre cet arrêt de cassation, le requérant a exercé, devant la Cour Fédérale Constitutionnelle (*Bundesverfassungsgericht*), un recours que cette Cour a rejeté le ... 1955 comme manifestement mal fondé.

7. Le ... 1957, le requérant a introduit devant la Cour Fédérale

Constitutionelle un recours contre sa condamnation pénale du 4 juillet 1955 et contre le rejet de sa demande en révision (§§ 4 et 5 cidessus).

La Cour Fédérale constitutionnelle a rejeté ce recours le ... 1957.

Dans deux lettres antérieures à cette décision, datées respectivement des ... et ... 1957, le Président de la Ière Chambre de la Cour Constitutionnelle avait d'ailleurs expliqué au requérant:

(a) que, pour autant qu'il entendait attaquer sa condamnation pénale, il n'avait pas respecté le délai d'un mois imparti à cet effet par la législation en vigueur;

(b) qu'en ce qui concerne le sort réservé à sa demande en révision, le dossier afférent ne permettait pas de dégager la violation d'un droit fondamental;

(c) que, quant à la durée prétendument excessive de son emprisonnement, il n'avait pas exercé toutes les voies de recours dont il disposait.

8. Le requérant prétend en outre avoir été condamné, après le 4 juillet 1955, par le Tribunal d'échevins (*Schöffengericht*) de B ... pour outrage à la magistrature.

Considérant que le requérant allègue la violation des articles 3 ; 5, §§ 1 et 3; 6, §§ 1, 3a), 3c) et 3d); 8, § 1; 10 § 1 et 25, § 1 in fine de la Convention européenne de Sauvegarde des Droits de l'Homme et des Libertés fondamentales; qu'il se plaint notamment

(a) de ce que les tribunaux susmentionnés n'aient pas pris en considération certains des moyens de preuve par lui produits;

(b) de ce que l'instruction de son affaire ait été menée de manière partiale et arbitraire;

(c) de ce que des agents de police aient, le 11 juin 1953, saisi à son domicile 1400 documents sans que le Tribunal de 1ère Instance de B ... lui ait fourni, conformément aux règles de procédure pénale en vigueur, un inventaire détaillé desdits documents;

(d) de ce que, malgré les nombreuses demandes du requérant, le Ministère Public ait saisi de son affaire non pas le Tribunal de Ière Instance de D ..., mais celui de B ...;

(e) de ce qu'une lettre du requérant, jugée injurieuse par les autorités judiciaires, ait été retenue par ces dernières;

Qu'il appert que ces allégations ont fait l'objet d'un recours constitutionnel introduit par le requérant le ... 1954; qu'il semble toutefois que la Cour Fédérale de Justice Constitutionnelle ait rejeté ce recours à une date antérieure au 30 novembre 1955;

Qu'en ce qui concerne plus spécialement le jugement précité du 4 juillet 1955 (§ 4 supra), le requérant incrimine, entre autres, la partialité des juges;

Considérant que le requérant formule l'objet de sa requête comme suit:

(a) Pour autant que sa requête se dirige contre l'Autriche, le requérant demande:

1. une indemnité correspondant au dommage qu'il aurait subi du fait de sa détention préventive (§ 1 supra);

2. la restitution de la somme de 23.200.– schillings mentionnée au paragraphe 1 b) ci-dessus;

(b) Pour autant que sa requête vise la République Fédérale d'Allemagne, le requérant réclame la révision des procédures pénales ainsi qu'une indemnité dont il se réserve de fixer le montant ultérieurement;

(c) Par ailleurs, le requérant demande à être entendu par la Commission.

Considérant qu'entre le 3 novembre 1956 et le 6 août 1957, l'administration de la prison où le requérant purgeait sa peine a apporté à la correspondance de celui-ci avec le Secrétariat de la Commission certaines entraves; qu'à la suite d'une démarche faite par le Secrétariat, au nom de la Commission, auprès du Gouvernement de la République Fédérale d'Allemagne [1], le Ministre Fédéral de la Justice a adressé, le 31 mai 1957, aux autorités judiciaires et pénitentiaires de la République Fédérale d'Allemagne une circulaire prescrivant aux administrations compétentes "de veiller à ce que les détenus ne se heurtent à aucune entrave dans l'exercice de leur droit de recours devant la Commission ..."; que le Gouvernement de la République Fédérale d'Allemagne a, le 3 juillet 1957, officiellement communiqué cette circulaire à la Commission; qu'à la suite de cette mesure le requérant a pu correspondre normalement et librement avec la Commission;

Considérant, pour autant que la requête, vise l'Autriche, qu'il ressort de l'article 25 § 1 de la Convention que seules les Parties Contractantes à ladite Convention ayant reconnu le droit de recours individuel devant la Commission peuvent faire l'objet d'une requête recevable devant cette dernière; qu'il découle d'autre part de l'article 66 de la Convention que seuls les pays membres du Conseil de l'Europe ayant dûment signé et ratifié la Convention possèdent la qualité de Partie Contractante; que, quoique Membre du Conseil et signataire de la Convention, l'Autriche n'a pas encore ratifié celle-ci ni, à fortiori, accepté la compétence prévue à l'article 25; qu'il appert donc que la requête ne cadre pas, à cet égard, avec les prescriptions des articles 25 et 66 précités et partant, qu'elle est incompatible avec les dispositions de la Convention; qu'il y a lieu, dès lors, de la

---

1 Cette démarche ne constituait pas une communication de la requête, au sens de l'article 45 (§ 2 et 3b) du Règlement intérieur.

rejeter de ce chef par application de l'article 27, § 2 de la Convention, comme dirigée contre un pays non lié par la Convention;

Considérant, pour autant que la requête vise la République Fédérale d'Allemagne,

(a) que certains faits de la cause semblent remonter à une période antérieure au 3 septembre 1953, date d'entrée en vigueur de la Convention à l'égard de la République Fédérale d'Allemagne; qu'à cet égard il importe de relever que, selon les principes de droit international généralement reconnus, ladite Convention ne régit, pour chaque Partie Contractante, que les faits postérieurs à son entrée en vigueur à l'égard de cette Partie; qu'il y a donc lieu de rejeter la requête, de ce chef, comme irrecevable *ratione temporis*;

(b) qu'en ce qui concerne la condamnation prononcée le 4 juillet 1955 par le Tribunal de Ière Instance de B . . . , il échet de remarquer qu'aux termes de l'article 26 de la Convention, la Commission ne peut être saisie qu'après l'épuisement des recours internes, tel qu'il est entendu selon les principes de droit international généralement reconnus; que le requérant a omis de saisir la Cour Fédérale Constitutionnelle de son recours dans le délai imparti à cet effet par la législation en vigueur; qu'au surplus l'examen du dossier, tel qu'il se présente, ne permet pas de dégager en l'espèce l'existence de circonstances particulières de nature à relever le requérant, selon les principes de droit international généralement reconnus, de l'obligation d'exercer dans les délais normaux requis les recours dont il disposait; qu'il appert donc que le requérant n'a pas observé les prescriptions précitées de l'article 26 en ce qui concerne l'épuisement des voies de recours internes; qu'il y a lieu, dès lors, de rejeter la requête également de ce chef par application de l'article 27, § 3 de la Convention;

(c) que, quant aux décisions intervenues au sujet de la demande en révision présentée par le requérant, l'examen du dossier ne permet pas de dégager l'apparence d'une violation de l'un des droits et libertés reconnus dans la Convention de Sauvegarde des Droits de l'Homme et des Libertés fondamentales, et notamment du droit à une bonne administration de la justice, sous les conditions fixées et dans les limites définies à l'article 6 de ladite Convention; qu'il appert donc que la requête est, à cet égard, manifestement mal fondée; qu'il y a lieu, dès lors, de la rejeter également de ce chef par application de l'article 27, § 2 de la Convention;

(d) qu'en ce qui concerne les allégations qui ont fait l'objet du recours constitutionnel introduit par le requérant le ... 1954, recours qui semble avoir été rejeté à une date antérieure au 30 novembre 1955, il importe de relever que le requérant n'a pas respecté le délai de six mois prévu à l'article 26 de la Convention; qu'il y a donc lieu de rejeter la requête également de ce chef par application de l'article 27, § 3 de la Convention;

(e) que, quant à la condamnation du requérant par le Tribunal d'échevins de B ... (§ 8 ci-dessus), il y a lieu de se référer à nouveau aux termes, déjà cités, de l'article 26 de la Convention; que le requérant ne démontre pas avoir exercé les recours judiciaires dont il disposait contre la décision dudit Tribunal; qu'au surplus l'examen du dossier ne permet pas de dégager en l'espèce l'existence de circonstances particulières de nature à relever le requérant, selon les principes de droit international généralement reconnus, de l'obligation d'épuiser les voies de recours internes qui lui étaient ouvertes; qu'il appert donc que le requérant n'a pas observé les prescriptions précitées de l'article 26 de la Convention en ce qui concerne l'épuisement des voies de recours internes; qu'il y a lieu, dès lors, de rejeter la requête également de ce chef par application de l'article 27, § 3 de la Convention;

(f) qu'en ce qui concerne enfin les entraves que l'administration de la prison de F ... a apportées à la correspondance du requérant avec le Secrétariat de la Commission, il échet de noter que si, au début de la procédure, le requérant a effectivement été empêché de correspondre normalement et librement avec la Commission, il ressort du dossier qu'il n'en va plus de même depuis août 1957; qu'il s'ensuit que les griefs qui auraient pu être retenus, à cet égard, à l'encontre de la Partie mise en cause, n'ont plus de pertinence à l'heure actuelle;

Par ces motifs,
Déclare la requête irrecevable".

[Décision rendue le 17 décembre 1957]

FEDERAL REPUBLIC OF GERMANY
REPUBLIQUE FEDERALE D'ALLEMAGNE
(Protocol)
(Protocole additionnel):

Up to 13th February, 1957, the Federal Republic was only a Signatory and not a Contracting Party to the Protocol. For this reason, the Commission had rejected, before that date, 14 applications alleging violation by the Federal Republic of Article 1 of the Protocol (Nos. 3/55, 5/55, 22/55, 29/55, 41/55 45/55, 62/55 78/55, 88/55, 101/55, 109/55, 117/55, 150/56 and 157/56). After the ratification of the Protocol by the Federal Republic on 13th February these decisions ceased to be of other than academic interest but it has nevertheless been thought worthwhile to include three of them below.

Jusqu'au 13 février 1957, la République Fédérale d'Allemagne n'était que Partie signataire, et non Partie Contractante au Protocole additionnel. Aussi la Commission a-t-elle rejeté, avant cette date, quatorze requêtes qui alléguaient la violation, par cet Etat, de l'article ler dudit Protocol (Nos 3/55, 5/55, 22/55, 29/55, 41/55, 45/55, 62/55, 78/55, 88/55, 101/55, 109/55, 117/55,

150/56, et 157/56). Depuis le dépôt de l'instrument de ratification du Protocole par la République Fédérale (13 février), ces décisions n'offrent plus guère qu'un intérêt rétrospectif. Il a cependant paru utile de reproduire ci-après trois d'entre elles.

No. 62/55

"...

Vu la requête introduite le 23 août 1955 par Mme X... contre la République fédérale d'Allemagne, enregistrée le 23 août 1955 sous le N° de dossier 62/55;

Vu le rapport prévu à l'article 45, § 1, du Règlement intérieur de la Commission;

Après avoir délibéré,

Considérant que la requérante soutient qu'elle possédait en Suisse un capital de 29.000 fr. suisses; que le Gouvernement suisse, se prévalant d'un accord conclu le 25 mai 1946 avec les puissances alliées au sujet des biens allemands en Suisse, aurait placé ce capital sous séquestre; qu'à la suite d'un arrangement intervenu entre eux le 19 mars 1953, le Gouvernement suisse et le Gouvernement de la République fédérale d'Allemagne auraient obtenu des Gouvernements alliés la levée du séquestre sur les biens allemands en Suisse, moyennant le paiement de 121.000.000 fr. suisses par la Suisse; que la requérante se plaint de ce que le Gouvernement allemand exige de tout Allemand propriétaire de biens en Suisse, et dont le séquestre a été levé, une contribution à cette somme; que la requérante aurait dû payer, de la sorte, une somme de 8.000 fr. suisses; qu'elle prétend que cette mesure est injustifiée et réclame la restitution de ladite somme;

Considérant que la requérante allègue une violation du droit de propriété, garanti par l'article Ier du Protocole additionnel à la Convention européenne des Droits de l'Homme;

Considérant que ce Protocole ne lie que les signataires l'ayant ratifié, comme il ressort de son article 6;

Considérant que la République fédérale d'Allemagne n'a pas encore déposé son instrument de ratification dudit Protocole;

Qu'il résulte de ce qui précède que la requérante ne dispose actuellement d'aucun moyen légal d'action et qu'il y a lieu de déclarer la requête irrecevable;

Par ces motifs

Déclare la requête irrecevable".

[Décision rendue le 23 septembre 1955]

No. 88/55

"...

Vu la requête introduite le 21 septembre 1955 par X ... contre la République fédérale d'Allemagne, enregistrée le 23 septembre 1955 sous le N° de dossier 88/55;

Vu le rapport prévu à l'article 45, § 1 du Règlement intérieur de la Commission;

Après avoir délibéré,

Considérant que la requérante se plaint de ce que sa maison, sise à B ... (République fédérale d'Allemagne), ait été réquisitionnée en 1947 pour le logement d'un officier américain; qu'en 1950, après la levée de la réquisition, elle aurait constaté la perte d'une grande partie de ses meubles et autres objets de valeur qui se trouvaient dans sa maison; que la requérante soutient en outre que l'expulsion de son domicile aurait compromis sa santé; qu'elle n'aurait reçu qu'une indemnisation insuffisante; que, le 15 septembre 1955, l'Oberfinanzdirektion de C ... lui aurait injustement refusé une réparation adéquate du préjudice par elle subi;

Considérant que la requête, pour autant qu'elle vise les Forces des Etats-Unis d'Amérique du Nord stationnées en Allemagne, est dirigée contre un Etat qui n'est pas Partie à la Convention; qu'il y a donc lieu de la rejeter en vertu de l'article 27, § 2 de la Convention, comme incompatible avec les dispositions de la Convention;

Considérant d'autre part, pour autant que la requête pourrait être considérée comme dirigée contre la République fédérale d'Allemagne, que son objet tomberait dans le champ d'application de l'article ler du Protocole additionnel; que ledit Protocole, aux termes de son article 6, lie les seuls signataires l'ayant ratifié; que la République fédérale d'Allemagne ne l'a pas encore ratifié; que, par conséquent, la requête ne vise pas la violation d'un des droits reconnus dans la Convention, seule ratifiée par la République fédérale d'Allemagne; qu'il y a donc lieu de la rejeter également à cet égard, en vertu de l'article 27, § 2 de la Convention, comme incompatible avec les dispositions de la Convention;

Par ces motifs,

Déclare la requête irrecevable".

[Décision rendue le 29 mai 1956]

No. 150/56

" ...

Vu la requête introduite le 15 janvier 1956 par X ... contre la République Fédérale d'Allemagne, enregistrée le 19 janvier 1956 sous le N° de dossier 150/56;

Vu le rapport prévu à l'article 45, § 1, du Règlement intérieur de la Commission;

Après avoir délibéré,

Considérant que le requérant, qui est un réfugié de l'Allemagne de l'Est, se plaint, de façon générale, de l'insuffisance de l'indemnité de dommages de guerre qui lui aurait été versée en application de la Loi fédérale allemande sur la péréquation des charges de guerre (*Lastenausgleichgesetz*);

Considérant que le requérant n'a pas retourné le formulaire de requête qui lui a été adressé par le Secrétariat le 27 janvier 1956, accompagné d'un avis de réception, ni remplacé ledit formulaire par un autre écrit; que l'avis de réception, signé par le requérant le 30 janvier 1956, figure au dossier;

Considérant que le requérant n'a point fourni de précisions suffisantes, ni produit aucun élément à l'appui de ses allégations, et ce malgré la demande expresse qui lui en a été faite;

Considérant que l'examen du dossier, tel qu'il se présente, ne permet pas de dégager l'apparence d'une violation d'un des droits reconnus dans la Convention; qu'il appert donc que la requête est manifestement mal fondée; qu'il y a lieu, par conséquent, de la rejeter en vertu de l'article 27, § 2 de la Convention;

Considérant, pour autant que l'objet de la requête pourrait tomber dans le champ d'application de l'article ler du Protocole additionnel, que ledit Protocole, aux termes de son article 6, lie les seuls signataires l'ayant ratifié; que la République Fédérale d'Allemagne ne l'a pas encore ratifié; qu'il y a donc lieu de rejeter la requête également de ce chef, comme formée contre un pays non lié par le Protocole additionnel;

Par ces motifs,
Déclare la requête irrecevable".

[Décision rendue le 29 septembre 1956]

(iii) *Applications against the Saar*

(iii) *Requêtes dirigées contre la Sarre*

Before the political integration of the Saar into the Federal Republic of Germany on 1st January 1957 it had, as an Associate Member of the Council of Europe, signed and ratified the Convention and Protocol but without recognising the right of individual recourse to the Commission and the latter was hence not competent to receive applications against the Saar. After 1st January, 1957, a number of applications against the Federal Republic of Germany were addressed to the Commission in respect of actions or decisions taken by the Saar authorities before that date (Nos. 245/57, 255/57, 256/57 and 286/57). This raised the delicate question of whether or not the Federal Republic had taken over the obligations assumed by the Saar by virtue of the Convention and Protocol. The Commission has so far taken no decision on this point as it was in any case obliged to declare the applications in question inadmissible on other grounds. It has, however, been considered worthwhile to include one of these decisions below [1].

Avant le 1er janvier 1957, date de son rattachement politique à la République Fédérale d'Allemagne, la Sarre, Membre associé du Conseil de l'Europe, avait signé et ratifié la Convention et le Protocole additionnel,

---

[1] See also the decision regarding the admissibility of application No. 256/57 (below under "Applications against individuals").

sans toutefois reconnaître le droit de recours individuel devant la Commission; celle-ci n'avait donc pas compétence pour connaître des pétitions visant les autorités sarroises. Après le 1er janvier 1957, plusieurs personnes ont saisi la Commission de requêtes dirigées contre la République Fédérale d'Allemagne à raison d'actes ou de décisions des autorités sarroises *antérieures* à cette date (affaires Nos 245/57, 255/57, 256/57 et 286/57). C'était là poser un problème délicat: celui de savoir si la République Fédérale a succédé aux obligations contractées par la Sarre en vertu de la Convention et du Protocole additionnel. La Commission ne l'a cependant pas tranché jusqu'à présent, car les requêtes dont s'agit se heurtaient de toute façon à diverses causes d'irrecevalité. Néanmoins, il a été jugé utile de reproduire ci-après la décision qu'elle a rendue au sujet de l'une des requêtes en question [1].

No. 245/57

" ...

Vu la requête introduite le 15 décembre 1956 par X ..., Y ... et Z ... tant en leur nom personnel qu'au nom et pour le compte des membres de Association W ..., dont ils sont respectivement le premier Président, le 2ème Président et le Ier Secrétaire) contre la République Fédérale d'Allemagne (contre la Sarre, rattachée à la République Fédérale d'Allemagne le ler janvier 1957), enregistrée le 14 janvier 1957 sous le N° de dossier 245/57;

Vu le rapport prévu à l'article 45 § 1 du Règlement intérieur de la Commission;

Après avoir délibéré,

Considérant que les faits de la cause peuvent se résumer comme suit:

1. A la suite de l'évacuation de la population civile du territoire de la Sarre, en 1939, trente-et-une maisons furent démolies à B ... dans le cadre d'un ensemble de mesures d'urbanisme. Ces démolitions eurent lieu, en partie, en l'absence des propriétaires, dont certains se plaignent de ce que leurs meubles furent parfois détruits ou endommagés.

2. Les propriétaires des maisons en question se sont groupés dans l'association mentionnée ci-dessus. Ils déclarent n'avoir jusqu'ici reçu aucune indemnité.

3. Au cours d'un "procès-test" devant la ...ème Chambre civile du Tribunal de Ière Instance (*Landgericht*) de C ..., l'un des requérants, Z ..., avait demandé la condamnation de la Ville de B ... au paiement de dommages et intérêts correspondant au préjudice qu'il avait subi du fait de ces mesures de démolition. Le ... 1953, le Tribunal débouta le requérant, en constatant notamment que celui-ci n'avait pu fournir des preuves suffisantes pour démontrer la responsabilité de la Ville de B ... dans la démolition de sa maison et la destruction de ses biens mobiliers.

---

[1] Voir également la décision rendue au sujet de la recevabilité de la requête No 256/57 (infra, sous "requêtes dirigées contre de simples particuliers").

Le ... 1954, l'intéressé interjeta appel de ce jugement devant la Cour d'Appel (*Oberlandesgericht*) de C ....

Le ... 1956, la 3ème Chambre civile de cette Cour rejeta l'appel en se fondant sur les mêmes motifs que le Tribunal de première instance. Elle releva, en outre, que les démolitions avaient été exécutées sous la seule autorité de l'Office gouvernemental de reconstruction (*Staatliches Wiederaufbauamt*), lequel dépendait du Gouverneur Général du Reich (*Reichsstatthalter*) pour la Sarre.

5. Entretemps, les requérants se seraient adressés également au Gouvernement de la Sarre afin de l'inviter à prendre en leur faveur des mesures de dédommagement. Par lettre du ... 1955, ledit Gouvernement leur aurait répondu, entre autres, que "la Sarre se trouvait dans l'impossibilité de reconnaître l'obligation de verser des dommages et intérêts", qu' "il s'agissait de mesures prises par l'ancien Reich", et que "la Sarre ne pouvait être considérée comme successeur du Reich".

Les requérants allèguent par ailleurs que certains milieux gouvernementaux sarrois ont usé, avec succès, de leur influence auprès des deux juridictions précitées pour obtenir des sentences favorables aux intérêts du Gouvernement de la Sarre. Ils prétendent, en outre, qu'aucune possibilité de recours devant une 3ème instance n'existait à cette époque en Sarre et que les deux jugements en question devraient donc être considérés comme définitifs.

Considérant que les requérants se plaignent principalement de l'attitude arbitraire qu'auraient adoptée à leur égard les organes judiciaires compétents, lesquels n'auraient pris en considération aucun des moyens de preuve produits par l'un des requérants dans les procès susmentionnés;

Considérant que les requérants se plaignent, d'autre part, de ce que le Gouvernement de la Sarre et la Ville de B ... aient, tous deux, refusé de les dédommager des pertes que leur a causées la destruction de leurs biens;

Considérant que les requérants réclament la réparation intégrale du préjudice subi par les membres de Association W ... du fait de la démolition "arbitraire" de leurs immeubles;

Considérant que les requérants demandent en particulier à la Commission européenne des Droits de l'Homme d'intervenir en leur faveur auprès du Gouvernement sarrois et du Gouvernement de la République Fédérale d'Allemagne:

Considérant qu'un Groupe de Travail, désigné par la Commission pour exercer les fonctions visées à l'article 45 du Règlement intérieur, a examiné la présente requête au cours de sa réunion du 17 mai 1957, et a décidé, avant de soumettre un rapport à la Commission, de charger le Secrétariat de se renseigner auprès des requérants sur le point de savoir si, par suite du rattachement de la Sarre à la République Fédérale d'Allemagne, ils n'avaient pas actuellement la possibilité de saisir les autorités fédérales de leur réclamation;

Considérant que, s'acquittant de cette tâche, le Secrétariat a adressé aux requérants, le 22 mai 1957, une lettre leur demandant:

" ... si, par suite du rattachement politique de la Sarre à la République Fédérale d'Allemagne, ils n'auraient pas actuellement la possibilité de saisir les autorités compétentes de la République Fédérale d'Allemagne, et éventuellement les tribunaux, de leur réclamation ... étant donné que, pour tenir la République Fédérale d'Allemagne responsable d'une prétendue violation de la Convention, il paraîtrait, en effet, qu'ils devraient, aux termes de l'article 26, avoir épuisé les voies de recours internes ...";

Considérant que dans leur réponse, datée du 28 mai 1957, les requérants ont fait valoir que:

1. l'arrêt de la Cour d'Appel de C ... du ... 1956 avait été rendu en dernière instance;

2. les faits motivant la requête s'étaient produits lorsque la Sarre avait encore un statut d'indépendance;

3. le principal grief formulé dans la requête avait trait à l'attitude arbitraire des tribunaux sarrois, qui n'auraient pris en considération aucun des moyens de preuve produits par les requérants;

4. au moment du retour de la Sarre à l'Allemagne au début de l'année 1957, la République Fédérale d'Allemagne aurait pris en charge les obligations acceptées antérieurement par la Sarre en vertu de la Convention européenne des Droits de l'Homme et du Protocole additionnel;

Considérant qu'après examen du rapport élaboré, le 13 juillet 1957, par un Groupe de Travail par elle désigné pour exercer les fonctions visées à l'article 45 du Règlement intérieur, la Commission a décidé, le 19 juillet 1957:

"a) d'ajourner l'examen de la recevabilité de la requête;

b) de charger son Secrétariat d'adresser au Gouvernement de la République Fédérale d'Allemagne un exposé des faits reproduisant en substance, les allégations des requérants et de prier ce gouvernement de bien vouloir fournir à la Commission, dans tel délai qui lui paraîtrait approprié, des renseignements sur le point de savoir si les requérants disposent actuellement de recours devant les tribunaux de la République Fédérale d'Allemagne pour faire valoir leurs prétendus droits, et dans l'affirmative, quels sont ces recours";

Considérant que, par la même occasion, la Commission a tenu à souligner "que cette communication au Gouvernement Fédéral ne serait pas faite par application de l'article 45 § 3 b) du Règlement intérieur, mais constituerait une simple demande d'information tendant à permettre à la Commission de statuer en pleine connaissance de cause sur la recevabilité de la requête";

Considérant que, le 25 juillet 1957, le Chef du Secrétariat a adressé une lettre en ce sens au Représentant Permanent de la République Fédérale d'Allemagne auprès du Conseil de l'Europe;

Considérant que, par lettre du 16 octobre 1957, le Représentant Permanent de la République Fédérale a fait parvenir au Secrétariat les "observations" ci-après:

"La requête individuelle a été introduite le 15 décembre 1956 contre la République Fédérale d'Allemagne ... (contre la Sarre, qui a été rattachée à la République Fédérale d'Allemagne le ler janvier 1957)". A cette date l'introduction d'une requête individuelle contre la *Sarre* n'était pas recevable, la Sarre ne faisant pas encore partie du champ d'application de la déclaration faite par la République Fédérale conformément à la lère phrase de l'alinéa 1 de l'article 25 de la Convention des Droits de l'Homme. Une requête individuelle contre la *République Fédérale* était également irrecevable à cette date, étant donné qu'antérieurement au ler janvier 1957, les requérants n'étaient pas soumis à l'autorité de la République Fédérale, du moins en ce qui concerne l'exercice effectif du pouvoir politique en Sarre (Cf. article 27 alinéa 2, art. 1 de la Convention européenne des Droits de l'Homme et art. 97 du traité entre la République Française et la République Fédérale d'Allemagne sur le Règlement de la question sarroise, J.O. féd. 1956, II, p. 1587 sq., 1593, 1638).

D'autres objections s'opposent en outre à la recevabilité de la requête individuelle. Dans la mesure où le recours vise le fait que le *Gouvernement de la Sarre et la Ville de B* ... ont refusé de dédommager les requérants des pertes que leur a causées la démolition d'immeubles leur appartenant, et que les tribunaux n'ont pas tenu compte des preuves fournies par les requérants lorsqu'ils ont statué sur les demandes en question, une requête individuelle ne serait pas recevable non plus même si elle eût été introduite après le ler janvier 1957. Le refus de verser une indemnisation et l'exécution de la procédure judiciaire ont eu lieu à une date où la Sarre ne se trouvait pas soumise à l'autorité effective de la République Fédérale et où, par conséquent, la Convention des Droits de l'Homme ne conférait pas de responsabilité à la République Fédérale. Pour cette raison, il ne semble pas nécessaire d'examiner actuellement la question de savoir si la requête individuelle introduite le 15 décembre 1956 a été déposée dans le délai de six mois prévu à l'article 26 de la Convention des Droits de l'Homme après l'arrêt rendu par la Cour d'Appel de C ... le ... 1956.

Mais pour autant que les requérants veulent obtenir par la requête individuelle une indemnisation de la part de la République Fédérale – comme on pourrait le conclure du dernier alinéa de leur recours – la recevabilité de la requête exigerait l'épuisement des voies de recours internes prévues à l'art. 26 de la Convention des Droits de l'Homme, étant donné qu'il s'agit ici d'une autre prétention et que ce n'est pas la Sarre qui est la partie adverse. Tant que les possibilités d'introduire une action en dommages et intérêts contre la République Fédérale ne sont pas épuisées (cf. art. 19, al. 4 de la Loi fondamentale), la requête individuelle introduite, conformément aux art. 26 et 27, alin. 3 de la Convention des Droits de l'Homme, devrait être rejetée comme irrecevable";

Considérant que tous les faits de la cause remontent à une période antérieure au 1er janvier 1957, date du rattachement politique de la Sarre à la République Fédérale d'Allemagne et qu'une partie de ces faits est même imputable au Gouvernement du IIIème Reich; que la question pourrait dès lors se poser de savoir:

a) dans quelle mesure la Sarre a succédé aux obligations du IIIème Reich relatives à ce territoire;

b) si la République Fédérale d'Allemagne a succédé aux obligations assumées par la Sarre en vertu de la Convention et du Protocole additionnel;

Considérant que l'examen de cette question s'avère cependant superflu en l'espèce; qu'aux termes de l'article 26 de la Convention européenne de Sauvegarde des Droits de l'Homme et des Libertés fondamentales, en effet, la Commission ne peut être saisie qu'après l'épuisement des voies de recours internes, tel qu'il est entendu selon les principes de droit international généralement reconnus et dans le délai de six mois, à partir de la date de la décision interne définitive; que les requérants disposent encore, pour faire valoir leurs prétentions à l'encontre de la République Fédérale d'Allemagne, des recours qui leur sont ouverts en vertu de l'article 19 paragraphe 4 de la loi fondamentale (*Grundgesetz*) de cet Etat; qu'au surplus l'examen du dossier ne permet pas de dégager l'existence de circonstances particulières de nature à relever les requérants, selon les principes de droit international généralement reconnus, de l'obligation d'exercer lesdits recours; qu'il appert donc que les requérants n'ont point observé les prescriptions de l'article 26 de la Convention en matière d'épuisement des voies de recours internes; qu'il y a lieu, par conséquent, et en tout état de cause, de rejeter la requête par application de l'article 27, § 3 de la Convention;

Par ces motifs,
Déclare la requête irrecevable".

[Décision rendue le 20 décembre 1957]

(iv) *Applications against individuals* [1]

iv) *Requêtes dirigées contre de simple particuliers* [1]

No. 256/57

" . . .

Vu la requête introduite le 18 février 1957 par Mme X . . . contre la République Fédérale d'Allemagne, enregistrée le 20 février 1957 sous le N° de dossier 256/57;

Vu le rapport prévu à l'article 45, § 1, du Règlement intérieur de la Commission;

Après avoir délibéré,

Considérant que la requérante paraît se plaindre, entre autres, d'être menacée par plusieurs personnes; qu'il ressort en outre des nombreuses pièces versées au dossier que, le . . . 1949, fut dressé devant le Tribunal de lère Instance (*Landgericht*) de B . . . (Sarre), un procès-verbal de conciliation mettant fin à l'un des nombreux procès qui avaient opposé jusqu'alors la requérante à son ancien mari; que l'acte de conciliation avait pour principal effet de faire renoncer la requérante à sa participation dans l'entreprise de son ex-mari; que, par la suite, la requérante essaya de contester, devant Landgericht de B . . ., la regularité de la transaction intervenue le . . . 1949; qu'à cette fin, elle sollicita l'octroi de l'assistance judiciaire que celle-ci lui fut refusée par ledit tribunal; que la requérante s'en plaignit devant la Cour d'Appel (*Oberlandesgericht*) de B . . ., laquelle rejeta la plainte le . . . 1950; que, sur nouvelle demande de la requérante, la Cour se prononça, le . . . 1950, dans le même sens qu'antérieurement; que la requérante s'était, d'autre part, adressée, le . . . 1949, au Président de l'Ordre des Avocats de la Sarre, pour porter plainte contre son propre avocat qui, selon elle, l'avait forcée à accepter l'accord conclu le . . . 1949; que le Président de l'Ordre des Avocats ayant saisi le Procureur Général de la Sarre, ce dernier décida, le . . . 1950, de classer l'affaire; que la requérante entreprit une dizaine d'autres démarches, mais en vain;

Considérant que la requérante semble se plaindre notamment de son avocat ainsi que de son ex-mari, qui l'aurait lésée et persécutée; qu'elle reproche également aux différentes autorités judiciaires et

[1] For applications declared inadmissible on this ground see No. 256/57 below and No. 33/55 above (under 3, Limitation *ratione temporis*);
No. 172/56 below (under 7, Rights and freedoms guaranteed);
Nos. 24/55, 42/55, 59/55 and 101/55.
See also the decision on application No. 60/55 (under 3 above, Limitation *ratione temporis*).

[1] Requêtes rejetées de ce chef, en tout ou pour partie:
No. 256/57 (ci-après); No. 33/55 (supra, sous 3 ,,Compétence ratione temporis");
No. 172/56 (infra, sous 7, ,,Droits et libertés garantis"); Nos. 24/55, 42/55, 59/55 et 101/55. Cf. aussi la décision relative à la requête. No. 60/55 (supra, sous 3, ,,*Compétence ratione temporis*").

administratives de ne pas avoir suffisamment protégé ses intérêts; qu'elle réclame principalement la réparation des dommages subis par elle depuis la conciliation susvisée et demande de pouvoir reprendre sa part dans l'entreprise de son ancien époux;

Considérant, pour autant que la requête a trait au procès-verbal de conciliation de 1949, ainsi qu'aux actions intentées par la requérante, en 1949 et 1950, contre son avocat, que les faits allégués remontent à une période antérieure au 3 septembre 1953, date d'entrée en vigueur de la Convention à l'égard de la République Fédérale d'Allemagne date qui, depuis le ler janvier 1957, pourrait également être prise en considération en ce qui concerne la Sarre, dans le cas où il conviendrait de considérer la République Fédérale d'Allemagne comme responsable des violations éventuelles de la Convention par des autorités sarroises avant le ler janvier 1957 –; que, selon les principes de droit international généralement reconnus, la Commission ne régit, pour chaque Partie Contractante, que les faits postérieurs à son entrée en vigueur à l'égard de cette Partie Contractante; qu'il y a donc lieu de rejeter la requête de ce chef, comme irrecevable *ratione temporis*;

Considérant, en ce qui concerne les autres procédures judiciaires et administratives dont la requérante fait état, que l'examen du dossier, tel qu'il se présente, ne permet pas de dégager l'apparence d'une violation d'un des droits et libertés reconnus dans la Convention européenne des Droits de l'Homme, et notamment du droit à une bonne administration de la justice, sous les conditions fixées et dans les limites définies à l'article 6 de ladite Convention; qu'il appert, dès lors, que la requête est manifestement mal fondée; qu'il y a lieu, par conséquent, de la rejeter également de ce chef, par application de l'article 27, § 2 de la Convention;

Considérant enfin, pour autant que la requête se dirige en réalité contre de simples particuliers, qu'il importe de relever qu'aux termes de l'article 19 de la Convention, la Commission a pour seule tâche d'assurer le respect des engagements résultant pour les Hautes Parties Contractantes de la Convention; qu'il ressort en outre de l'article 25, § 1 de la Convention que la Commission ne peut être valablement saisie d'une requête émanant d'une personne physique, d'une organisation non-gouvernementale ou d'un groupe de particuliers que si cette personne, cette organisation ou ce groupe se prétend victime d'une violation par l'une des Hautes Parties Contractantes et non point par un simple particulier, des droits reconnus dans la Convention; qu'il appert dès lors que la requête est, à cet égard, incompatible avec les dispositions des articles 19 et 25 de la Convention; qu'il y a donc lieu de la rejeter également de ce chef par application de l'article 27, § 2 de la Convention;

Par ces motifs,

Déclare la requête irrecevable".

[Decision rendue le 20 juillet 1957]

5. APPLICATIONS SUBSTANTIALLY THE SAME AS OTHERS PREVIOUSLY CONSIDERED BY THE COMMISSION

5. REQUETES ESSENTIELLEMENT LES MEMES QUE DES REQUETES PRECEDEMMENT EXAMINEES PAR LA COMMISSION

Paragraph 1 (b) of Article 27 of the Convention provides that "the Commission shall not deal with any petition submitted under Article 25 which ... is substantially the same as a matter which has already been examined by the Commission ... if it contains no relevant new information".

Up to 31st December, 1957, the Commission had declared 6 individual applications inadmissible, wholly or partly, on the ground that they did not conform to this provision (Nos. 202/56 and 205/56, 261/57, 265/57, 267/57 and 285/57). Two of these decisions are given below [1].

Aux termes de l'article 27, paragraphe 1 b) de la Convention, "la Commission ne retient aucune requête introduite par application de l'article 25, lorsque ... elle est essentiellement la même qu'une requête précédemment examinée par la Commission ... et si elle ne contient pas de faits nouveaux".

Au 31 décembre 1957, la Commission avait déclaré irrecevables six requêtes individuelles (No 202/56 et 205/56, 261/57, 267/57 et 285/57) pour le motif, parfois combiné avec d'autres, qu'elles ne cadraient pas avec cette disposition. Deux de ces décisions se trouvent reproduites ci-après [1].

No. 202/56

" ...

Vu la requête introduite le 18 juillet 1956 par X ... contre la Belgique, enregistrée le 19 juillet 1956 sous le No de dossier 202/56;

Vu le rapport prévu à l'article 45, § 1 du Réglement intérieur de la Commission;

Après avoir délibéré,

Considérant que, par une première requête introduite le 29 septembre 1955 et enregistrée sous le N° de dossier 95/55, le nommé X ... exposait en substance à la Commission que ... [2];

Considérant que, par décision rendue le 16 décembre 1955, la Commission a réjeté la susdite requête ... [2];

Considérant que par sa nouvelle requête, introduite le 18 juillet 1956, le requérant, se plaignant des mêmes faits, déclare se baser non plus sur l'article 21, § 2 de la Déclaration Universelle des Droits de

---

[1] See also the following decisions on the admissibility of applications:
No. 261/57: under 11 below (*Ex officio* examination).
No. 285/57: under 10 below (Alleged errors of municipal tribunals).

[1] Voir également les décisions rendues au sujet de la recevabilité des requêtes:
No. 261/57: sous 11 infra (Examen d'office);
No. 285/57: sous 10 infra (Erreurs imputées aux juridictions internes).

[2] Le texte de la décision relative à la requête No 95/55 se trouve reproduit sous la rubrique ,,Droits et libertés garantis".

l'Homme, mais sur les articles 6 et 13 de la Convention européenne; qu'il soutient notamment qu'aucune juridiction belge n'aurait jamais été ni ne serait compétente pour connaître de son affaire quant au fond, ce qui constituerait une violation du droit reconnu à l'article 13 de la Convention; qu'il invoque en outre les dispositions de l'article 6, § 1 de la Convention, aux termes duquel "toute personne a droit à ce que sa cause soit entendue équitablement, publiquement et dans un délai raisonnable, par un tribunal indépendant et impartial, établi par la loi, qui décidera, soit des contestations sur ses droits et obligations de caractère civil . . ."; que, réaffirmant le caractère de "pérennité" de son affaire, il estime que sa requête ne saurait être déclareé irrecevable *ratione temporis*;

Considérant qu'aux termes du paragraphe ler de l'article 27 de la Convention:

"La Commission ne retient aucune requête introduite par application de l'article 25, lorsque:

a) elle est anonyme;

b) elle est essentiellement la même qu'une requête précédemment examinée par la Commission ou déjà soumise à une autre instance internationale d'enquête ou de règlement et si elle ne contient pas de faits nouveaux" [1];

Considérant qu'il résulte notamment du susdit paragraphe 1 b) de l'article 27, qui se réfère aux seules requêtes individuelles, que la Commission ne peut retenir une requête si elle est "essentiellement la même" qu'une autre "précédemment examinée par la Commission" et si cette nouvelle requête "ne contient pas de faits nouveaux";

Considérant le domaine dans lequel elle exerce sa tâche et ses attributions, la Commission estime qu'elle ne doit pas, dans la matière de la sauvegarde des Droits de l'Homme, suivre des règles strictes qui aboutiraient à revêtir ses décisions de l'autorité de la chose jugée, comme il en est devant les Tribunaux de droit commun lorsqu'il y a identité d'objet, de parties et de cause;

Que l'existence de la cause d'irrecevabilité prévue au susdit paragraphe 1 b) de l'article 27 ne saurait résulter que de l'examen même de la requête qui permettra, dans chaque cas, d'apprécier si ce paragraphe s'applique ou non en l'espèce;

Considérant que la présente requête est essentiellement la même que celle précédemment examinée, les nouveaux arguments juridiques avancés par le requérant ne pouvant modifier le fait juridique qui constitue le fondement du droit invoqué et qui se place à une époque antérieure à l'entrée en vigueur de la Convention à l'égard de la Belgique;

---

[1] Dans le texte anglais, les mots „faits nouveaux" se lisent „new information". (N.D.L.R.: la note ci-dessus fait partie du texte de la décision.

Considérant d'autre part qu'aux termes de l'article 19 de la Convention, la Commission a été instituée "afin d'assurer le respect des engagements" assumés par les Parties Contractantes; qu'il incombe donc à la Commission, dès qu'elle est saisie par un particulier, de rechercher si, dans le cas qui lui est soumis, il y a ou non apparence de violation de la Convention; que la Commission procède d'office à cette recherche afin de déterminer si l'objet de la plainte tombe, de par sa nature même, dans le champ d'application de la Convention, sans que le requérant doive nécessairement se prévaloir d'un article de la Convention nommément désigné; qu'en l'espèce la Commission avait effectivement retenu, dans sa décision précitée du 16 décembre 1955, que, "de façon générale, l'examen du dossier ne permet pas de dégager la moindre apparence de violation d'un des droits reconnus dans la Convention, y compris en ses articles 6 et 14"; que l'hypothèse d'une violation de l'article 13 de la Convention avait été par là-même écartée implicitement, et celle d'une violation de l'article 6 de façon expresse;

Considérant qu'il y a lieu, en conséquence, de déclarer la requête irrecevable par application de l'article 27, § 1 b) de la Convention;

Par ces motifs,

Déclare la requête irrecevable".

[Décision rendue le 28 septembre 1956]

No. 265/57

"...

Vu la requête introduite le 25 février 1957 par X ... contre la République Fédérale d'Allemagne, enregistrée le 7 mars 1957 sous le N° de dossier 265/57;

Vu le rapport prévu à l'article 45, § 1, du Règlement intérieur de la Commission;

Après avoir délibéré,

Considérant que par deux requêtes antérieures, enregistrées X ... respectivement sous les N° de dossier 49/55 et 136/55, le nommé exposait en substance à la Commission qu'à la suite de certaines irrégularités procédurales commises selon lui par différents tribunaux allemands, sa maison sise à B ... avait été vendue aux enchères publiques le 24 mai 1955 et que, malgré de nombreux recours exercés devant des organes judiciaires de la République Fédérale d'Allemagne, il n'avait pas réussi à faire annuler cette vente forcée;

Considérant que, les 23 septembre 1955 et 31 mai 1956 respectivement, la Commission a déclaré irrecevables les deux requêtes susmentionnées, la première pour non épuisement des voies de recours internes, la seconde comme manifestement mal fondée;

Considérant que dans sa nouvelle requête, introduite le 25 février 1957, ainsi que dans plusieurs lettres ultérieures, le requérant réitère les griefs qu'il avait formulés précédemment; qu'il se plaint en outre de l'irrégularité qui entacherait les jugements et arrêts rendus, dans la même affaire, par le Tribunal de lère instance (*Landgericht*) de C.. le 7 décembre 1956, par le Tribunal de lère Instance (*Landgericht*) de D ... le 13 décembre 1956, par la Cour d'Appel (*Oberlandesgericht*) de F ... les 10 janvier et 7 mai 1957 et par la Cour Fédérale de Justice Constitutionnelle (*Bundesverfassungsgericht*) à une date non précisée; qu'il reproche notamment aux trois premières de ces décisions de lui avoir refusé l'octroi de l'assistance judiciaire, qu'il avait sollicité en vue d'agir derechef en nullité de la vente forcée incriminée; que le requérant allègue d'autre part avoir adressé en 1956 et 1957, toujours au sujet de ladite vente forcée, de nombreuses lettres de protestation à différentes autorités parlementaires et gouvernementales; que ces lettres seraient, pour la plupart, restées sans réponse;

Considérant que le requérant demande la restitution de sa maison ou une indemnité équivalente, ainsi que des dommages-intérêts correspondant à l'ensemble du préjudice qu'il prétend avoir subi dans cette affaire;

Considérant qu'aux termes de l'article 27, § 1 (b), de la Convention de Sauvegarde des Droits de l'Homme et des Libertés Fondamentales, la Commission ne retient aucune requête introduite par application de l'article 25 lorsqu'elle est essentiellement la même qu'une requête précédemment examinée par la Commission et si elle ne contient pas de faits nouveaux; que, pour autant qu'elle reproduit les griefs déjà énoncés dans les requêtes 49/55 et 136/55, la présente requête est essentiellement la même que celles-ci et ne contient pas de faits nouveaux; qu'il y a donc lieu de la rejeter de ce chef par application de l'article 27 § 1 (b), précité, de la Convention;

Considérant. pour autant que la requête se distingue des requêtes no 49/55 et 136/55, que l'examen du dossier, tel qu'il se présente, ne permet pas de dégager l'apparence d'une violation d'un des droits et libertés reconnus dans la Convention européenne des Droits de l'Homme, et notamment du droit à une bonne administration de la justice, sous les conditions fixées et dans les limites définies à l'article 6 de ladite Convention; qu'il appert donc que la requête est manifestement mal fondée; qu'il y a lieu, par conséquent, de la rejeter également de ce chef, par application de l'article 27, § 2, de la Convention;

Considérant spécialement, en ce qui concerne les demandes d'assistance judiciaire formulées en vain par le requérant, qu'aux termes de l'article 6, § 3 (c) de la Convention tout accusé a droit notamment à "se défendre lui-même ou avoir l'assistance d'un défenseur de son choix et, s'il n'a pas les moyens de rémunérer un défenseur, pouvoir être assisté gratuitement par un avocat d'office, lorsque les intérêts de la justice l'exigent"; que le droit à l'assistance gratuite d'un avocat d'office n'est donc reconnu qu'en faveur de tout "accusé", c'est-à-dire d'une personne accusée d'une infraction pénale, à condition que l'accusé n'ait pas les moyens de rémunérer un défenseur de son choix et dans la mesure où les intérêts de la justice exigent l'assistance d'un défenseur; qu'en dehors du cas prévu au susdit article 6 de la Convention, le bénéfice de l'assistance judiciaire n'est pas reconnu par la Convention comme un droit que toute personne pourrait invoquer et dont le refus par l'autorité compétente constituerait par lui-même ine violation de la Convention; qu'en l'espèce il a été refusé à propos d'une action civile que le requérant se proposait d'intenter; qu'il appert donc que la requête est, à cet égard, incompatible avec les dispositions de la Convention; qu'il y a lieu, par consequent, de la rejeter également de ce chef, en vertu de l'article 27, § 2 de la Convention;

Par ces motifs,
Déclare la requête irrecevable".

[Décision rendue le 20 juillet 1957]

6. ABUSE OF THE RIGHT OF PETITION

6. REQUETES ABUSIVES

Paragraph 2 of Article 27 of the Convention provides that "the Commission shall consider inadmissible any petition submitted under Article 25 which it considers ... an abuse of the right of petition".

Up to 31st December, 1957, under the terms of this provision, the Commission had declared inadmissible 6 individual applications (Nos. 26/55, 160/56, 169/56, 244/57, 253/57 and 281/57). Three of these decisions are given below.

Aux termes de l'article 27, paragraphe 2 de la Convention, "la Commission déclare irrecevable toute requête introduite par application de l'article 25, lorsqu'elle estime la requête ... abusive".

Au 31 décembre 1957, la Commission avait, par application de cette disposition, déclaré irrecevables six requêtes individuelles (Nos 26/55, 160/56, 169/56, 244/57, 253/57 et 281/57). Trois de ces décisions se trouvent reproduites ci-après.

No. 26/55

" ...

Vu la requête introduite le 23 juillet 1955 par X ... contre la République Fédérale d'Allemagne, enregistrée le 25 juillet 1955 sous le N° de dossier 26/55;

Vu le rapport prévu à l'article 45, § 1, du Règlement intérieur de la Commission;

Après avoir délibéré,

Considérant que le requérant, dans sa requête du 23 juillet 1955, a prétendu que les autorités du Land de Hesse (République Fédérale d'Allemagne) avaient violé à son détriment les droits reconnus aux articles 2, 3, 5, 8, 13 et 17 de la Convention européenne des Droits de l'Homme et à l'article ler du Protocole additionnel, mais sans exposer les raisons ou les motifs qui l'ont incité à saisir la Commission; que, malgré la lettre que le Secrétariat, à la demande de la Commission, lui a adressée le 7 octobre 1955, le requérant n'a pas cru devoir fournir le moindre renseignement à ce sujet;

Considérant qu'il ressort de ce qui précède qu'il y a lieu de rejeter la requête comme abusive, en vertu de l'article 27, § 2 de la Convention;

Par ces motifs,
Déclare la requête irrecevable". [1]

[Décision rendue le 16 décembre 1955]

No. 169/56

"...

Vu la requête introduite le 23 mars 1956 par X ... contre la République Fédérale d'Allemagne, enregistrée le 26 mars 1956 sous le N° de dossier 169/56;

Vu le rapport prévu à l'article 45, § 1, du Règlement intérieur de la Commission;

Après avoir délibéré,

Considérant que le requérant se plaint d'avoir été condamné à tort, le 14 octobre 1950, par le Tribunal (*Landgericht*) de B ... (République Fédérale d'Allemagne), à quatre ans de réclusion pour une série de crimes et délits dont il se prétend innocent; qu'il reproche notamment à ce tribunal de l'avoir condamné sur la base de la déposition mensongère d'un témoin;

Considérant que le requérant s'est pourvu en cassation contre le jugement du 14 octobre 1950, mais que son recours a été rejeté le ... 1951, comme manifestement mal fondé, par la Cour Fédérale de Justice (*Bundesgerichtshof*); qu'une demande en révision dudit procès a été également rejetée le 4 janvier 1952, par jugement du Tribunal (*Landgericht*) de B ..., confirmé le 19 janvier 1952 par arrêt de la Cour d'Appel (*Oberlandesgericht*) de C ...; que, d'autre part, un recours de droit constitutionnel formé par le requérant contre sa condamnation a été rejeté, le ... 1952, par la Cour Fédérale de Justice Constitutionnelle (*Bundesverfassungsgericht*);

Considérant que le requérant se plaint, en outre, de ce que le Ministère Public ait refusé d'ouvrir une instruction pénale contre le témoin dont la déposition avait été retenue par le jugement du 14 octobre 1950; que non seulement aucune suite n'a été donnée à ses nombreuses demandes, mais il fut poursuivi pour dénonciation

[1] Dans le même sens: décision relative à la recevabilité de la requête No. 160/56 (non publiée dans ce volume).

calomnieuse et condamné le 11 novembre 1953 par le Tribunal d'échevins auprès du Tribunal cantonal de D ... à un an de réclusion, peine qui, sur son appel, a été modifiée par le Tribunal de Ière Instance (Landgericht) de C ... à un an d'emprisonnement; qu'ayant réitéré sa demande d'ouverture d'une instruction pénale il aurait essuyé, le 24 avril 1956, un nouveau refus;

Considérant que le requérant demande à la Commission d'annuler les jugements de condamnation des 14 octobre 1950 et 11 novembre 1953 et de lui accorder réparation du préjudice par lui subi, qu'il évalue à 660.000 DM;

Considérant que l'examen du dossier ne permet pas, de façon générale, de dégager l'apparence d'une violation d'un des droits reconnus dans la Convention européenne des Droits de l'Homme, et spécialement du droit à une bonne administration de la justice, sous les conditions fixées et dans les limites prescrites par l'article 6 de ladite Convention; que les nombreuses procédures et instances introduites par le requérant révèlent, au contraire, que celui-ci a pu régulièrement exercer son droit de défense, tel que le garantit la Convention;

Qu'il appert donc que la requête est manifestement abusive; qu'il y a lieu, par conséquent, de la rejeter en vertu de l'article 27, § 2 de la Convention;

Par ces motifs,

Déclare la requête irrecevable".

[Décision rendue le 28 septembre 1956]

No. 244/57

"...

Vu la requête introduite le 2 janvier 1957 par X ... contre la République Fédérale d'Allemagne, enregistrée le 7 janvier 1957 sous le N° de dossier 244/57;

Vu le rapport prévu à l'article 45, § 1, du Règlement intérieur de la Commission;

Après avoir délibéré,

Considérant que la requête se réduit à une seule et brève lettre du requérant, datée du 2 janvier 1957; que, dans cette lettre,le requérant déclarait, en termes extrêmement vagues, porter "plainte contre le Tribunal de B ..." pour "flagrante injustice"; qu'il demandait en outre qu'on lui adressât "les papiers nécessaires pour les remplir"; que, par lettre du 9 janvier 1957, le Secrétariat de la Commission lui a effectivement expédié le formulaire de requête habituel, en attirant son attention sur le fait qu'il disposait d'un délai de deux mois pour le retourner dûment rempli ou, à défaut, pour faire parvenir au Secrétariat un autre écrit réunissant les mêmes conditions; que l'avis de réception, signé par le requérant le 11 janvier 1957, figure au dossier; que le requérant n'a cependant pas répondu à la susdite lettre du 9 janvier; que, le 13 mai 1957, le Secrétariat lui a confirmé la teneur de cette même lettre; que l'avis de réception, signé par le requérant le 16 mai 1957, figure au dossier, mais que la seconde lettre du Secrétariat est également demeurée sans suite;

Considérant que, selon l'article 25 de la Convention de Sauvegarde des Droits de l'Homme et des Libertés fondamentales, la Commission peut, sous certaines conditions, être saisie d'une requête par toute personne physique, toute organisation non-gouvernementale ou tout groupe de particuliers; que ni cet article, ni les autres articles de la Convention n'édictent de prescriptions particulières quant à la forme et au mode de présentation des requêtes individuelles, si ce n'est en exigeant que ces requêtes soient adressées au Secrétaire Général du Conseil de l'Europe (article 25) et qu'elles ne soient pas anonymes (article 27 § 1 a); que les articles 40, 41 et 42 du Règlement intérieur de la Commission contiennent cependant à cet égard diverses dispositions complémentaires; que, pour permettre aux requérants de se conformer plus aisément à ces dispositions, la Commission a en outre approuvé, lors de sa troisième session, l'envoi aux requérants d'un formulaire de requête; qu'elle a de plus estimé nécessaire, pour la bonne marche de ses travaux, d'impartir aux requérants un délai de deux mois, à partir de la réception de cet envoi, pour retourner dûment rempli ledit formulaire ou, à défaut, pour faire parvenir au Secrétariat un autre écrit réunissant les mêmes conditions; que l'inobservation de cet ensemble de prescriptions, du reste libérales et appliquées avec souplesse, peut parfois révéler la méconnaissance de l'une des règles de recevabilité prévues par la Convention, notamment lorsqu'elle trahit, chez le requérant, un manque persistant de diligence s'analysant en un abus du droit de recours, au sens de l'article 27, § 2 de la Convention; qu'il ressort clairement des faits de la cause que le requérant, après avoir déclenché le mécanisme de sauvegarde qu'instaure la Convention, a négligé de fournir à la Commission des précisions élémentaires strictement indispensables à l'examen de son cas, et ce bien que le Secrétariat l'y ait invité à deux reprises; que par ailleurs il n'a invoqué aucune circonstance de nature à justifier ou excuser son silence, et que la Commission n'a en l'espèce aucune raison de présumer l'existence de semblable circonstance; qu'il a donc commis un abus manifeste et caractérisé de son droit de recours; qu'il y a lieu, dès lors, de rejeter la requête par application de l'article 27 § 2 de la Convention;

Par ces motifs,
Déclare la requête irrecevable". [1]

[Décision rendue le 16 juillet 1957]

[1] Dans le même sens: décisions relatives à la recevabilité des requêtes No 253/57 et 281/57, non publiées dans ce volume.

7. RIGHTS AND FREEDOMS GUARANTEED

7. DROITS ET LIBERTES GARANTIS

The list of rights and freedoms in Section I of the Convention [1] and in the first three Articles of the Protocol is restrictive.

Up to 31st December, 1957, the Commission had declared some 25 individual applications inadmissible as generally "incompatible with the provisions of the Convention" (Article 27(2)), wholly or partly on the ground that they were based on a claim to rights and freedoms not guaranteed by the Convention and Protocol [2]. Ten of these decisions are given below.

La liste des droits et libertés énumérés au Titre ler de la Convention [1] et aux trois premiers articles du Protocole additionnel est limitative.

Au 31 décembre 1957, environ vingt-cinq requêtes individuelles avaient été déclarées irrecevables, généralement comme "incompatibles avec les dispositions de la Convention" (article 27, § 2, de la Convention), pour le motif, parfois combiné avec d'autres, qu'elles invoquaient des droits et libertés non garantis par la Convention et le Protocole additionnel [2]. Dix de ces décisions se trouvent reproduites ci-après.

No. 86/55

"...

Vu la requête reçue le 15 septembre 1955 de X ... contre la République Fédérale d'Allemagne, enregistrée le 15 septembre 1955 sous le N° de dossier 86/55;

Vu le rapport prévu à l'article 45, § 1, du Réglement intérieur de la Commission;

Après avoir délibéré,

Considérant que le requérant, Italien né en 1908 à B ... (Allemagne), où il est marchand ambulant de jouets, se plaint de ce que sa licence ne vaille qu'à B ... et de ce que, pour exercer sa profession

---

1 With regard the the specific case of the free exercise of the right of individual recourse (end of Article 25 (1) of the Convention) including the right of imprisoned or interned persons to communicate with the Secretariat of the Commission, see decision on admissibility of Application No. 188/56 (under 4-B-ii above, Applications against a Member State of the Council of Europe that has signed but not ratified the Convention or Protocol).

2 Applications Nos. 74/55, 77/55, 86/55, 92/55, 93/55, 95/55, 144/56, 159/56, 165/56, 172/56, 178/56, 180/56, 196/56, 198/56, 215/56, 238/56, 265/57, 273/57, 274/57, 275/57, 277/56, 278/57 and 288/57.

1 En ce qui concerne le cas particulier du libre exercice du droit de recours individuel (article 25, § 1 in fine, de la Convention) et notamment de la liberté de correspondance des détenus ou internés avec le secrétariat de la Commission, voir la décision rendue au sujet de la recevabilité de la requête No 188/56 (sous 4-B-ii) supra), ,,Requêtes dirigées contre un Etat membre du Conseil de l'Europe ayant signé, mais non ratifié la Convention ou le Protocole additionnel".

2 Affaires Nos. 74/55, 77/55. 86/55, 92/55, 93/55, 95/55, 144/56, 159/56, 165/56, 172/56, 178/56, 180/56, 196/56, 198/56, 215/56, 238/56, 265/57, 273/57, 274/57, 275/57, 277/57, 278/57 et 288/57.

en d'autres lieux, il lui faille obtenir des autorités du district intéressé soit l'extension spécifique de sa licence, soit une nouvelle licence, après en avoir prouvé la nécessité; qu'il s'est adressé le 13 septembre 1954, simultanément et en termes identiques, au Conseil de l'Europe, au Conseil de Contrôle interallié, à la Chancellerie fédérale, à la Chancellerie du Sénat de B ... et à l'Office des Métiers de B ..., alléguant la violation du Statut du Conseil de l'Europe, de la "loi fondamentale" allemande (art. 3 et 25) et de la Loi no 3 du Conseil de Contrôle interallié (1945); que l'Office des Métiers de B ... lui a répondu le 16 septembre 1954, comme il l'avait déjà fait le 5 avril 1954, que les étrangers ne jouissent pas des mêmes droits que les ressortissants allemands, lesquels peuvent se procurer des licences générales; que le Ministère fédéral du Commerce, saisi par la Chancellerie fédérale, a également écrit le 14 octobre 1954 au requérant, soutenant que la mesure incriminée ne contrevenait à aucun des textes invoqués, mais qu'il était prévu d'amender la législation en vigueur (qui date du 27 novembre 1896) dans un sens favorable aux marchands ambulants étrangers; que le requérant demande l'égalité de traitement entre Allemands et étrangers dans le métier en question;

Considérant que l'article 14 de la Convention européenne des Droits de l'Homme ne consacre le principe de la non-discrimination, notamment quant à la nationalité, que dans la jouissance des droits et libertés reconnus dans la Convention; que cette dernière garantit les seuls droits et libertés énumérés à son titre premier; que seule la violation prétendue d'un de ces droits et libertés par une des Parties Contractantes peut faire l'objet d'une requête devant la Commission, que le droit à l'exercice des professions commerciales ne figure pas parmi lesdits droits et libertés; que l'examen du dossier ne permet donc pas de dégager la moindre apparence de violation d'un des droits reconnus dans la Convention, y compris à l'article 14; qu'il y a lieu, en conséquence, de rejeter la requête en vertu de l'article 27, § 2 de la Convention, comme manifestement mal fondée;

Par ces motifs,
Déclare la requête irrecevable".

[Décision rendue le 16 décembre 1955]

No. 92/55

"...

Vu la requête introduite le 26 septembre 1955 par X ... contre la Belgique, enregistrée le 28 septembre 1955 sous le N° de dossier 92/55;

Vu le rapport prévu à l'article 45, § 1, du Règlement intérieur de la Commission;

Après avoir délibéré,

Considérant que le requérant a été employé à la Société Nationale des Chemins de Fer belges de 1905 à 1944; qu'il y occupait en dernier lieu, du 5 octobre 1935 au 23 octobre 1943, le poste de facteur de station principal à la gare de A ...; qu'en fait il aurait exercé les fonctions de chef facteur de station principal, les trois agents de ce grade de ladite gare s'avérant incapables, selon lui, de remplir correctement leur mission; qu'il aurait déclaré, le 4 juin 1938, accepter par avance son transfert dans toute autre localité, en vue de sa promotion éventuelle au rang de chef facteur, qu'il briguait; que, le 3 juillet 1942, la S.N.C.F.B. lui ayant offert un poste de chef facteur à B ... ou à C ..., il se serait vu dans l'obligation de répondre que sa situation de famille ne lui permettait provisoirement pas d'envisager un déplacement; que, le ler décembre 1943, il aurait accepté une nouvelle offre analogue (à D ...) mais que, tombé malade entre temps, il n'aurait pu occuper le poste en question; qu'il aurait été mis successivement en congé pour maladie (15 octobre 1943), en congé définitif (3 novembre 1944) et à la pension (ler janvier 1945); qu'il se plaint de n'avoir ni obtenu sa nomination au grade de chef facteur à A ... même (où pourtant il aurait existé un poste vacant ce que la S.N.C.F.B. conteste), ni même touché une allocation complémentaire pour exercice de fonctions supérieures à ses fonctions officielles et de ne percevoir actuellement qu'une pension de facteur et non de chef facteur; qu'il a saisi le Conseil d'État belge, le ... 1949, d'un recours dirigé contre la S.N.C.F.B.; que, le ... 1950, le Conseil d'Etat a rejeté sa requête, la déclarant irrecevable *ratione temporis* en vertu de l'article 58 de la loi organique du 23 décembre 1946; que le requérant demande la révision de sa pension avec effet rétroactif au ler janvier 1945, ainsi que le paiement d'une allocation pour les fonctions supérieures par lui exercées de 1935 à 1944;

Considérant que les faits incriminés remontent à une période antérieure à l'entrée en vigueur de la Convention à l'égard de la Belgique (14 juin 1955); que la Convention ne régit que les faits postérieurs à son entrée en vigueur à l'égard de la Partie Contractante intéressée; qu'il y a donc lieu de rejeter la requête, comme irrecevable *ratione temporis*;

Considérant, d'autre part, que la Convention européenne des Droits de l'Homme garantit les seuls droits et libertés énumérés à son titre premier; que seule la violation prétendue d'un de ces droits et libertés par une des Parties Contractantes peut faire l'objet d'une requête devant la Commission; que le droit à pension ne figure pas parmi lesdits droits et libertés; que, de façon générale, l'examen de la requête ne permet pas de dégager la moindre apparence de violation d'un des droits reconnus dans la Convention, notamment à l'article 6; qu'il y a donc également lieu de rejeter la requête en vertu de l'article 27, § 2 de la Convention, comme manifestement mal fondée;

Par ces motifs,
Déclare la requête irrecevable" [1].

[Décision rendue le 16 décembre 1955]

No. 95/55

"...

Vu la requête introduite le 29 septembre 1955 par X ... contre la Belgique, enregistrée le 30 septembre 1955 sous le N° de dossier 95/55;

Vu le rapport prévu à l'article 45, § 1, du Règlement intérieur de la Commission;

Après avoir délibéré,

Considérant que le requérant, de nationalité belge, aurait subi avec succès, en ... 1919, l'examen de commis au Ministère belge de l'Intérieur; que, le ... 1921, le Chef de Cabinet du Ministre lui aurait appris qu'il se trouvait en compétition avec d'anciens combattants qui, en vertu des dispositions de la loi du 3 août 1919, bénéficiaient d'un droit de priorité bien qu'ayant passé après lui le même examen; que, le ... 1921, le Ministère aurait informé le requérant qu'il ne pourrait prendre ses titres en considérartion qu'au vu des résultats d'une nouvelle session d'examen; que, le ... 1921, le requérant se serait vu offrir un emploi temporaire, sans qu'on ait jugé utile de lui opposer en l'occurrence les dispositions de la loi précitée; qu'il aurait décliné l'offre en question, le poste d'employé temporaire ne correspondant pas à celui qu'il s'estimait en droit d'occuper et toute acceptation de sa part risquant, selon lui, de compromettre ses droits, notamment celui de concourir au poste supérieur de rédacteur; qu'il aurait protesté en vain à plusieurs reprises, de 1921 à 1945, auprès des autorités administratives compétentes, se plaignant de discrimination dans l'application de la loi du 3 août 1919, dont il n'attaque pas le principe; qu'en effet, cette dernière n'aurait été invoquée que pour couvrir la nomination d'un seul ancien combattant de la session de 1920; que, d'autre part, certains citoyens belges, dépourvus comme le requérant de la qualité d'anciens combattants, n'en auraient pas moins obtenu un poste de commis au même ministère à l'époque où le requérant, retenu par ses obligations militaires, ..., ne pouvait entrer en fonctions; que, le ... 1948, le requérant aurait introduit un recours devant le Conseil d'Etat belge; que le Ministère de l'Intérieur, défendeur, sans méconnaître le bien-fondé de la demande, en aurait contesté la recevabilité *ratione temporis*, en vertu de l'article 58 de la loi organique du 23 décembre 1946; que, le ... 1949, le Conseil d'Etat a

[1] Dans le méme sens: décisions relatives à la recevabilité des requêtes No 74/55, 93/53 et 144/56 (non publiées dans le volume).

accueilli l'argumentation du Ministère et rejeté la requête; qu'à l'encontre de cette décision, le requérant observe qu'il ne disposait d'aucune voie d'action judiciaire avant l'institution du Conseil d'Etat, que ses multiples protestations avaient donné à sa cause "un caractère de pérennité indéniable", et que "la prescription ne court pas contre celui qui, par suite de cas de force majeure, est mis dans l'impossibilité d'agir"; qu'il se fonde sur l'article 21, § 2, de la Déclaration Universelle des Droits de l'Homme, aux termes duquel toute personne a droit à accéder, dans des conditions d'égalité, aux fonctions publiques de son pays; qu'il demande la reconnaissance de ses droits et la réparation du préjudice subi;

Considérant que les faits incriminés remontent à une période antérieure à l'entrée en vigueur de la Convention à l'égard de la Belgique (14 juin 1955); que la Convention ne régit que les faits postérieurs à son entrée en vigueur à l'égard de la Partie Contractante intéressée; qu'il y a donc lieu de rejeter la requête, comme irrecevable *ratione temporis*;

Considérant, d'autre part, que l'article 14 de la Convention européenne des Droits de l'Homme ne consacre le principe de non-discrimination que dans la jouissance des droits et libertés reconnus dans la Convention; que cette dernière garantit les seuls droits et libertés énumérés à son titre premier; que seule la violation prétendue d'un de ces droits et libertés par une Partie Contractante peut faire l'objet d'une requête devant la Commission; que le droit à l'accès aux fonctions publiques ne figure pas parmi lesdits droits et libertés, la Convention ne contennant aucune disposition correspondant à celle de l'article 21, § 2 de la Déclaration Universelle des Droits de l'Homme; que, de façon générale, l'examen du dossier ne permet pas de dégager la moindre apparence de violation d'un des droits reconnus dans la Convention, y compris en ses articles 6 et 14; qu'il y a donc lieu de rejeter la requête en vertu de l'article 27, § 2 de la Convention, comme manifestement mal fondée;

Par ces motifs,

Déclare la requête irrecevable".

[Décision rendue le 16 décembre 1955]

No. 159/56

" . . .

Vu la requête introduite 11 février 1956 par X . . . contre la République Fédérale d'Allemagne, enregistrée le 16 février 1956 sous le N° de dossier 159/56;

Vu le rapport prévu à l'article 45, § 1, du Règlement intérieur de la Commission;

Après avoir délibéré,

Considérant que le requérant, réfugié de l'Allemagne de l'Est actuellement domicilié à B ... (République Fédérale d'Allemagne), se plaint de ses conditions d'existence, et notamment de ce que les autorités municipales ne lui procurent pas de logement convenable; qu'il demande l' "assistance" de la Commission;

Considérant qu'aux termes de ses articles 1 et 25, § 1, la Convention européenne des Droits de l'Homme garantit les seuls droits et libertés reconnus en son titre premier; que seule la violation alléguée d'un de ces droits et libertés par une Partie Contractante peut faire l'objet d'une requête recevable devant la Commission; que le droit à un niveau de vie suffisant et le droit à un logement convenable, dont la méconnaissance prétendue constitue l'unique objet de la requête, ne figurent pas, quant à leur principe, parmi les desdits droits et libertés; qu'en effet la Convention ne contient aucune disposition correspondant à celle de l'article 25, § 1 de la Déclaration Universelle des Droits de l'Homme; qu'il appert donc que la requête est incompatible avec les dispositions de la Convention; qu'il y a lieu, par conséquent, de la rejeter en vertu de l'article 27, § 2 de la Convention;

Par ces motifs,
Déclare la requête irrecevable" [1].

[Décision rendue le 29 septembre 1956]

No. 165/56

" ...

Vu la requête introduite le 11 avril 1956 par X ... contre la République Fédérale d'Allemagne enregistrée le 13 avril 1956 sous le N° de dossier 165/56;

Vu le rapport prévu à l'article 45, § 1 du Règlement intérieur de la Commission;

Après avoir délibéré,

Considérant que le requérant, réfugié de l'Allemagne de l'Est actuellement domicilié à B ... (République Fédérale d'Allemagne), se plaint en premier lieu de ce que le Préfet de Police de B ... lui a refusé, par décision du 2 janvier 1956, une licence d'entrepreneur de transports en commun qu'il sollicitait; qu'en déniant aux réfugiés leur liberté professionnelle, ledit Préfet porterait atteinte à la liberté de la personne; que la ville de B ... a rejeté, le 6 avril 1956, le recours formé par le requérant contre la décision susmentionnée;

Considérant que le requérant proteste, d'autre part, contre les persécutions que subiraient les chrétiens en Allemagne occidentale, et demande à la Commission de "libérer du radicalisme la population de l'Allemagne de l'Ouest";

---

[1] Dans le même sens: décision relative à la recevabilité de la requête No 215/56) non publiée dans ce volume).

Sur le refus de licence incriminé.

Considérant, à supposer que le refus de licence en question ait été inspiré par la qualité de réfugié du requérant, que l'article 14 de la Convention européenne des Droits de l'Homme ne consacre le principe de non- discrimination que dans la jouissance des droits et libertés reconnus dans la Convention; qu'aux termes de ses articles 1 et 25, § 1, cette dernière garantit les seuls droits et libertés définis en son titre premier; que seule la violation alléguée d'un de ces droits et libertés par une Partie Contractante peut faire l'objet d'une requête recevable devant la Commission; que le droit à l'exercice d'une profession ne figure pas, quant à son principe, parmi lesdits droits et libertés; qu'en effet, la Convention ne contient aucune disposition correspondant à celle de l'article 23, § 1 de la Déclaration Universelle des Droits de l'Homme; qu'il appert donc que la requête est incompatible avec les dispositions de la Convention; qu'il y a lieu, par conséquent, de la rejeter de ce chef en vertu de l'article 27, § 2 de la Convention;

Considérant, en outre, qu'aux termes de l'article 26 de la Convention, la Commission ne peut être saisie d'une requête qu'après l'épuisement des voies de recours internes, tel qu'il est entendu selon les principes de droit international généralement reconnus; qu'il ressort de l'examen du dossier que le requérant n'a point usé du droit qu'il avait de se pourvoir, devant le tribunal administratif (*Verwaltungsgericht*) de B ..., contre les décisions précitées des 2 janvier et 6 avril 1956, droit dont la Ville de B ... lui avait signalé l'existence; qu'il appert donc que le requérant n'a pas satisfait aux prescriptions de l'article 26 de la Convention; qu'il y a lieu, par conséquent, de rejeter la requête également de ce chef, en vertu de l'article 27, § 3 de la Convention, pour non-épuisement des voies de recours internes;

Sur les persécutions prétendument infligées aux chrétiens en Allemagne Occidentale

Considérant que l'examen du dossier ne permet pas de dégager, à cet égard, l'apparence d'une violation d'un des droits reconnus dans la Convention, notamment à l'article 9; qu'il appert donc que la requête est manifestement mal fondée; qu'il y a lieu, par conséquent de la rejeter de ce chef en vertu de l'article 27 § 2 de la Convention;

Par ces motifs,
Déclare la requête irrecevable".

[Décision rendue le 29 septembre 1956]

No. 238/56

" . . .

Vu la requête introduite le 8 décembre 1956 par Mme X ... contre le Danemark, enrégistrée le 10 décembre 1956 sous le N° de dossier 238/56;

Vu le rapport prévu à l'article 45, § 1, du Règlement intérieur de la Commission;

Après avoir délibéré,

Considérant que la requérante, de nationalité danoise, épousa le 14 janvier 1950 le nommé X ..., citoyen allemand, qu'elle avait connu pendant la guerre alors qu'il faisait partie des forces allemandes d'occupation au Danemark; que, du fait de son mariage, la requérante perdit sa nationalité, qu'elle recouvra toutefois le ... 1951 à la suite de démarches effectuées auprès du Ministère danois de l'Intérieur; qu'elle aurait essayé, immédiatement après son mariage, d'obtenir des autorités danoises un permis de résidence et de travail pour son mari, mais que ses efforts auraient échoué; qu'en conséquence la requérante dut, afin de pouvoir continuer à vivre avec son époux, quitter le Danemark pour l'Allemagne après avoir vendu sa propriété; qu'elle déclare ne l'avoir fait que contre son gré, et uniquement en raison de l'attitude des autorités danoises envers son mari; que les époux X ... établirent leur domicile conjugal à B ... (République Fédérale d'Allemagne);

Considérant que, quelque années plus tard, la requérante et son mari voulurent transférer leur domicile au Danemark, à cause de l'état de santé de la requérante; qu'à cette fin la requérante et sa mère entreprirent de nouvelles démarches tendant à l'octroi d'un permis de résidence à M. X ...; le 10 septembre 1953, le Chef de la Police de C ... (Danemark) puis, les ... 1954 et ... 1956, le Ministère danois de la justice, leur adressèrent des réponses négatives; que le porte-parole du Parlement danois (*Folketing*), saisi d'une pétition de la requérante, avisa celle-ci, le ... 1956, que le Ministère de la Justice lui avait fait savoir qu'il avait pour "pratique habituelle" de ne pas octroyer de permis de résidence aux nationaux allemands n'ayant pas avec le Danemark de liens suffisamment étroits pour justifier une telle mesure, et que le mariage de M. X ... avec la requérante ne pouvait, à lui seul, être considéré comme ayant créé un tel lien; que ledit porte-parole estimait que la décision du Ministère de la Justice ne pouvait prêter à critique, et informait la requérante qu'il ne pourrait faire d'autres démarches en sa faveur;

Considérant que la requérante proteste contre l'attitude des autorités danoises, qui constituerait, selon elle, une violation des droits reconnus aux articles 8 § 1 et 12 de la Convention européenne des Droits de l'Homme; qu'elle invoque également les dispositions de l'article 14 de ladite Convention, demandant que les autorités danoises examinent le cas de son époux de la même façon que celui des étrangères mariées à des Danois; qu'elle semble voir, en outre, dans le refus desdites autorités une discrimination fondée sur la nationalité de son mari; qu'elle invite la Commission à l'aider à obtenir pour celui-ci un permis de résidence au Danemark;

Considérant, en ce qui concerne le refus de permis de résidence et de travail opposé à M. X ... en 1950, refus qui amena la requérante à quitter le Danemark, que les faits allégués remontent à une période antérieure au 3 septembre 1953, date d'entrée en vigueur de la Convention européenne des Droits de l'Homme à l'égard du Danemark; que, selon les principes de droit international généralement reconnus, ladite Convention ne régit, pour chaque Partie Contractante, que les faits postérieurs à son entrée en vigueur à l'égard de cette Partie; qu'il y a donc lieu de rejeter la requête de ce chef comme irrecevable *ratione temporis*;

Considérant d'autre part, en ce qui concerne les faits postérieurs au 3 septembre 1953, que l'examen du dossier ne permet pas, de façon générale, de dégager l'apparence d'une violation d'un des droits et libertés reconnus dans la Convention, et notamment de ceux reconnus aux articles 8 et 12, soit en eux-mêmes, soit en combinaison avec le principe de non-discrimination consacré à l'article 14; considérant spécialement, pour autant que la requête a trait à la violation prétendue des droits reconnus à l'article 8 § 1 de la Convention, que la requérante et son mari ont, depuis 1950, leur domicile conjugal en Allemagne, où il leur est loisible de continuer à résider ensemble; que l'examen du dossier ne permet par conséquent de dégager l'apparence d'une violation ni du droit au respect de sa vie privée et familiale, ni du droit au respect de son domicile, tels que définis audit article 8 § 1 de la Convention; qu'il appert dès lors que la requête est, à cet égard, manifestement mal fondée; qu'il y a donc lieu de la rejeter également de ce chef, en vertu de l'article 27 § 2 de la Convention;

Considérant enfin, toujours pour la période postérieure au 3 septembre 1953, que la requérante semble revendiquer pour son mari le droit de fixer sa résidence sur le territoire d'un Etat autre que son Etat national; considérant toutefois qu'aux termes de ses articles 1 et 25, § 1, la Convention garantit les seuls droits et libertés définis en son titre premier; que seule la violation alléguée d'un de ces droits et libertés peut faire l'objet d'une requête recevable devant la Commission; que le droit susmentionné ne figure pas, quant à son principe, parmi lesdits droits et libertés; que le principe de non-discrimination consacré à l'article 14 de la Convention ne vaut que dans la jouissance des droits et libertés reconnus dans la Convention; qu'il appert donc que la requête est, à cet égard, incompatible avec les dispositions des articles 1, 14 et 25 de la

Convention; qu'il y a lieu, par conséquent, de la rejeter de ce dernier chef en vertu de l'article 27 § 2 de la Convention;

Par ces motifs,
Déclare la requête irrecevable".

[Décision rendue le 7 mars 1957]

No. 273/57

'...

Vu la requête introduite le 28 mars 1957 par X ... contre la République Fédérale d'Allemagne, enregistrée le 15 avril 1957 sous le N° de dossier 273/57;

Vu le rapport prévu à l'article 45, § 1, du Règlement intérieur de la Commission;

Après avoir délibéré,

Considérant que le requérant, ressortissant allemand d'origine polonaise demeurant actuellement à B ... (République Fédérale d'Allemagne), aurait été fonctionnaire d'Etat dans l'arrondissement de C ... (Silésie) de 1928 à 1939, date à laquelle les autorités militaires allemandes d'occupation en Pologne l'auraient relevé de ses fonctions; qu'ultérieurement, et apres une période de chômage, il aurait été employé du ... 1942 au mois de ... 1943 à une Société fiduciaire allemande de replacement de C ...; qu'en raison de l'annexion de la Haute-Silésie orientale au Reich allemand (1942), il aurait été incorporé de force dans l'armée allemande et aurait, en conséquance, perdu l'emploi susmentionné; qu'il aurait servi en Haute-Silésie, puis dans les Iles D ... et à F ... (Norvège); que, le ... 1944, il aurait été condamné à deux ans de prison pour faute disciplinaire; que durant son emprisonnement, et par suite des conditions climatiques difficiles ainsi que des travaux forcés qu'on l'aurait obligé à exécuter, il aurait contracté une tuberculose osseuse; qu'en conséquence, les autorités allemandes lui auraient reconnu la qualité d'invalide de guerre;

Considérant qu'en 1951, le requérant entreprit une série de démarches tendant à obtenir des autorités fédérales allemandes sa réintégration dans un service public ou, à défaut, l'octroi d'une pension; qu'il se serait successivement adressé au Ministère des Affaires intérieures (*Innenministerium*) à G ..., à l'Office de Prévoyance (Versorgungsamt) de B ..., à l'Office des Pensions (*Pensionsamt*) de G ... et au maire de B ...; que toutes les autorités susmentionnées rejetèrent les demandes du requérant, en dernier le 6 août 1954, pour le motif qu'il ne rentrait dans aucune des catégories visées par la loi du 11 mai 1951 sur le statut juridique des personnes visées à l'article 131 de la loi fondamentale allemande, à savoir celles qui appartenaient à la fonction publique à la date du 8 mai 1945;

Considérant que le requérant se plaint de l'attitude des autorités précitées, qui auraient donné une interprétation erronée à l'article 131 de la loi fondamentale allemande, ainsi qu'à la loi susmentionnée du 11 mai 1951, édictée en application de cet article; qu'il critique en outre la législation elle-même;

Considérant que le requérant réclame sa réintégration dans la fonction publique ou une indemnité ou pension correspondante;

Considérant que les faits originels de la cause, ainsi que les premières démarches du requérant, remontent à une période antérieure au 3 septembre 1953, date d'entrée en vigueur de la Convention de Sauvegarde des Droits de l'Homme et des Libertés fondamentales à l'égard de la République Fédérale d'Allemagne;

Considérant, en tout état de cause, qu'aux termes de l'article 26 de ladite Convention, la Commission européenne des Droits de l'Homme ne peut être saisie qu'après l'épuisement des voies de recours internes, tel qu'il est entendu selon les principes de droit international généralement reconnus et dans le délai de six mois, à partir de la date de la décision interne définitive; que le requérant n'a exercé aucun recours judiciaire, alors qu'il en avait la faculté; qu'au surplus l'examen du dossier, tel qu'il se présente, ne permet pas en l'espèce de dégager l'existence de circonstances particulières de nature à relever le requérant, selon les principes de droit international généralement reconnus, de l'obligation d'épuiser les voies de recours internes dont il disposait; qu'il appert donc que le requérant n'a pas observé les prescriptions précitées de l'article 26 en ce qui concerne l'épuisement des voies de recours internes; qu'il y a lieu, dès lors, de rejeter la requête par application de l'article 27, § 3 de la Convention;

Considérant en outre qu'aux termes de son article ler, la Convention garantit les seuls droits et libertés reconnus en son titre premier; que, seule, la violation alléguée d'un de ces droits et libertés peut, selon l'article 25, § 1, faire l'objet d'une requête recevable devant la Commission; que la matière de la fonction publique, qui fait l'objet de la requête, reste, quant à son principe, en dehors de celles que couvre le titre premier de la Convention; qu'il appert donc que la requête est incompatible avec les dispositions de la Convention; qu'il y a lieu, dès lors, de la rejeter également par application de l'article 27, § 2 de la Convention;

Par ces motifs,
Déclare la requête irrecevable" [1].

[Décision rendue le 28 août 1957]

---

[1] Dans le même sens: décision relative à la recevabilité de la requête no 278/57 (non publiée dans ce volume).

No. 288/57

" . . .

Vu la requête introduite le 25 mai 1957 par X . . . contre la République Fédérale d'Allemagne, enregistrée le 28 mai 1957 sous le N° de dossier 288/57;

Vu le rapport prévu à l'raticle 45, § 1, du Règlement intérieur de la Commission;

Après avoir délibéré,

Considérant que le requérant, actuellement domicilié à B . . . (République Fédérale d'Allemagne), abandonna en 1923 sa nationalité luxembourgeoise d'origine pour la nationalité allemande; qu'en 1934, toutefois, une décision du "Regierungspräsident" de C . . . (Allemagne) le déchut de sa nationalité allemande en raison de ses "activités communistes et séparatistes"; que depuis lors il est apatride;

Considérant qu'en 1944 le requérant fut obligé de travailler pour l'Organisation Todt et fut interné pendant six mois dans un camp de travail de ladite Organisation;

Considérant que le requérant s'adressa à l'Office des Indemnisations (*Regierungsbezirksamt für Wiedergutmachung und verwaltete Vermögen*) de C . . . (République Fédérale d'Allemagne), afin d'obtenir une indemnité de 17.000 DM et de 19.412 RM pour le préjudice que lui avait causé son internement précité; que ledit Office rejeta sa demande le 23 octobre 1956; que le requérant se pourvut contre cette décision devant le Tribunal (*Landgericht*) de C . . .; que le Tribunal le débouta le 19 décembre 1956, pour le motif que le cas du requérant tombait sous le coup des dispositions de l'article 6, § 1, Nos 3 et 4 de la loi fédérale du 18 septembre 1953 sur les indemnisations (*Bundesentschädigungsgesetz*), lequel exclut de toute indemnisation les personnes ayant, après le 8 mai 1945, perdu leurs droits civiques ou subi une condamnation à plus de trois ans de réclusion; que le requérant avait en effet été condamné, le 19 décembre 1951, à sept ans de réclusion et à la perte des droits civiques pour vol à main armée et autres délits; qu'il sollicita l'octroi de l'assistance judiciaire en vue d'interjeter appel devant la Cour d'Appel (*Oberlandesgericht*) de D . . .; que sa demande fut cependant repoussée le 16 mai 1957, la Cour estimant que l'appel envisagé n'avait pas de chances de succès;

Considérant que le requérant se plaint d'avoir fait l'objet de persécutions de la part du Regierungspräsident de C . . . entre 1946 et 1949, et d'avoir de ce fait été privé à trois reprises de son logement et de tout moyen d'existence;

Considérant en outre que le requérant introduisit devant la Diète (*Landtag*)du Land de F . . . une pétition par laquelle il se prétendait victime d'une "violation des droits de l'homme", sans plus de précisions; que cette pétition fut rejetée le 26 février 1957;

Considérant que le requérant réclame la réparation du préjudice que lui auraient causé depuis 1946 les autorités du Land de F ..., ainsi que le paiement des sommes susmentionnées de 17.000.– DM et de 19.412 RM.–; qu'il proteste enfin contre la perte de sa nationalité allemande;

Considérant que les faits originels de la cause, et notamment l'internement du requérant, les persécutions alléguées et la condamnation de 1951, remontent à une période antérieure au 3 septembre 1953, date d'entrée en vigueur de la Convention de Sauvegarde des Droits de l'Homme et des Libertés fondamentales à l'égard de la République Fédérale d'Allemagne; que, selon les principes de droit international généralement reconnus, ladite Convention ne régit, pour chaque Partie Contractante, que les faits postérieurs à son entrée en vigueur à l'égard de cette Partie; qu'il y a donc lieu de rejeter la requête de ce chef, comme irrecevable *ratione temporis*;

Considérant en outre, en ce qui concerne les décisions incriminées de l'Office des Indemnisations de C ..., du Tribunal (*Landgericht*) de C ..., de la Cour d'Appel (*Oberlandesgericht*) de D ... et de la Diète du Land de F ..., que l'examen du dossier ne permet pas de dégager l'apparence d'une violation d'un des droits et libertés reconnus dans la Convention de Sauvegarde des Droits de l'Homme et des Libertés fondamentales, et notamment du droit à une bonne administration de la justice, sous les conditions fixées et dans les limites définies à l'article 6 de ladite Convention; qu'il appert donc que la requête est, à cet égard, manifestement mal fondée; qu'il y a lieu, dès lors de la rejeter de ce chef par application de l'article 27, § 2 de la Convention;

Considérant enfin, pour autant que le requérant se plaint de la perte de sa nationalité allemande, qu'aux termes de son article 1er, la Convention garantit les seuls droits et libertés reconnus en son titre premier; que seule la violation alléguée d'un de ces droits et libertés peut, selon l'article 25, § 1, faire l'objet d'une requête recevable devant la Commission; que le droit à une nationalité ne figure pas parmi lesdits droits et libertés; qu'il appert donc que la requête est, à cet égard, incompatible avec les dispositions de la Convention; qu'il y a lieu, dès lors, de la rejeter de ce dernier chef par application de l'article 27, § 2 de la Convention;

Par ces motifs,
Déclare la requête irrecevable" [1].

[Décision rendue le 29 août 1957]

[1] Dans le même sens: décision relative à la recevabilité de la requête no. 77/55 (non publiée dans ce volume).

No. 172/56

"...

Having regard to the application lodged on 18th April, 1956, by X ... against the Kingdom of Sweden and registered on 20th April, 1956, under file no. 172/56 [1];

Having regard to the report provided for in Rule 45, paragraph 1, of the Rules of Procedure of the Commission;

Having regard to the decision whereby the Commission, on 18th July, 1957, ordered the aforementioned application to be communicated to the Government of Sweden, which was invited to present to the Commission within eight weeks, its written observations on the admissibility of the application;

Having regard to the memorial by the Government of Sweden, deposited with the Secretariat of the Commission on 23rd September 1957;

After having deliberated,

Whereas the facts of the case, as submitted by the Applicant, may be summarised as follows: The Applicant, a former Polish officer, began to live in Germany in 1939 and in recent years has resided in the Federal Republic of Germany. In March, 1946, he married a Latvian woman of Norwegian descent and there is one child of this marriage, a son, born in January, 1947. In the course of 1947 the family decided to emigrate to Sweden and, failing to obtain an immigration permit, they arranged to make a clandestine entry. In October, 1947, the Applicant's wife and child succeeded in entering Sweden and subsequently in obtaining a residence permit. The Applicant himself was unable to leave with his family because he had to undergo a surgical operation as the result of a motor accident in 1946. After his recovery, the Applicant, in May, 1948, requested the permission of the Swedish authorities to immigrate into Sweden to rejoin his family. The request was refused and the Applicant subsequently made several further requests for a Swedish entry permit, first with the object of settling in Sweden and later, in view of the repeated failure of these requests, with the more limited object of seeing his wife and child again. All his requests met with refusals from the Aliens Commission (*Utlänningskommissionen*) in Stockholm.

In 1949 the Applicant's wife broke off all relations with her husband, since when he has had no direct contact either with her or with his child. With the intention of suing for a divorce later, his wife commenced a suit in the Swedish courts for a judicial separation. Prior to the institution of this suit the Applicant had received a letter from the Swedish Protestant Minister acting in the procee-

[1] This application was communicated to the Government of Sweden in pursuance of Rule 45, para. 3(6), of the Rules of Procedure. The Commission declared it inadmissible after an exchange of written pleadings between the parties.

dings in accordance with Swedish law. The Minister asked him to appear in April, 1949, for the purpose of seeking a reconciliation between the couple. However, the Applicant was unable to present himself in Sweden because of the negative attitude adopted towards him by the Swedish immigration authorities, who refused him an entry visa, although he had clearly stated the reason why he required to enter Sweden. The proceedings for a reconciliation could not therefore take place and the wife afterwards brought the abovementioned suit for judicial separation before the Stockholm Court of First Instance (*Rådhusrätt*). This court, in its judgment of ... 1951, found that the *de facto* separation of the couple since 1947 constituted a cause of "real and profound disagreement" sufficient under Swedish law to justify a decree of judicial separation. It also decided to grant the mother custody of the child on the ground that this was in the child's own interest.

The Applicant appealed to the Court of Appeal (*Svea Hovrätt*) but by an Order dated ... 1951, the Court of Appeal ruled that there was no ground for reversing the aforesaid judgement of ... 1951.

The Applicant then in turn brought an action for divorce in the Polish Court of S ... (Poland), the court competent under Polish law to deal with his case. In its judgment of ... 1951, the Polish Court awarded the Applicant a divorce, naming his wife as the guilty party and giving him custody of the child. Nevertheless, it held that Mme. X ... should have the right to supervise the child's education and training and to maintain personal relations with him.

In 1953 the Applicant's wife petitioned the Swedish courts for divorce and asked for custody of the child. On ... April, 1953, the Court of First Instance (*Rådhusrätt*), finding that the couple had not lived together for a year, converted the judicial separation into a divorce and gave the mother custody of the child. The Court held that the divorce decree pronounced by the Polish court in 1951 was not enforceable in Sweden; the Applicant's wife was to be considered stateless and not Polish, since she never had resided in Poland and now had a firm intention of living in Sweden, where she had obtained a residence permit.

The Applicant forthwith appealed to the Court of Appeal (*Svea Hovrätt*) in S .... He claimed that his wife was Polish from every point of view, the Polish authorities never having deprived her of citizenship. He therefore asked for annulment of the divorce decree of the Court of First Instance and for custody of the child in accordance with the decree of the Polish court. In a judgment dated ... 1954, the Court of Appeal upheld the Applicant's claim as to the validity of the divorce pronounced by the Polish Court and annulled the judgment of the Court of First Instance (*Rådhusrätt*). The Court decided, however, that it was not bound by the Polish decision concerning custody of the child, but that in the special circumstances of the case it was entitled to apply Swedish law on the question of custody of the child. It held that the child should remain in his mother's care in view of his tender age.

The Applicant then appealed from this decision to the Supreme Court (*Högsta Domstol*) in Stockholm. In the interval between the decision by the Court of Appeal and that by the Supreme Court, the Applicant's ex-wife was married, on ... 1954, to a Swedish national. On ... 1956, she obtained Swedish nationality.

On ... 1956, the Applicant presented a final request for a visa so that he could appear before the Stockholm Supreme Court. At the Commission's direction he submitted a detailed account of the facts relating to this request for a visa: first he received a communication from the Counsel appointed by the Court concerning the date for the hearing before the Supreme Court in a letter of ... 1956. Counsel informed the Applicant that the hearing would probably be held towards the end of May, 1956, and asked him whether he intended to be present in court in person. On 20th April, 1956, the Applicant replied by asking his Counsel's opinion on the advisability of his attendance. At the same time, however, he stated that he was ready to go to Stockholm at any moment, and he requested his lawyer to send him, if necessary, a formal summons by the Supreme Court, so that he could take steps to obtain a Swedish entry permit.

His Counsel replied on 27th April, 1956, that, after hearing the opinion of the judge appointed as Rapporteur for his case before the Supreme Court and having regard to the fact that the Applicant had not expressed any very firm intention to be present at Stockholm in person, he had notified the Court that the hearing could take place in the absence of his client. He also informed the Applicant that the hearing had been fixed for 8th or 9th May, 1956.

Immediately after receipt of the above-mentioned letter, on 2nd May, 1956, the Applicant telephoned his Counsel and instructed him to withdraw the authorisation, given to the Court without his knowledge, to proceed in his absence, and requested him to approach the Aliens Commission (*Utlänningskommissionen*) immediately, in order to obtain a Swedish entry visa for him. These instructions he confirmed that same day by telegram and by letter. On 2nd May the Applicant himself wrote to the Swedish Embassy at Cologne requesting a visa to enable him to appear at the hearing before the Supreme Court, which meanwhile had been fixed definitively for 9th May.

On 4th May, the Applicant's Counsel informed him that the Aliens Commission had refused his request for a visa apparently on the ground that his ex-wife was alleging that he (the Applicant) had threatened to kill her. Counsel also reproached the Applicant for not having immediately expressed his desire to attend the Supreme

Court hearing; had he done so, the Court would probably have taken steps to ensure that the appropriate authorities granted the necessary visa.

In a letter to his Counsel, dated 6th May, 1956, the Applicant protested against the refusal by the Aliens Commission, which was, according to him, based on groundless allegations. The Applicant instructed his Counsel at the same time to request a stay of proceedings, in order that he could appear before the court in person; he considered such stay of proceedings to be essential to his defence, in view of the unfair methods used by the opposing party.

By telegram dated 7th May, 1956, the Applicant was informed by his Counsel that no stay of proceedings was possible.

On ... 1956, the Supreme Court rejected the Applicant's appeal from the Order pronounced by the Court of Appeal on ... 1954. Following the latter's example, the Supreme Court pronounced on the custody of the child by applying the relevant Swedish law instead of the Polish law. It held that the Applicant's ex-wife had acquired Polish nationality only upon her first marriage, which had been celebrated in Germany; that neither she nor the child had ever lived in Poland; that she had been living in Sweden with her son since 1947; that she had married a Swedish national and had the firm intention of remaining in Sweden. The court considered that all these circumstances justified an exception to the general rule that the personal status of the parties to a dispute is governed by their nationality.

Whereas the Applicant alleges that the refusal of the Aliens Commission in Stockholm to grant him an entry permit prevented him from appearing in person before the Swedish Courts and that this refusal constitutes a breach of Article 6 of the Convention;

Whereas, first, with the exception of one application for an entry permit in May, 1956, the facts complained of refer to a period prior to 3rd September, 1953, date of the entry into force of the European Convention of Human Rights and Fundamental Freedoms with regard to Sweden;

and *whereas*, in accordance with the generally recognised rules of international law, the said Convention only governs, for each Contracting Party, the facts subsequent to its entry into force in respect of that Party;

and *whereas*, therefore, the application, so far as it relates to facts complained of in the period prior to 3rd September, 1953, must be rejected *ratione temporis*;

Whereas, secondly, as regards the refusal of the Aliens Commission to grant an entry permit in May, 1956, the Applicant alleges on the one hand that the fact that he was not permitted to enter Sweden resulted in the final breaking up of his marriage and ultimately in his infant son being estranged from his father, and, on the other hand, that such refusal constituted a breach of Article 6 of the Convention, in that the said request for an entry permit expressly referred to his wish to appear personally before the Supreme Court and he was, in consequence, deprived of the right to a fair hearing guaranteed under Article 6 of the Convention;

and *whereas* in respect of the Applicant's complaint that he was cut off from his wife and child by being denied entry into Sweden, the right to enter a country is not, as such, included among the rights and freedoms set forth in the Convention;

and *whereas* under the terms of Article 1, the Convention guarantees only those rights and freedoms set forth in Section 1 and, in accordance with Article 25, paragraph 1, only the alleged violation of one of these rights or freedoms by a Contracting Party can be the subject of an application admissible by the Commission;

and *whereas* it therefore appears that the application in this regard is incompatible with the provisions of Article 27, paragraph 2, of the Convention;

and *whereas*, in respect of the Applicant's complaint that the refusal of the Aliens Commission to grant him an entry permit deprived him of his right to a fair hearing under Article 6 of the Convention, it is not necessary to examine this complaint since it is clear from the facts of the case that a formal request for a personal appearance never reached the Supreme Court and that the application to the Aliens Commission was only refused after the Commission had learned from the Supreme Court that the Applicant's personal appearance was not required;

and *whereas* an examination of the file, including an examination made by the Commission *ex officio*, shows that the fact that a formal request for a personal appearance never reached the Supreme Court, is in reality attributed by the Applicant himself to his own lawyer because the latter did not transmit this request to the Supreme Court;

and *whereas* it follows that the application, in this respect, in fact concerns the action of a private individual and in no way involves the responsibility of the Swedish Government;

and *whereas* it results from Article 19 of the Convention that the sole task of the Commission is to ensure the observance of the engagements undertaken by the High Contracting Parties in the Convention; that it is, moreover, apparent from Article 25, paragraph 1, of the Convention that the Commission can properly receive an application from a person, non-governmental organisation or group of individuals, only if that person, non-governmental organisation or group of individuals claims to be the victim of a violation by one of the High Contracting Parties which have recognised the right of individual recourse to the Commission, of the rights set forth in the Convention; that it is clear that private persons cannot be considered as High Contracting Parties within the meaning of Article 66 of the Convention;

and *whereas* it therefore appears that the application, in this respect, does not conform with the provisions of Articles 19, 25 and 66 of the Convention, and should therefore in pursuance of Article 27, paragraph 2, of the Convention be rejected accordingly:

Whereas in so far as the application infers that the Supreme Court of Stockholm in not paying full recognition to the judgment pronounced in the Polish Court of S ..., from which the Applicant had obtained a decree of divorce and an order awarding him the custody of his infant son, thereby wrongly applied the principles of private international law as understood in Sweden and thus committed an error of law;

and *whereas* it should be noted that the European Commission of Human Rights was not set up as a higher court to hear cases of alleged errors of law or fact committed by the domestic courts of the Contracting Parties but, in accordance with Article 19 of the Convention, to ensure the observance of the engagements undertaken by the Parties in the Convention;

and *whereas* such errors of law or fact concern the Commission, during its examination of the admissibility of an application, only in so far as they appear to have resulted in the violation of the rights and freedoms listed in the Convention;

and *whereas*, more generally, the Commission is only competent to pronounce on judgements of domestic courts if it appears that such judgments were given in disregard of the rights and freedoms guaranteed by the Convention;

and *whereas* an examination of the file in its present state does not disclose any appearance of such disregard;

and *whereas* it therefore appears that the application, in this respect, is manifestly ill-founded and should, in pursuance of Article 27, paragraph 2, of the Convention be rejected accordingly;

Whereas the Applicant alleges that the order of the Court of Appeal awarding the custody of his infant son to his ex-wife and which was confirmed by the Supreme Court, involves the breach of Articles 8 and 9 of the Convention;

and *whereas* it is plain that the right of one particular parent to the custody of an infant as against the other parent is not, as such, included among the rights and freedoms set forth in the Convention, and that the appreciation of the question which parent should be given the custody of an infant is, in principle, governed by the law of the domestic courts and whereas it does not appear in the present case that the Swedish law in the matter in itself violates the Convention;

and *whereas* under the terms of Article 1, the Convention guarantees only those rights and freedoms set forth in Section 1 and, in accordance with Article 25, paragraph 1, only the alleged violation of one of these rights or freedoms by a Contracting Party can be the subject of an application admissible by the Commission;

and *whereas* it therefore appears that the application, in this respect, is incompatible with the provisions of the Convention and should, in pursuance of Article 27, paragraph 2, of the Convention be rejected accordingly;

Whereas, on the other hand, it should be considered whether the fact that one parent is deprived of the custody of an infant entails not in itself but in its effects, a *prima facie* violation, with regard to that parent and the infant in question, of the rights and freedoms guranteed by the Convention and Protocol;

and *whereas*, in this respect, the Applicant claims that the aforementioned order of the Court of Appeal, as confirmed by the Supreme Court, violates Articles 8 and 9 of the Convention in that it resulted in his infant son being brought up in ignorance of his Polish nationality, in his being educated in a way contrary to the teachings of the Roman Catholic Church in which he was baptised, and in his being ignorant of his father's existence;

and *whereas*, having regard to the allegations put forward by the Applicant and after having examined *ex officio* the file in its present state, the Commission is of opinion that two major questions arise regarding a possible *prima facie* violation of the rights and freedoms guaranteed by the Convention and Protocol as a consequence of the awarding of the custody of the Applicant's infant son to his ex-wife;

and *whereas* the first question that falls to be decided concerns the possible *prima facie* violation of Article 8 of the Convention in so far as the Applicant alleges that, as a result of his not having the custody of his infant son, he did not have an opportunity to have access to his son;

and *whereas*, in the view of the Commission, the parent who is deprived of the custody of an infant may not be prevented, under Article 8, paragraph 1, from access to that infant unless special circumstances, as defined in paragraph 2 of the same Article, so demand;

and *whereas*, in this respect, a remedy in the local courts was available to the Applicant since Article 10, Chapter 6, of the Swedish Parents' Law (*Föräldrabalken*) stipulates as follows:

"The father or mother who is deprived of the custody of a child may not be prevented from access to the child unless special circumstances exist against such access; when the parent is not satisfied with what has been decided in this matter by the parent who has the custody, the court shall make a ruling";

and *whereas*, under Article 26 of the Convention, the Commission may only deal with a matter after all domestic remedies have been exhausted, according to the generally recognised rules of international law and within a period of six months from the date on which the final decision was taken;

and *whereas* the Applicant has omitted to pursue the remedy open to him and whereas an examination of the file in its present state does not disclose the existence of any special circumstances which could be held sufficient, according to the generally recognised rules of international law, to excuse the want of appeal to the local courts;

and *whereas* it therefore appears that the Applicant has not satisfied the conditions laid down in Article 26 of the Convention in regard to the exhaustion of local remedies and whereas the application should, in this respect, in pursuance of Article 27, paragraph 3, of the Convention be rejected accordingly;

and *whereas* the second question that falls to be decided concerns the possible *prima facie* violations of Article 9 of the Convention and Article 2 of the Protocol in so far as the Applicant alleges that his infant son is being brought up in a way contrary to the teachings of the Roman Catholic Church in which he was baptised and in ignorance of his Polish nationality;

and *whereas* these allegations are not ascribable to the Swedish Court which made the order as to custody and do not, therefore, involve the responsibility of the Swedish Government, since the alleged facts are to be imputed to the Applicant's ex-wife only who, as well as having the custody of the infant, has control of his education;

and *whereas* the application, being in this respect directed against a private individual, should be rejected on the grounds already stated above in regard to the complaint under Article 6 of the Convention;

Whereas the Applicant further submits that his ex-wife, when the marriage was contracted between her and himself, had made a solemn promise to educate the children to be born out of that marriage in the Roman Catholic religion;

and *whereas* the Applicant, when he alleges that his ex-wife did not carry out the obligation to educate the infant in the Roman Catholic religion, in fact relies upon the provisions of the Canon Law;

and *whereas*, without underestimating the moral obligation under Canon Law, Article 9 of the Convention and Article 2 of the Protocol cannot validly be invoked by the Applicant because his complaint, in this respect, concerns the action of a private individual and in no way involves the responsibility of the Swedish Government;

and *whereas* the application, as being in this respect directed against a private individual, should be rejected on the grounds already stated above in regard to the complaint under Article 6 of the Convention;

Now therefore the Commission
Declares this application inadmissible".

[Decision taken on 20th December, 1957]

No. 277/57

" ...

Having regard to the application lodged on 21st March, 1957, by X ..., Y ... and Z ..., represented by B ..., against the Federal Republic of Germany and registered on 23rd April, 1957, under File No. 277/57;

Whereas the facts in the case are as follows:

CONCERNING X ..., Y ... and Z ...;

By letter dated 21st March 1957 Mr. B ..., barrister at C ... (Federal Republic of Germany), informed the Secretariat that M. Z ... had been arrested on 22nd January and MM. X ... and Y ... on 23rd January 1957. He stated that all three persons were in preventive detention at C ... Prison, charged

(1) with having knowingly contravened the Decree whereby the Federal Constitutional Court (*Bundesverfassungsgericht*), on 17th August 1956, had ordered the dissolution of the German Communist Party (K.P.D.) as being unconstitutional and

(2) with having formed a Communist "*triumvirate*".

Immediately after their arrest, the applicants submitted an appeal (*Beschwerde*) for conditional release. On 31st January, the C ... Court (*Landgericht*) rejected M. X ...'s application, and on 25th February 1957 it rejected those of MM. *Y* and Z ...

The applicants lodged a second appeal (*weitere Beschwerde*), from these decisions, which the C ... Court of Appeal (*Oberlandesgericht*) rejected on 7th March 1957.

Both Courts based their refusal of conditional release on the risk that the men might abscond or destroy the evidence (*Verdunkelungsgefahr*).

The applicants, through their counsel, formally disputed the grounds for the accusations made against them. They stated, however, that in any case the charge and the arrest, and consequently the detention, were illegal, holding that the abovementioned order by the Federal German Constitutional Court violated Articles 1, 5, 6, 7, 8, 9, 10, 11 and 14 of the Convention. They requested the Commission to intervene on their behalf and to cause the authorities of the Federal Republic of Germany to order their immediate release If their liberation could not be obtained by means of a friendly settlement, they asked the Commission to state that the Federal

Republic of Germany had violated the Convention and to refer the matter to the Committee of Ministers of the Council of Europe.

CONCERNING Z ...:

By letters dated 1st November 1957 and 10th December 1957, M. B ... informed the Secretariat that Z ... had been sentenced to one year's imprisonment on 30th April 1957 by the C ... Court (*Landgericht*). It appears from the text of the judgment that X ... and Y ... were acquitted for lack of evidence. Z ..., however, was sentenced for failure to deliver to the authorities a printing press belonging to the German Communist Party and for having harboured for some time an official of that Party.

On 4th July 1957, M. B ... lodged an appeal (Revision), alleging that the decision of the C ... *Landgericht* was contrary to law, to the Constitution (*Grundgesetz*) and to the European Convention on Human Rights.

On ... 1957, the Federal Court of Justice (*Bundesgerichtshof*) at Karlsruhe rejected the appeal as manifestly ill-founded. M. B ... claims that the legal remedies are *ipso facto* exhausted.

M. B ... demands the annulment of the abovementioned decisions by the C ... Court and the Federal Court of Justice. He claims that "no one can be sentenced to one year's imprisonment for failure to hand over (to the authorities) a printing press belonging to the German Communist Party and for having harboured a former official of that Party". He contends that the sentence and order in question have infringed Articles 5, 6, 7, 8, 9, 10, 11 and 14 of the Convention.

M. B ... also complains that, in political cases of this kind and by virtue of the Act of 30th August 1951, the Lower Courts are competent to determine points of fact on first and last instance, whereas in ordinary cases the principle operates of a jusrisdiction in two stages.

Whereas the Federal Constitutional Court (*Bundesverfassungsgericht*) decided on 17th August, 1956, that the German Communist Party (K.P.D.) was anti-constitutional and that it should be dissolved and prohibited;

Whereas the German Communist Party, on 11th February, 1957, lodged an application with the Commission, requesting the Commission to find that the Government of the Federal Republic of Germany, by bringing about the dissolution and abolition of the German Communist Party, had violated its obligations under the Convention;

Whereas, however, the Commission, on 20th July, 1957, declared the said application to be inadmissible in pursuance of Article 27, paragraph 2, of the Convention, as being incompatible witht the provisions thereof;

With regard to the applicants' complaints made against their arrest and their preventive detention:

Whereas according to Article 26 of the European Convention for the Protection of Human Rights and Fundamental Freedoms, the Commission may only deal with a matter after all domestic remedies have been exhausted, according to the generally recognised rules of international law and within a period of six months from the date on which the final decision was taken;

Whereas the applicants did not avail themselves of their right to appeal to the Federal Constitutional Court (*Bundesverfassungsgericht*) against the decision of 7th March, of the Court of Appeal of C ...;

Whereas the recourse to the Federal Constitutional Court, for matters within the competence of that Court, is a domestic remedy which in principle falls within the scope of the provision contained in Article 26 of the Convention;

Whereas, moreover, an examination of the file does not disclose the existence of any special circumstances which would have released the applicants, according to the generally recognised rules of international law, from the obligations to exhaust the domestic remedies at their disposal;

Whereas it therefore appears that the applicants have not satisfied the conditions laid down in Article 26 of the Convention in regard to the exhaustion of local remedies;

Whereas the application should in this respect, in pursuance of Article 27, paragraph 3 of the Convention, accordingly be rejected;

With regard to the complaint by the applicant Z ... concerning his conviction on 30th april, 1957, by the tribunal of C ...:

Whereas an examination of the file does not disclose any *prima facie* violation of the rights and freedoms set forth in the Convention, in particular of the Articles invoked by the applicant;

Whereas it therefore appears that the application is in this respect manifestly ill-founded;

Whereas the application should, in pursuance of Article 27, paragraph 2, of the Convention, accordingly be rejected;

With regard to the complaint by the applicant Z ... that, in political cases such as his own, the decision of the lower court on questions of fact is final:

Whereas, under the terms of Article 1, the Convention guarantees only those rights and freedoms set forth in Section I; and in accordance with Article 25 (1), only the alleged violation of one of these rights or freedoms by a Contracting Party can be the subject of an application admissible by the Commission;

Whereas the principle that an appeal must lie with regard to the facts to a higher court is not included, in principle, among those rights and freedoms;

Whereas it therefore appears that the application is in this respect incompatible with the provisions of the Convention;

Whereas it should, in pursuance of Article 27, paragraph 2, of the Convention, accordingly be rejected;

Now therefore the Commission
Declares this application to be inadmissible".

[Decision taken on 20th December, 1957].

8. ARTICLE 17 OF THE CONVENTION

8. ARTICLE 17 DE LA CONVENTION

According to Article 17 of the Convention

"Nothing in this Convention may be interpreted as implying for any State, group or person any right to engage in any activity or perform any act aimed at the destruction of any of the rights and freedoms set forth herein or at their limitation to a greater extent than is provided for in the Convention".

On the basis of this general provision, the Commission pronounced, on 20th July, 1957, the following decision:

Aux termes de l'article 17 de la Convention,

"Aucune des dispositions de la présente Convention ne peut être interprétée comme impliquant pour un Etat, un groupement ou un individu, un droit quelconque de se livrer à une activité ou d'accomplir un acte visant à la destruction des droits ou libertés reconnus dans la présente Convention ou à des limitations plus amples de ces droits et libertés que celles prévues à ladite Convention".

Sur la base de cette disposition de caractère général, la Commission a, le 20 juillet 1957, rendu la décision ci-après:

No. 250/57

"

. . .

Vu la requête introduite le 11 février 1957 par la Parti communiste d'Allemagne, dissous pas arrêt de la Cour Fédérale de Justice Constitutionnelle du 17 août 1956, et par MM. Max Reimann et Walter Fisch, membres de l'ancien Comité directeur du susdit Parti, contre la République Fédérale d'Allemagne, requête enregistrée le 14 février 1957 sous le N° de dossier 250/57 [1];

---

[1] Cette requête fut communiquée au Gouvernement de la République fédérale d'Allemagne par application de l'article 45 § 3b) du Règlement intérieur. La Commission ne la déclara irrecevable qu'après échange d'observations écrites entre les parties.

Vu la décision par laquelle la Commission européenne des Droits de l'Homme a, le 7 mars 1957, ordonné la communication de ladite requête au Gouvernement de la République Fédérale et a invité celui-ci à présenter à la Commission, dans un délai de six semaines, ses observations écrites sur la recevabilité de la requête;

Vu les ordonnances présidentielles prorogeant le délai de six semaines jusqu'au 20 mai 1957;

Vu le mémoire du Gouvernement de la République Fédérale, déposé au Secrétariat de la Commission le 14 mai 1957;

Vu l'ordonnance présidentielle du 18 mai 1957 prescrivant la communication du mémoire du Gouvernement de la République Fédérale aux requérants et impartissant à ceux-ci un délai de six semaines pour présenter leurs observations écrites;

Vu le contre-mémoire adressé par les requérants le 7 juillet 1957 au Secrétariat de la Commission;

Après avoir délibéré,

Considérant que les requérants demandent à la Commission de constater que le Gouvernement de la République Fédérale d'Allemagne, en provoquant la dissolution et l'interdiction du Parti communiste d'Allemagne, a violé les obligations assumées en vertu de la Convention de Sauvegarde des Droits de l'Homme et des Libertés fondamentales, entrée en vigueur à l'égard de la République Fédérale le 3 septembre 1953;

Considérant que la Cour Fédérale de Justice Constitutionnelle, par son arrêt rendu le 17 août 1956, a statué comme suit:

"(1) Le Parti communiste d'Allemagne est anti-constitutionnel.

(2) Le Parti communiste d'Allemagne sera dissous.

(3) La création d'organismes de remplacement du Parti communiste d'Allemagne ou la continuation d'organismes déjà existants, en tant qu'organismes de remplacement, sont interdites.

(4) Les biens du Parti communiste d'Allemagne seront confisqués par la République Fédérale d'Allemagne et utilisés aux fins d'intérêts communs";

Considérant que les requérants invoquent à l'appui de leur requête les dispositions des articles 9, 10 et 11 de la Convention de Sauvegarde des Droits de l'Homme et des Libertés fondamentales;

Considérant que le Gouvernement de la République Fédérale d'Allemagne soutient que la dissolution du Parti communiste d'Allemagne par l'arrêt de la Cour Fédérale de Justice Constitutionnelle trouve une base juridique, compatible avec la Convention, dans l'article 21, paragraphe 2 de la Loi Fondamentale de la République Fédérale, ainsi conçu:

"Les partis qui, d'après leur programme ou d'après l'attitude de leurs membres, tendent à porter atteinte à l'ordre constitutionnel libre et démocratique ou à l'éliminer, ou à mettre en péril l'existence de la République Fédérale d'Allemagne, sont anticonstitutionnels.

Il appartient à la Cour fédérale de Justice Constitutionnelle de se prononcer sur la question de leur anticonstitutionnalité";

Considérant que les droits et libertés reconnus par les articles 9, 10 et 11 de la Convention peuvent, selon les paragraphes 2 de ces mêmes articles, faire l'objet de restrictions, prévues par la loi, et dans les conditions déterminées par la Convention;

Considérant que l'examen de l'application des paragraphes 2 des articles 9, 10 et 11 ne s'impose pas en l'espèce, en raison de l'existence, dans la Convention, de la disposition de nature plus générale insérée à l'article 17, ainsi conçu:

"Aucune des dispositions de la présente Convention ne peut être interprétée comme impliquant pour un Etat, un groupement ou un individu, un droit quelconque de se livrer à une activité ou d'accomplir un acte visant à la destruction des droits ou libertés reconnus dans la présente Convention ou à des limitations plus amples de ces droits et libertés que celles prévues à ladite Convention";

Considérant que cette disposition fondamentale de la Convention a pour objectif la sauvegarde des droits que cette Convention énumère, par la protection du libre fonctionnement des institutions démocratiques (voir Travaux Préparatoires, Comptes Rendus de l'Assemblée Consultative, Année 1949, 1ère session, pages 1235, 1237 et 1239: "Il s'agit d'empêcher que les courants totalitaires puissent exploiter en leur faveur les principes posés par la Convention, c'est-à-dire invoquer les droits de liberté pour supprimer les Droits de l'Homme".);

Considérant qu'un mobile similaire semble avoir guidé le législateur allemand en édictant l'article 21 de la Loi Fondamentale:

Considérant qu'il échet de rechercher si l'application de cette dernière disposition au cas d'espèce est conforme à l'article 17 précité;

Considérant qu'il importe, dès lors, de déterminer si, aux termes de cette dernière disposition, les requérants se sont livrés à une activité ou ont accompli un acte visant à la destruction des droits ou libertés reconnus dans la Convention ou à des limitations plus amples de ces droits ou libertés que celles prévues à ladite Convention;

Considérant qu'il est constant:

1°) que le "Parti Communiste a pour but d'établir dans la société l'ordre social communiste par la voie de la révolution prolétarienne et de la dictature du prolétariat" (déclarations du Parti communiste d'Allemagne reproduites dans l'arrêt de la Cour Fédérale de Justice Constitutionnelle, in: '*Entscheidungen des Bundesverfassungsgerichts*', tome 5, 1956, p. 163);

2°) que le Parti communiste d'Allemagne continue à se réclamer de ces principes (déclarations loc. cit.: pp. 191, 193 à 195);

Considérant qu'à supposer même établi que son activité actuelle serait dirigée vers la conquête du pouvoir uniquement par les moyens constitutionnels que lui offre la Loi Fondamentale de la République Fédérale d'Allemagne, il n'en résulterait aucunement une renonciation à ses fins traditionnelles; que, bien au contraire, les susdites déclarations réaffirment la fidélité du Parti communiste d'Allemagne à celles-ci;

Considérant que la poursuite de ces fins ultimes implique, aux dires mêmes des requérants, le passage par les stades que préconise la doctrine fondamentale communiste, et, essentiellement, par la dictature du prolétariat;

Considérant que le recours à la dictature pour l'instauration d'un régime est incompatible avec la Convention en ce qu'il comporte la destruction de nombre des droits ou libertés consacrés par la Convention des Droits de l'Homme;

Considérant que l'organisation et le fonctionnement du Parti communiste d'Allemagne constituent, dans les circonstances de la cause, une activité au sens de l'article 17;

Considérant qu'il résulte de tout ce qui précède que la requête du Parti communiste d'Allemagne ne peut s'appuyer sur aucune disposition de la Convention, et notamment sur les articles 9, 10 et 11 de celle-ci;

Qu'il y a donc lieu de la déclarer irrecevable par application de l'article 27, par. 2 de la Convention, comme incompatible avec les dispositions de celle-ci;

Par ces motifs,
Déclare la requête irrecevable".

[Décision rendue le 20 juillet 1957]

9. NO PRIMA FACIE VIOLATION

9. ABSENCE D'APPARENCE DE VIOLATION

Article 27(2) of the Convention provides that "the Commission shall consider inadmissible any petition submitted under Article 25 which it considers ... manifestly illfounded".

Up to 31st December, 1957, the Commission had declared 175 individual applications inadmissible, wholly or partly on the ground that a preliminary examination did not provide any *prima facie* evidence of violation of any of the rights or freedoms guaranteed by the Convention and Protocol. Eleven of these decisions are given below [1].

---

[1] See also, *inter alia*:

Re Article 5 of the Convention: decision on application No. 100/55 (under 4-A above, Limitation *ratione personae*: Applicant);

Re Article 6, 3(c) of the Convention: decision on application No. 265/57 (under 5 above, Applications essentially the same);

Re Article 8 of the Convention: decision on application No. 238/56 (under 7 above Rights and Freedoms guaranteed); *Re* Articles 8 and 14 of the Convention: decision on application No. 261/57 (under 11 below, *Ex officio* examination); *Re* Article 14 of the

Aux termes de l'article 27, § 2, de la Convention, "la Commission déclare irrecevable toute requête introduite par application de l'article 26, lorsqu'elle estime la requête ... manifestement mal fondée ...

En application de cette disposition, la Commission avait, au 31 décembre 1957, déclaré irrecevables, pour le motif, parfois combiné avec d'autres, que l'examen du dossier ne permettait pas de dégager l'apparence d'une violation de l'un des droits et libertés reconnus dans la Convention et le Protocole additionnel. Onze de ces décisions se trouvent reproduites ci-après [1].

No. 89/55

" ...

Vu la requête reçue le 26 septembre 1955 de X ... contre la République Fédérale d'Allemagne, enregistrée le 26 septembre 1955 sous le N° de dossier 89/55;

Vu le rapport prévu à l'article 45, § 1, du Règlement intérieur de la Commission;

Après avoir délibéré,

Considérant que le requérant soutient que deux policiers auraient, le 6 mars 1954, pénétré dans son appartement en son absence et incité sa logeuse à déclarer qu'il était parti sans laisser d'adresse; que l'accès de son logement lui aurait, en conséquence, été refusé; que le requérant a alors demandé l'assistance judiciaire afin d'assigner la police en réparation du préjudice prétendûment subi par lui; que la police, rejetant les allégations portées contre elle, a déclaré qu'elle avait reçu l'ordre de retirer son passeport au requérant, passible de poursuites pour complicité d'avortement; qu'effectivement le requérant a été condamné de ce chef, le 2 juin 1954, à six mois de prison; que, se fondant sur cette condamnation, le Tribunal (*Landgericht*) de B ... puis, en appel, la Cour (*Oberlandesgericht*) de B ..., ont, respectivement les 5 et 23 juin 1954, refusé au requérant l'assistance judiciaire; que le requérant a, le ler juillet 1954, saisi à

Convention: decision on application No. 86/55 (under 7 above, Rights and freedoms guaranteed); *Re* clauses of general application: decisions on application No. 155/55 (under 4-A above, Limitation *ratione personae*: Applicant) and 199/56 and 225/56 (under 1 above Exhaustion of domestic remedies), etc.

[1] Voir également, entre autres:

— au sujet de l'art. 5 de la Convention: la décision relative à la requête No 100/55 (sous -A) supra, Compétence ratione personae quant au demandeur);

— au sujet de l'art. 6 § 3 c) de la Convention: la décision relative à la requête No 265/57 (sous 5 supra, Requêtes essentiellement les mêmes ...);

— au sujet de l'art. 8 de la Convention: la décision relative à la requête No 238/56 (sous 7 supra, Droits et libertés garantis);

— au sujet des art. 8 et 14 de la Convention: la décision relative à la requête No 261/57 (sous 11 infra, Examen d'office);

— au sujet de l'art. 14 de la Convention: la décision relative à la requête No 86/55 (sous 7 supra, Droits et libertés garantis);

— clauses générales: les décisions relatives à la requête No. 155/55 (sous 4-A) supra, Compétence ratione personae quant au demandeur), aux requêtes Nos 199/56 et 225/56 (sous 7 supra, Epuisement des voies de recours internes), etc...

nouveau ladite Cour, réclamant le renvoi de l'affaire au tribunal compétent; que, le 3 juillet 1954, la Cour a répondu que toutes les voies de recours se trouvaient épuisées; que le requérant a alors écrit au Ministre de la Justice du Land de C ..., qui a transmis sa lettre au Président de la Cour (*Oberlandesgericht*) de B ...; que ce dernier a informé le requérant le 12 août 1954, qu'il n'avait point compétence pour examiner ou réformer les décisions prises en matière d'assistance judiciaire; que le requérant a alors correspondu avec la Cour Constitutionnelle du Land de C ..., dont le Président l'a avisé, les 4 et 18 octobre 1954, le 30 décembre 1954 et le 21 février 1955, que toute nouvelle demande de sa part aux fins d'obtention de l'assistance judiciaire était vouée à l'échec; que, le 25 mars 1955, ladite Cour a rejeté le recours du requérant en matière d'assistance judiciaire, notamment parce que la demande de dommages-intérêts formée par le requérant n'avait aucune chance de succès; que le requérant a également adressé une plainte, le ... 1955, à la Cour Internationale de Justice;

Considérant, d'autre part, que le requérant a été condamné, le 14 avril 1955, à une amende de 5 DM ou un jour d'emprisonnement pour avoir circulé à bicyclette dans un passage réservé aux piétons et avoir mis sérieusement en danger la sécurité de ceux-ci; qu'il a purgé sa peine d'un jour de prison du 11 au 12 février 1954; que, le 23 mars 1954, il n'en a pas moins été arrêté à nouveau par deux policiers; qu'il a demandé, le 28 mars 1954, une indemnité de 500 DM pour les dommages causés par cette arrestation à un état de santé déjà mauvais et pour la perte de sa bicyclette; que le Procureur près le Tribunal (*Landgericht*) de B ..., dans sa réponse du ler octobre 1954, lui a expliqué que c'était par erreur que le magistrat compétent avait décerné un nouveau mandat d'arrêt contre le requérant, l'ordre de levée d'écrou ne lui étant pas parvenu; que le requérant, arrêté le 25 mars 1954 à 7 h 15, a été immédiatement relâché sitôt l'erreur découverte, c'est-à-dire le matin même; que le Ministre de la Justice du Land de C ... a refusé, le 21 octobre 1954, de prendre des mesures disciplinaires contre le magistrat en question, et déclaré au requérant qu'une demande en dommages-intérêts ne pouvait être déposée qu'auprès des tribunaux civils ordinaires; que, le ... 1955, le Ministre Fédéral de la Justice, en réponse à une lettre du requérant (... 1954), a informé celui-ci que seule l'administration provinciale de la justice (*Landesjustizverwaltung*) avait compétence pour exercer un contrôle sur les juridictions et les procureurs d'une province (*Land*); que, le 22 février 1955, le Tribunal (*Landgericht*) de B ... a rejeté la demande d'assistance judiciaire du requérant, pour le motif qu'il n'existait aucun rapport de cause à effet entre l'arrestation incriminée et la perte de l'emploi, la maladie et la perte de la bicyclette du requérant et que, par suite, l'action de ce dernier n'avait pas suffisamment de chances d'aboutir; que la Cour (*Ober-*

landesgericht) de B ... a, le 7 avril 1955, confirmé la décision précitée; que, le ... 1954, le greffier de la Cour Constitutionnelle fédérale a répondu au requérant que ses allégations de violation de la loi fondamentale allemande étaient sans fondement; que, le ... 1955, le requérant s'est adressé à la Cour Constitutionnelle fédérale ainsi qu'à la Cour Internationale de Justice et au Conseil de l'Europe, réclamant cette fois une indemnité de 1669,90 DM pour atteinte à la Déclaration Universelle des Droits de l'Homme;

Sur le refus d'assistance judiciaire

Considérant que le requérant a formé sa demande d'assistance judiciaire à l'occasion d'un litige de caractère civil; que l'article 6, § 3 c, de la Convention ne s'applique qu'aux personnes accusées d'une infraction; qu'au demeurant ladite disposition ne garantit pas le droit à une procédure judiciaire gratuite, mais seulement le droit à l'assistance gratuite d'un avocat d'office, lorsque les intérêts de la justice l'exigent; que, de façon générale, l'examen du dossier ne permet pas, à cet égard, de dégager la moindre apparence de violation d'un des droits reconnus dans la Convention, notamment à l'article 6; qu'il y a donc lieu de rejeter la requête de ce chef en vertu de l'article 27, § 2 de la Convention, comme manifestement mal fondée;

Sur la privation de liberté

Considérant que l'examen du dossier ne permet pas en fait à cet égard, de dégager l'existence d'une violation d'un des droits reconnus dans la Convention imputable à la République Fédérale d'Allemagne; qu'il y a donc également lieu de rejeter la requête de ce chef en vertu de l'article 27, § 2 de la Convention, comme manifestement mal fondée;

Par ces motifs,
Déclare la requête irrecevable".

[Décision rendue le 16 décembre 1955]

No. 104/55

" ...

Vu la requête introduite le 10 octobre 1955 par X ... contre la République fédérale d'Allemagne, enregistrée le 12 octobre 1955 sous le N° de dossier 104/55;

Vu le rapport prévu à l'article 45, § 1, du Règlement intérieur de la Commission;

Après avoir délibéré,

Considérant que le requérant, actuellement détenu à la prison de

B ... (République fédérale d'Allemagne), a été condamné le 23 septembre 1954, par le Landgericht de C ... (République fédérale d'Allemagne), à quinze mois d'emprisonnement pour homosexualité dans deux cas (art. 175 du Code pénal allemand) et tentative d'homosexualité grave (article 175 a) du Code pénal allemand;

Considérant que le requérant prétend que ladite condamnation enfreint les articles 2, 8, 14, 17 et 18 de la Convention européenne des Droits de l'Homme; qu'il allègue, notamment, que la répression des délits en question par les articles précités du Code pénal allemand constitue une violation de la Convention non seulement dans son principe, en tant qu'elle porte atteinte au respect de la vie privée (art. 8), mais aussi dans son étendue, en tant qu'elle se limite aux hommes et porte de ce fait également atteinte au principe de la non-discrimination quant au sexe (art. 8 et 14 combinés);

Considérant que la Convention permet à une Haute Partie Contractante d'ériger, dans sa législation, l'homosexualité en infraction punissable, le droit au respect de la vie privée et familiale pouvant faire l'objet, dans une société démocratique, d'une ingérence prévue par la loi de cette Partie pour la protection de la santé ou de la morale (art. 8, § 2 de la Convention);

Considérant, en outre, que l'article 14 de la Convention, relatif à la discrimination quant au sexe, n'exclut pas la possibilité, pour une Haute Partie Contractante, d'opérer une différenciation entre les sexes dans les mesures qu'elle prend à l'égard de l'homosexualité pour la protection de la santé ou de la morale conformément à l'article 8, § 2 de la Convention [1];

Considérant, bien que d'autres motifs puissent encore être invoqués en ce sens, qu'il ressort suffisamment de ce qui précède que les dispositions susmentionnées de la loi allemande ne contreviennent pas à celles de la Convention; qu'il y a lieu, en conséquence, de déclarer la requête irrecevable en vertu de l'article 27, § 2 de la Convention, comme manifestement mal fondée;

Par ces motifs,
Déclare la requête irrecevable".

[Décision rendue le 17 décembre 1955]

No. 107/55

" ...

Vu la requête introduite le 12 octobre 1955 par X ... contre la Belgique, enregistrée le 15 octobre 1955 sous le N° de dossier 107/55;

Vu le rapport prévu à l'article 45, § 1 du Règlement intérieur de la Commission;

Après avoir délibéré,

Considérant que la requérante, Allemande de naissance et résidant

[1] Cf. la décision relative à la requête No. 167/56 (infra, même rubrique).

actuellement en Allemagne, mais devenue Belge par son mariage demande à divorcer de son mari belge, dont elle vit séparée depuis 1944; qu'elle déclare avoir saisi à cet effet, en février 1949, le Tribunal (*Landgericht*) allemand de B ... de son action en divorce, mais que ce tribunal aurait décliné sa compétence; que la première audience d'un autre procès aurait eu lieu à la Rechtbank (Tribunal) de C ... (Belgique) le 4 mai 1953; que la requérante se présenta seule; qu'elle comparut avec son mari à la deuxième audience (date non précisée), au cours de laquelle il n'y aurait pas eu de décision; que, depuis lors, aucun acte de procédure ne serait intervenu; que la requérante se plaint de ce que son affaire soit pendante depuis plus de sept ans, et demande à la Commission de l'aider à obtenir le divorce, ou au moins de lui indiquer ce qu'elle pourrait faire; que la requérante déclare avoir écrit à plusieurs reprises à son avocat sans recevoir de réponse de sa part;

Considérant que l'article 6 de la Convention prévoit que toute personne a droit à ce que sa cause soit entendue équitablement, publiquement et dans un délai raisonnable; que, toutefois, l'exercice de ce droit est subordonné à la diligence nécessaire de la partie intéressée;

Considérant qu'en l'espèce il ne ressort pas de l'examen du dossier que ce sont les tribunaux, en tant qu'exerçant le pouvoir judiciaire, qui auraient refusé d'entendre la cause de la requérante dans un délai raisonnable; qu'il apparaît au contraire que la requérante reproche àson avocat ledit retard, fait qui est simplement allégué mais qui, même s'il s'avérait exact, n'aurait pu en aucun cas être considéré comme une violation commise par la Partie Contractante du susdit droit reconnu à l'article 6 de la Convention; que l'examen du dossier ne permet par conséquent pas de dégager l'apparence d'une violation d'un des droits reconnus dans la Convention; qu'il y a donc lieu de rejeter la requête en vertu de l'article 27, § 2 de la Convention, comme manifestement mal fondée;

Par ces motifs,
Déclare la requête irrecevable" [1].

[Décision rendue le 29 mai 1956]

No. 127/55

"...

Vu la requête introduite le 25 novembre 1955 par X ... contre la République fédérale d'Allemagne, enregistrée le 29 novembre 1955 sous le N° de dossier 127/55;

Vu le rapport prévu à l'article 45, § 1 du Règlement intérieur de la Commission;

---

[1] Il ressort d'une autre décision de la Commission (No. 306/57, non publiée dans ce volume) que la notion de délai „raisonnable" doit également s'apprécier en fonction de la complexité de l'affaire.

Après avoir délibéré,

Considérant que le requérant prétend avoir été accusé le 26 novembre 1954, par le Procureur près le Tribunal (*Landgericht*) de B ... (Allemagne), de participation active à une organisation travaillant contre l'ordre constitutionnel de la République fédérale d'Allemagne; qu'il se plaint de ce que, dans cette affaire, le Tribunal de B ... lui ait désigné pour avocat d'office non point son propre avocat, M. C ..., comme il l'avait demandé le 10 mars 1955 et à diverses reprises par la suite, mais un autre avocat, et ce contre sa volonté expresse; que la Cour d'Appel (*Oberlandesgericht*) de B ... aurait, le Ier novembre 1955, confirmé la décision du Tribunal de B ...; que le requérant voit dans lesdites décisions judiciaires une violation de l'article 6, § 3 (c) de la Convention; qu'il déclare, par ailleurs, que le Landgericht de B ... a été reconnu compétent pour juger les affaires politiques par une loi spéciale du 30 août 1951 (article 74, a) du Gerichtsverfassungsgesetz); qu'il prétend que ladite loi viole la Convention;

Considérant, en ce qui concerne la violation prétendue de l'article 6 § 3 c) de la Convention, que cette dernière disposition reconnaît à tout accusé le droit de se défendre lui-même ou d'avoir l'assistance d'un défenseur de son choix et, s'il n'a pas les moyens de rémunérer un défenseur, de pouvoir être assisté gratuitement par un avocat d'office, lorsque les intérêts de la justice l'exigent; considérant qu'il ressort de ce texte que la Convention consacre le droit au libre choix d'un défenseur dans le seul cas où l'accusé possède les moyens de rémunérer ledit défenseur; que dans l'hypothèse inverse, le droit de l'accusé se limite à l'assistance gratuite d'un avocat d'office, lorsque les intérêts de la justice l'exigent; qu'il appert que ce droit a été respecté en l'espèce; que, de façon générale, l'examen du dossier ne permet pas de dégager l'apparence d'une violation d'un des droits reconnus dans la Convention, notamment à l'article 6; qu'il y a donc lieu de rejeter de ce chef la requête en vertu de l'article 27, § 2 de la Convention, comme manifestement mal fondée;

Considérant, pour autant que la requête a trait à la compétence spéciale conférée au Tribunal de B ... par la loi allemande du 30 août 1951, que l'examen du dossier ne permet pas de dégager l'apparence d'une violation d'un des droits reconnus dans la Convention, notamment à l'article 6; qu'il y a donc lieu de rejeter la requête également de ce chef en vertu de l'article 27, § 2 de la Convention, comme manifestement mal fondée;

Par ces motifs,

Déclare la requête irrecevable".

[Décision rendue le 30 mai 1956]

No. 134/55

"...

Vu la requête introduite le 10 décembre 1955 par X ... contre la République fédérale d'Allemagne enregistrée le 12 décembre 1955 sous le N° de dossier 134/55;

Vu le rapport prévu à l'article 45, § 1, du Règlement intérieur de la Commission;

Après avoir délibéré,

Considérant que le requérant prétend avoir été condamné par le Tribunal (*Landgericht*) de B ..., le 13 juin 1952, à un an d'emprisonnement avec sursis pour certains faits par lui commis le 4 mars 1933, alors qu'il participait à une action nazie contre des membres du parti communiste allemand; que le jugement aurait été prononcé sur la base de la Loi N° 10 du Conseil de contrôle allié en Allemagne (Loi concernant les crimes contre l'humanité); qu'en 1954, le requérant aurait été en outre condamné, pour exercice illégal des fonctions d'avocat-avoué, à une amende de 180.- DM; qu'à la suite de cette condamnation, le sursis qu'il avait obtenu pour la première peine ayant été annulé, il aurait été détenu en prison du 20 mai 1955 au 30 novembre 1955; que le requérant prétend que sa détention constitue à plusieurs égards une violation de la Convention; qu'en premier lieu, les jurés composant le tribunal qui avait prononcé le jugement du 13 juin 1952 n'auraient pas prêté serment conformément à la législation allemande en vigueur; que le Tribunal de B ... n'aurait donc pas été compétent et que, par conséquent, la détention du requérant, appliquée en 1955 en vertu de ce premier jugement, n'aurait été ni "régulière" ni "selon les voies légales", comme le prescrit l'article 5 de la Convention; que, d'autre part, les faits qui seraient à la base de la condamnation du requérant auraient déjà fait l'objet d'un procès pénal devant le Tribunal de C ... le 22 mai 1933; que le Tribunal de C ... l'aurait alors acquitté purement et simplement; que la reprise de l'examen de l'affaire en 1952, sans annulation préalable de la décision judiciaire de 1933, violerait le principe "non bis in idem" et, partant, l'article 5 de la Convention; que, de plus, la condamnation de 1954 pour exercice illégal des fonctions d'avocat-avoué aurait été incompatible avec les dispositions de l'article 10 de la Convention; qu'aux termes de ces dispositions, le requérant aurait le droit d'exercer des fonctions d'avoué; que son emprisonnement en 1955 aurait été, pour cette raison, contraire à la Convention; que le requérant prétend avoir épuisé tous les moyens de recours internes contre sa détention de 1955 et demande à la Commission sa pleine réhabilitation;

Considérant que le requérant se plaint, en outre, de ce que la justice allemande lui ait refusé à tort l'assistance judiciaire qu'il avait demandée afin d'assigner la République fédérale d'Allemagne, en tant que successeur légal du Reich allemand, en réparation du préjudice prétendûment subi par lui du fait de 3 mois de détention injuste dans un camp de concentration en 1934; que la dernière décision judiciaire dans cette affaire aurait été rendue par la Cour d'Appel (*Oberlandesgericht*) de B ... le 16 septembre 1955 et signifiée au requérant le ler décembre 1955;

Sur la condamnation prononcée le 13 juin 1952

Considérant que les faits incriminés remontent à une période antérieure à l'entrée en vigueur de la Convention à l'égard de la République fédérale d'Allemagne (3 septembre 1953); que la Convention ne régit que les faits postérieurs à son entrée en vigueur à l'égard de la Partie Contractante intéressée; qu'il y a donc lieu de rejeter la requête de ce chef, comme irrecevable *ratione temporis*;

Sur la condamnation du requérant en 1954 pour exercice illégal des fonctions d'avocat-avoué

Considérant qu'il ne résulte pas de l'examen du dossier que les poursuites qui ont abouti à la condamnation du requérant pour exercice illégal des fonctions d'avocat-avoué se sont déroulées en violation des prescriptions de l'article 6 de la Convention;,

Que l'article 10 de la Convention, invoqué par le requérant, garantit à toute personne le droit à la liberté d'expression, lequel comprend la liberté d'opinion et la liberté de recevoir ou de communiquer des informations ou des idées sans ingérence d'autorités publiques et sans considération de frontière;

Qu'on ne saurait déduire de cet article – ou de tout autre de la Convention – que l'exercice des fonctions d'avocat-avoué est libre et qu'il ne peut être soumis à des restrictions imposées dans l'intérêt public;

Sur la détention subie par le requérant en 1955

Considérant que la détention du requérant a eu lieu après condamnation par un tribunal compétent;

Sur le refus d'assistance judiciaire

Considérant qu'aux termes de l'article 6, § 3 c), de la Convention, tout accusé a droit notamment à "se défendre lui-même ou avoir l'assistance d'un défenseur de son choix et, s'il n'a pas les moyens de rémunérer un défenseur, pouvoir être assisté gratuitement par un avocat d'office, lorsque les intérêts de la justice l'exigent"; que le droit à l'assistance gratuite d'un avocat d'office n'est reconnu qu'en faveur de tout "accusé", c'est-à-dire d'une personne accusée d'une infraction pénale, à condition que l'accusé n'ait pas les moyens de rémunérer un défenseur de son choix et dans la mesure où les intérêts de la justice exigent l'assistance d'un défenseur; qu'en dehors du cas prévu au susdit article 6 de la Convention, le bénéfice de l'assistance judiciaire n'est pas reconnu par la Convention comme un droit que toute personne pourrait invoquer et dont le refus par l'autorité compétente constituerait par lui-même une violation de la Convention; qu'en l'espèce il a été refusé au requérant à propos d'une action civile que celui-ci se proposait d'intenter [1];

Considérant, de façon générale, que l'examen du dossier ne permet pas de dégager, à ces trois égards, l'apparence d'une violation d'un des droits reconnus dans la Convention, notamment aux articles 5, 6 et 10; qu'il y a donc lieu de rejeter la requête en vertu de l'article 27, § 2, de la Convention, comme manifestement mal fondée;

Par ces motifs,
Déclare la requête irrecevable".

[Décision rendue le 31 mai 1956]

No. 138/55

Vu la requête introduite le 20 novembre 1955 par X ... contre la République fédérale d'Allemagne, enregistrée le 22 décembre 1955 sous le N° de dossier 138/55;

Vu le rapport prévu à l'article 45, § 1 du Règlement intérieur de la Commission;

Après avoir délibéré,

Considérant que le requérant se plaint de demeurer détenu à la prison de B ... (Allemagne), bien qu'il ait purgé la peine d'emprisonnement à laquelle il aurait été condamné en 1950 pour vol simple et qualifié; qu'il ressort de sa lettre, ainsi que de la note y annexée de la Direction de la prison de B ..., que, depuis le 5 janvier 1954, le requérant est détenu en vertu des articles 20 a) et 42 e) du Code pénal allemand (détention à durée indéterminée – *Sicherungsverwahrung*) en qualité de délinquant habituel dangereux ("*gefährlicher Gewohnheitsverbrecher*"); que le requérant a été apparemment condamné trois fois entre 1945 et 1950; qu'il a été condamné aussi en 1937, également pour vol;

Considérant qu'aux termes de l'article 5 de la Convention, nul ne peut être privé de sa liberté, sauf dans les cas y énumérés et selon les voies légales, notamment lorsqu' "il est détenu régulièrement après condamnation par un tribunal compétent"; qu'il appert que ces diverses conditions se trouvent réunies en l'espèce; qu'au surplus l'examen du dossier ne permet pas de dégager l'apparence d'une violation d'un des droits reconnus dans la Convention, notamment aux articles 5 et 6; qu'il y a donc lieu de rejeter la re-

[1] Cf. également la décision relative à la requête No. 180/56 (infra, même rubrique).

quête de ce chef en vertu de l'article 27, § 2 de la Convention, comme manifestement mal fondée [1];

Par ces motifs,
Déclare la requête irrecevable".

[Décision rendue le 31 mai 1956]

No. 167/56

" . . .

Vu la requête introduite le 18 mars 1956 par X . . . contre la République Fédérale d'Allemagne, enregistrée le 20 mars 1956 sous le N° de dossier 167/56;

Vu le rapport prévu à l'article 45, § 1 du Règlement intérieur de la Commission;

Après avoir délibéré,

Considérant que le requérant a été condamné le 3 novembre 1954, par le Tribunal d'échevins pour la défense de l'enfance (Jugendsschöffengericht) de B . . . (République Fédérale d'Allemagne), à huit mois d'emprisonnement pour homosexualité, en vertu de l'article 175 du Code pénal allemand; que, sur appel du requérant, ce jugement a été confirmé par le Tribunal (*Landgericht-Grosse Strafkammer* Jugendkammer) de B . . . le 9 septembre 1955, et sur pourvoi en cassation, par la Cour (*Oberlandesgericht*) de C . . . le 11 janvier 1956;

Considérant que le requérant soutient que la décision du 11 janvier 1956 est "annulable", comme contraire aux "principes internationaux des Droits de l'Homme" ainsi qu'à la Convention, notamment aux articles 8 et 14, en tant qu'elle porterait atteinte au droit au respect de la vie privée et au principe de non-discrimination quant au sexe; qu'il demande l'annulation de ladite décision et une indemnité de 10.000 DM pour le préjudice que celle-ci lui aurait causé;

Considérant que le requérant a introduit un recours devant la Cour fédérale de Justice constitutionnelle (*Bundesverfassungsgericht*), laquelle ne s'est pas encore prononcée; qu'il estime toutefois pouvoir saisir la Commission sans attendre la décision de ladite Cour, affirmant qu'une affaire semblable à la sienne est pendante devant celle-ci depuis trois ans, sans qu'aucune décision soit intervenue; qu'il invoque à cet égard la jurisprudence de la Cour permanente de Justice internationale en matière d'épuisement des voies de recours internes, et notamment l'arrêt rendu dans l'affaire du chemin de fer Panevezis-Saldutiskis; qu'il demande en conséquence à la Commission de considérer sa requête compatible avec les dispositions de l'article 26 de la Convention;

Considérant que l'examen du dossier ne permet pas, de façon

---

[1] Dans le même sens: décisions relatives aux requêtes No. 99/55 et 100/55 (sous IV-A) supra, Ratione personae quant au demandeur) et aux requêtes No. 121/55, 142/55, 224/56 et 231/56 (non publiées dans ce volume).

générale, de dégager l'apparence d'une violation d'un des droits reconnus dans la Convention;

Considérant, spécialement, que la Convention permet à une Haute Partie Contractante d'ériger, dans sa législation, l'homosexualité en infraction punissable, le droit au respect de la vie privée et familiale pouvant faire l'objet, dans une société démocratique. d'une ingérence prévue par la loi de cette Partie pour la protection de la santé ou de la morale (Art. 8, § 2 de la Convention);

Considérant, en outre, que l'article 14 de la Convention qui interdit toute discrimination quant au sexe, n'exclut pas la possibilité, pour une Haute Partie Contractante, d'opérer une différenciation entre les sexes dans les mesures qu'elle prend à l'égard de l'homosexualité pour la protection de la santé ou de la morale conformément à l'article 8, § 2 de la Convention [1];

Considérant, bien que d'autres motifs puissent encore être invoqués en ce sens, qu'il ressort suffisamment de ce qui précède que les dispositions susmentionnées de la loi allemande ne contreviennent pas à celles de la Convention; qu'il appert, dès lors, que la requête est manifestement mal fondée; qu'il y a lieu, par conséquent, de la rejeter en vertu de l'article 27, § 2 de la Convention;

Considérant superflu, dans ces conditions, d'examiner si le requérant a satisfait ou non aux prescriptions de l'article 26 de la Convention en matière d'épuisement des voies de recours internes;

Par ces motifs,
Déclare la requête irrecevable".

[Décision rendue le 28 septembre 1956]

No. 180/56

" . . .

Vu la requête introduite le 11 mai 1956 par Mme X ... contre la République Fédérale d'Allemagne, enregistrée le 12 mai 1956 sous le N° de dossier 180/56;

Vu le rapport prévu à l'article 45, § 1 du Règlement intérieur de la Commission;

Après avoir délibéré,

Considérant que la requérante se plaint d'avoir été arbitrairement stérilisée en 1938, sur ordonnance rendue par l' "Erbgesundheitsgericht" de B ... (Allemagne), pour cause de schizophrénie; qu'en réalité elle n'aurait jamais souffert de cette maladie mentale; que le véritable motif de cette procédure de stérilisation, qu'aurait introduite la Gestapo, aurait été la volonté de cette organisation

---

[1] Dans le même sens, les décisions rendues au sujet de la recevabilité des requêtes No 104/55 (supra, même rubrique) et 54/55 (non publiée dans ce volume – décision relative au proxénétisme „grave", réprimé par l'article 181 [2] 1 du Code pénal allemand). – Cf. aussi la décision relative à la requête No 261/57 (publiée infra sous XI, Examen d'office).

d'empêcher la requérante de révéler un délit commis par un de ses membres;

Considérant qu'après la guerre la requérante a introduit devant le Tribunal (*Landgericht*) de C ... une demande d'assistance judiciaire aux fins d'assigner le Land de D ... en paiement d'une indemnité; que cette demande a été repoussée le 23 novembre 1954, pour le motif que l'action envisagée n'avait aucune chance de succès; que, sur recours de la requérante, la Cour d'Appel (*Oberlandesgericht*) de C ... a confirmé cette décision le 8 février 1956;

Considérant que la requérante demande à la Commission de lui accorder une 'assistance judiciaire" pour lui permettre d'agir en justice contre les responsables de sa stérilisation et afin d'obtenir réparation du dommage par elle subi;

Considérant, en ce qui concerne la stérilisation pratiquée sur la requérante en 1938, que les faits allégués remontent à une période antérieure au 3 septembre 1953, date d'entrée en vigueur de la Convention européenne des Droits de l'Homme à l'égard de la République Fédérale d'Allemagne; que, selon les principes de droit international généralement reconnus, ladite Convention ne régit, pour chaque Partie Contractante, que les faits postérieurs à son entrée en vigueur à l'égard de cette Partie; qu'il y a donc lieu de rejeter la requête de ce chef, comme irrecevable *ratione temporis*;

Considérant, pour autant que la requête se réfère aux actions intentées par la requérante après le 3 septembre 1953, que l'examen du dossier ne permet pas de dégager, de façon générale, l'apparence d'une violation d'un des droits reconnus dans la Convention, notamment à l'article 6; qu'il appert donc que la requête est manifestement mal fondée; qu'il y a lieu, par conséquent, de la rejeter également de ce chef, en vertu de l'article 27 § 2 de la Convention;

Considérant spécialement, quant aux demandes d'assistance judiciaire, qu'aux termes de l'article 6 § 3 (c) de la Convention, tout accusé a droit notamment à "se défendre lui-même ou avoir l'assistance d'un défenseur de son choix, et, s' il n'a pas les moyens de rémunérer un défenseur, pouvoir être assisté gratuitement par un avocat d'office, lorsque les intérêts de la justice l'exigent"; que le droit à l'assistance gratuite d'un avocat d'office n'est donc reconnu qu'en faveur de tout "accusé", c'est-a-dire d'une personne accusée d'une infraction pénale, à condition que l'accusé n'ait pas les moyens de rémunérer un défenseur de son choix et dans la mesure où les intérêts de la justice exigent l'assistance d'un défenseur; qu'en dehors du cas prévu au susdit article 6 de la Convention, le bénéfice de l'assistance judiciaire n'est pas reconnu par la Convention comme un droit que toute personne pourrait invoquer et dont le refus par l'autorité compétente constituerait par lui-même une violation de la Convention; qu'en l'espèce il a été refusé au sujet d'une action civile que la requérante se proposait d'intenter; qu'il appert donc que la requête est incompatible avec les dispositions de la Convention; qu'il y a lieu, par conséquent, de la rejeter également de ce dernier chef, en vertu de l'article 27 § 2 de la Convention [1];

Par ces motifs,
Déclare la requête irrecevable

[Décision rendue le 29 septembre 1956]

No. 217/56

" ...

Vu la requête introduite le 20 septembre 1956 par X ... contre la République Fédérale d'Allemagne, enregistrée le 21 septembre 1956 sous le N° de dossier 217/56;

Vu le rapport prévu à l'article 45, § 1, du Règlement intérieur de la Commission;

Après avoir délibéré,

Considérant que le requérant, avocat à B ... (République Fédérale d'Allemagne), se plaint de s'être vu infliger une condamnation pénale dans des conditions qu'il estime contraires à la loi allemande et à la Convention européenne des Droits de l'Homme; qu'il ressort de l'examen du dossier que le requérant, fondateur et membre du comité d'une association d'étudiants dont les réunions nocturnes, consacrées à l'exécution de musique de jazz, dérangeaient les voisins, fut condamné par le juge de paix (*Friedensgericht*) de B ..., le 8 novembre 1955, à une amende de 10 DM pour tapage nocturne; que ledit juge le déclara coupable d'avoir omis, en tant que membre du comité de l'association, de prendre des mesures propres à empêcher le tapage de se produire, alors surtout que la police l'y avait invité à plusieurs reprises; que, sur appel du requérant, le Friedensobergericht de B ... confirma, le 21 décembre 1955, la décision de première instance; que ce tribunal retint, entre autres, que l'association avait pour but essentiel l'organisation de réunions consacrées à l'exécution de musique de jazz et au cours desquelles étaient débitées des boissons alcooliques, qu'elle avait chargé chacun des trois membres de son comité de veiller à tour de rôle à ce que ces réunions se déroulent dans l'ordre et le calme, que le requérant avait envers elle le devoir de prendre des mesures propres à empêcher le tapage de se produire et qu'il avait manqué dolosivement à ce devoir, causant ainsi un tapage nocturne dont il devait porter la responsabilité; que le requérant saisit enfin de son cas la Cour fédérale de Justice Constitutionnelle (*Bundesverfassungsgericht*), laquelle rejeta son recours le ... 1956 comme manifestement mal fondé;

---

[1] Cf. également les décisions relatives aux requêtes No. 134/55 (supra, même rubrique) et 265/57 (sous V supra, requêtes essentiellement les mêmes ...).

– Dans le même sens: décisions relatives aux requêtes No 128/55, 171/56, 178/56. 195/56 et 198/56, non publiées dans ce volume.

Considérant que le requérant soutient que sa condamnation est inadmissible en droit allemand, qui ne prévoit la responsabilité pénale des membres du comité d'une association que dans certains cas limitativement définis par la loi, parmi lesquels le sien ne rentrerait pas; qu'il allègue, en conséquence, la violation du principe "nulla poena sine lege", consacré par l'article 7 de la Convention européenne des Droits de l'Homme;

Considérant, de façon générale, que l'examen du dossier ne permet pas de dégager l'apparence d'une violation d'un des droits et libertés reconnus dans la Convention européenne des Droits de l'Homme, et notamment du droit à une bonne administration de la justice, sous les conditions fixées et dans les limites définies à l'article 6 de ladite Convention;

Considérant spécialement, pour autant que le requérant semble se plaindre d'avoir été condamné pour un délit commis par autrui, qu'il ressort de l'examen du dossier qu'il l'a été en réalité pour un fait personnel, celui d'avoir omis, en tant que membre du comité de l'association en question et bien qu'il eût conscience du caractère bruyant de réunions qu'il avait organisées et dirigées, de prendre des mesures propres à empêcher le tapage de se produire; qu'il est dès lors superflu de rechercher en l'espèce si la Convention consacre le principe de la personnalité des peines, que le requérant paraît invoquer;

Considérant enfin, pour autant que le requérant reproche aux décisions judiciaires incriminées d'avoir enfreint le principe "nulla poena sine lege", qu'il n'appert point que les juridictions allemandes qui ont connu de l'affaire aient appliqué les prescriptions du Code pénal allemand de façon incompatible avec le principe de la légalité des délits et des peines ni avec son corollaire, le principe de l'interprétation restrictive des textes répressifs, tels que consacrés à l'article 7 de la Convention;

Qu'il s'avère, dès lors ,que la requête est, dans son ensemble manifestement mal fondée; qu'il y a lieu, par conséquent, de la rejeter par application de l'article 27 § 2 ce la Convention;

Par ces motifs,

Déclare la requête irrecevable".

[Décision rendue le 20 juillet 1957]

No. 268/57

"
...

Vu la requête introduite le 22 mars 1957 par X ... contre la Belgique, enregistrée le 25 mars 1957 sous le N° de dossier 268/57;

Vu le rapport prévu à l'article 45, § 1, du Règlement intérieur de la Commission;

Après avoir délibéré,

Considérant que le requérant, ressortissant belge domicilié à B ...

(Belgique), se plaint de ne plus toucher, depuis septembre 1944, la pension qu'il percevait jusqu'alors pour invalidité contractée à l'armée avant la guerre, et ce à la suite d'une condamnation pénale prononcée contre lui en 1945, pour collaboration avec l'ennemi, par un tribunal non précisé; qu'il expose que, condamné aux travaux forcés à perpétuité et à la perte de ses droits civils et politiques, il aurait obtenu la remise de la première de ces peines à vingt-cinq ans de travaux forcés; qu'il aurait finalement été libéré le 29 décembre 1955; que, le ... 1947, alors qu'il se trouvait encore en prison, le requérant sollicita la reprise du versement de sa pension; qu'en réponse, le Ministère belge du Budget l'informa, le ... 1947, qu'il avait été décidé de suspendre tout versement jusqu'au règlement légal définitif des situations de ce genre; que, saisi d'une seconde pétition datée du ... 1951, le Ministère belge des Finances fit savoir au requérant, le ... 1951, qu'il était déchu de son droit à pension en vertu de l'article 9 de la loi du 10 août 1948; que le requérant indique qu'il a introduit auprès du Ministère belge de la Justice, dans la première quinzaine de ... 1957, un recours en grâce tendant à ce que la durée légale de sa peine et, corrélativement, de la déchéance de ses droits civils et politiques, soit ramenée au nombre des années qu'il a effectivement passées en prison, ce qui lui permettrait, espère-t-il, de jouir à nouveau de sa pension; que dans sa dernière lettre, datée du 5 juillet 1957, il déclare n'avoir reçu aucune réponse;

Considérant que le requérant allègue que la loi précitée du 10 août 1948 contrevient, de par son caractère rétroactif, aux prescriptions de l'article 7, § 1 de la Convention de Sauvegarde des Droits de l'Homme et des Libertés fondamentales; qu'il réclame le paiement de sa pension, y compris les arrérages;

Considérant que la plupart des faits de la cause remontent à une date antérieure au 14 juin 1955, date d'entrée en vigueur de la Convention susmentionnée à l'égard de la Belgique; que, selon les principes de droit international généralement reconnus, ladite Convention ne régit, pour chaque Partie Contractante, que les faits postérieurs à son entrée en vigueur à l'égard de cette Partie; qu'il y a donc lieu de rejeter la requête de ce chef, comme irrecevable *ratione temporis*;

Considérant en outre que l'examen du dossier ne permet pas, de façon générale, de dégager l'apparence d'une violation d'un des droits et libertés reconnus dans la Convention;

Considérant spécialement, en ce qui concerne la violation alléguée du principe de la légalité des délits et des peines et de son corollaire, le principe de la non-rétroactivité de la loi pénale, tels que consacrés à l'article 7 de la Convention, qu'aux termes de son paragraphe 2 cet article ne porte pas atteinte au jugement et à la punition d'une personne coupable d'une action ou d'une omission qui, au moment où elle a été commise, était criminelle d'après les principes généraux de droit reconnus par les nations civilisées; qu'il ressort des travaux préparatoires de la Convention que le paragraphe 2, précité, de l'article 7 a pour but de préciser que cet article n'affecte pas les lois qui, dans les circonstances tout à fait exceptionnelles qui se sont produites à l'issue de la deuxième guerre mondiale, ont été passées pour réprimer les crimes de guerre et les faits de trahison et de collaboration avec l'ennemi, et ne vise à aucune condamnation juridique ou morale de ces lois [1];

Qu'il résulte de ce qui précède que la requête est manifestement mal fondée; qu'il y a lieu, par conséquent, de la rejeter également par application de l'article 27, § 2 de la Convention;

Par ces motifs,
Déclare la requête irrecevable".

[Décision rendue le 20 juillet 1957]

No. 323/57

" ...

Vu la requête introduite le 4 octobre 1957 par X ... contre le Royaume du Danemark, enregistrée le 7 octobre 1957 sous le N° de dossier 323/57;

Vu le rapport prévu à l'article 45, § 1 du Règlement intérieur de la Commission;

Après avoir délibéré,

Considérant que les faits de la cause peuvent se résumer comme suit:

Le ... 1947, le requérant, de nationalité danoise, a été condamné par le tribunal de B ... (Danemark), pour faits de collaboration, à 12 ans de détention et à la confiscation des deux tiers de ses biens, en vertu de l'article 4 de la loi du ler juin 1943 portant amendement du Code pénal.

Le requérant a interjeté appel devant la Haute Cour de ... qui, par arrêt du 8 avril 1948, l'a condamné à huit ans de détention et à la confiscation d'une somme de 70.000 couronnes.

Contre cet arrêt, le requérant a recouru devant la Cour Suprême (*Højesteret*). La Cour Suprême a confirmé la sentence de détention et prononcé la confiscation de la moitié des biens du requérant.

Par lettre du ... 1952, le requérant a adressé une requête à la Commission d'appel (*Ankenaevn*) pour obtenir la réouverture de l'instruction (*Genoptagelse*). Le ... juin 1954, la Commission d'appel par deux voix contre une, a rejeté cette requête.

Le ... 1957, le requérant a introduit une autre requête apprès de la Cour spéciale d'Appel (*Den Saerlige Klageret*) pour obtenir la

[1] Dans le même sens, la décision relative à la recevabilité de la requête No 77/55 (non publiée dans ce volume).

réouverture de l'instruction. Le ... 1957, la Cour spéciale a repoussé cette demande.

Considérant que, selon le requérant, les dispositions ci-après ont été violées au cours de la procédure:

A. Article 1 du Protocole Additionnel

Le requérant soutient que les dispositions restrictives figurant au 2ème paragraphe de cet article ne justifiaient pas la mesure qui l'a privé de la moitié de ses biens. A l'appui de ses allégations, il fait valoir, en substance, les arguments suivants:

(i) Bien que la Cour Suprême n'ait pu tenir compte de ladite clause, le Protocole n'étant pas encore signé à la date de l'arrêt, il serait à présumer qu'*actuellement* on agirait à l'encontre des obligations imposées par le Protocole (ratifié par le Danemark) si l'on *mettait à exécution,* à titre de peine, la saisie des biens prononcée dans le jugement qui a condamné le requérant;

(ii) Conformément à l'un des principes du droit danois, si le Code pénal en vigueur à la date du jugement définitif diffère des dispositions en vigueur lors de la perpétration du délit, la peine devrait être fixée selon la législation la plus récente, à condition que cela n'entraîne pas une peine plus grave que celle qui aurait découlé de la législation antérieure. Or, le requérant estime que la Convention et le Protocole doivent être considéres comme intégrés à la législation danoise, la première depuis le 3 septembre 1953, le second depuis le 18 mai 1954, et ce en vertu des principes généraux du droit international. Dès lors, selon lui, il est impossible d'exécuter, après l'entrée en vigueur du Protocole, une sentence prononcée antérieurement à cette date et prévoyant une peine que ledit Protocole prohibe dorénavant;

(iii) Aux termes de l'article 64 de la Constitution danoise, les magistrats, dans l'exercice de leurs fonctions, seraient tenus de se conformer exclusivement à la loi, ce terme comprenant tous les traités ratifiés par le Danemark. La Commission d'appel et le Cour spéciale d'Appel, étant des tribunaux, auraient dû s'assurer d'office que leurs décisions ne violaient pas un droit protégé par la Convention ou le Protocole. Le requérant prétend que la Cour spéciale d'Appel, ayant été informée que l'affaire pourrait être portée devant la Commission européenne, avait été invitée à examiner dans quelle mesure les dispositions de la Convention et du Protocole pourraient influencer sa décision;

(iv) Le requérant fait état de la divergence fondamentale qui existe, à son sens, entre l'article 73 de la Constitution danoise de 1953 et l'article 1 du Protocole additionnel. L'article 73 de la Constitution danoise est ainsi conçu:

"La propriété est inviolable. Nul ne peut être contraint de se dessaisir de sa propriété, si ce n'est pour cause d'utilité publique. L'expropriation ne peut avoir lieu qu'en vertu d'une loi et moyennant pleine et entière compensation".

Le requérant déclare que, si la disposition constitutionnelle est absolue dans ses termes, en fait, comme les tribunaux l'auraient établi à maintes reprises, diverses atteintes pourraient être portées à la propriété privée, inviolable en principe, sans donner lieu à indemnisation (impôts, autres taxes publiques, amendes, restrictions prévues par la législation agricole et immobilière, par les clauses de mitoyenneté, etc.). Or, d'après lui, l'article 1 du Protocole diffère de la disposition constitutionnelle en ce qu'il énumère expressément les cas dans lesquels il est permis de restreindre le droit de chacun au respect de ses biens. C'est ainsi que le paragraphe premier dispose que nul ne peut être privé de sa propriété que pour cause d'utilité publique et, dans ce cas, sous réserve de certaines conditions. Le deuxième paragraphe spécifie que le principe du respect des biens ne saurait en aucune façon porter atteinte au droit que possèdent les Etats de mettre en vigueur les lois qu'ils jugent nécessaires pour réglementer l'usage des biens conformément à l'intérêt général ou pour assurer le paiement des impôts ou d'autres contributions ou des amendes. Il serait à présumer, selon les principes généraux d'interprétation, que les limitations admises par cet article sont les seules dont on puisse tenir compte. Le requérant allègue que sa thèse se trouve en outre corroborée par l'article 64 de la Convention. En effet, si les puissances signataires peuvent formuler des réserves au moment de la signature du Protocole additionnel, c'est que les dispositions de l'article ler dudit Protocole doivent être considérées comme limitatives. Le requérant conclut que le fait que la saisie des biens n'est pas mentionnée semble impliquer que cette mesure est incompatible avec le droit au respect des biens, garanti par le premier paragraphe de l'article 1 du Protocole.

B. Article 6, paragraphe 2 de la Convention

Pendant les trois années qu'a duré le procès, de nombreuses déclarations fallacieuses tendant à faire croire que le requérant était coupable d'un certain nombre de crimes graves, qu'il nie avoir commis, auraient été communiquées à la presse. Le requérant donne à ce sujet les renseignements suivants:

(i) En ... 1945, le ministère public aurait déclaré à la presse qu'il était établi qu'en 1944, le requérant avait incité Quisling à obtenir de Hitler la formation d'un Gouvernement au Danemark; toutefois, le requérant aurait été acquitté de ce chef par la Haute Cour le ... 1948.

(ii) En ... 1945, le "politiadvokat" (fonctionnaire de la police chargé de l'instruction préliminaire des affaires et de leur présentation aux tribunaux) aurait déclaré à la presse que le requérant avait cherché à renverser le Gouvernement danois avec l'aide de l'Allemagne.

(iii) En ... 1946, le "politiadvokat", qui se serait rendu en Norvège pour examiner certaines pièces du dossier, aurait déclaré, dans une interview à la presse, que l'on avait trouvé des preuves décisives montrant que Quisling avait consulté Hitler sur le projet de formation d'un Gouvernement au Danemark et que dorénavant la culpabilité du requérant était pleinement établie.

(iv) En ... 1946, le Ministre de la Justice aurait informé la Chambre Basse des charges pesant contre le requérant. Par là, il aurait émis publiquement un avis sur les peines qu'aurait méritées le requérant.

(v) Le requérant affirme que toute la campagne de presse qui, directement ou indirectement, émanait du ministère public, visait à influer sur l'opinion ainsi que sur l'attitude de ceux qui devaient produire des témoignages et de celui qui devait prononcer le jugement, ce qui exclurait toute possibilité de jugement équitable.

(vi) Le requérant fait valoir qu'aux fins de l'article 6, paragraphe 2, il n'y a pas lieu d'examiner si les déclarations tendancieuses ont entraîné sa condamnation ou y ont contribué.

(vii) Le requérant aurait écrit à diverses reprises (... 1946, ..., ... et ... 1947) au Ministère de la Justice pour protester contre les abus précités. En dehors d'une réponse, datée du ... 1946, à sa première lettre, il n'aurait obtenu aucune réponse jusqu'au ... 1952. Il allègue en outre que ses plaintes n'ont pas été examinées, ce que semble d'ailleurs confirmer la Cour spéciale dans sa décision précitée. D'après le requérant, le fait que le Ministère de la Justice n'ait tenu nul compte des plaintes introduites n'a pas permis que sa cause fût entendue équitablement.

Il ressort d'autre part des documents versés au dossier que la Commission d'Appel et la Cour spéciale d'Appel, auxquelles le requérant avait soumis ses griefs concernant les faits ci-dessus exposés [points (i) à (iv)], ont reconnu qu'il avait été contrevenu à certaines règles de la procédure judiciaire mais qu'en raison des délais écoulés, les décisions des tribunaux n'avaient pu en être influencées.

C. Article 6, § 3, alinéa (d) de la Convention

A ce sujet, le requérant fait valoir qu'une décision de la Haute Cour lui a refusé l'autorisation de citer certains témoins. Par lettre adressée à la Haute Cour le ... 1947, il aurait demandé, avec motifs à l'appui, la convocation d'un certain nombre de personnes danoises et allemandes comme témoins. Or, la Cour aurait repoussé cette demande et l'aurait renvoyée à la Commission parlementaire, qui n'aurait procédé à aucune enquête.

D. Article 6, § 1 de la Convention

Le requérant prétend que la Commission d'Appel et la Cour spéciale d'Appel ne constituaient pas des juridictions impartiales, car leur composition contrevenait aux conditions légales tendant à assurer l'impartialité des magistrats. A cet égard, le requérant expose, en substance, les faits suivants:

(i) Au sujet de la Cour spéciale d'Appel: Par lettre du ... 1956, le requérant aurait porté plainte auprès de la Cour spéciale d'Appel, en récusant son Président qui avait déjà participé à l'examen de l'affaire par la Cour Suprême. Le ... 1957, la Cour aurait admis la récusation demandée par le requérant et décidé que ce magistrat ne participerait pas au procès, non plus qu'à la décision de réouverture de l'instruction. Or, d'après le requérant, ce magistrat ayant déjà présidé la Cour spéciale pendant deux années et ayant donc pu exercer une influence considérable sur la marche du procès, l'instruction aurait dû être entièrement reprise après renouvellement intégral de la Cour.

(ii) Au sujet de la Commission d'Appel: Le requérant allègue que le Président de la Commission avait publiquement parlé de lui en termes désobligeants et avait un intérêt personnel à ne pas permettre la réouverture de l'instruction. Il considère que, dans ces conditions, ce magistrat n'aurait pas dû être admis à participer au procès. Une requête en ce sens aurait été rejetée par le Ministre de la Justice.

(iii) Le requérant soutient en outre que les deux juridictions susmentionnées ont méconnu les dispositions de l'article 6 sur "le droit à un jugement équitable" qui, estime-t-il, forment partie intégrante de la législation danoise.

E. Article 5, § 3, et Article 6, § 1 de la Convention

A cet égard, le requérant allègue que, pour des raisons tenant essentiellement à la violation des principes de justice par les pouvoirs publics, le procès s'est prolongé sur une durée de douze ans et que lui-même a été maintenu sans raison en détention pendant quatre ans.

Il fait valoir, à ce sujet, les moyens suivants:

(i) L'affaire a duré du ... 1945 (date de son arrestation) au ... 1957 (décision de la Cour spéciale d'Appel).

Le requérant soutient que ce retard ne saurait lui être imputé, et ce pour les motifs suivants:

(a) Ledit retard résulterait du nombre considérable de chefs d'accusation qui, par la suite, se sont révélés sans fondement;

(b) Il ressortirait des déclarations faites par le Ministre de la Justice à la Chambre Basse que le procès aurait été différé parce que le Ministère public espérait mettre la main sur les preuves nécessaires, dont l'inexistence aurait été finalement démontrée;

(ii) Le requérant considère qu'aux termes de l'article 5, § 3, il aurait dû être au moins libéré pendant la procédure. Or, il resta en prison du ... 1945 (date de son arrestation) au ... 1949 (arrêt de la Cour Suprême).

Considérant que le requérant s'appuie sur l'article 28, alinéa b), et sur l'article 13 de la Convention européenne de Sauvegarde des Droits de l'Homme et des Libertés fondamentales pour demander que la Commission apporte à l'affaire un règlement qui le rétablisse effectivement dans ses droits; que, selon lui, pareil règlement devrait comprendre les points suivants:

(i) La sentence prononçant la confiscation de ses biens devrait être cassée;

(ii) Les autorités danoises devraient restituer au requérant la somme de 94.925,08 couronnes qu'il a déjà versée, conformément aux dispositions légales réglementant le paiement des intérêts sur les biens à confisquer;

(iii) Le requérant devrait être indemnisé des pertes résultant de la violation de la Convention, notamment:

Honoraires de la défense (extrêmement élevés en raison de la durée de la procédure), soit 590.511, 38 couronnes; Pertes diverses (sabotage, incendies, gestion de son domaine en son absence, etc ...)

Frais et dépens du procès: 50.000 couronnes, etc.

(iv) Eventuellement, insertion dans la presse danoise d'une annonce légale rétractant la diffamation et les calomnies auxquelles le requérant a été exposé;

Considérant que le requérant estime irrelevante la question de savoir si les violations incriminées se sont produites, en tout ou en partie, avant ou après l'entrée en vigueur de la Convention (3 septembre 1953) et du Protocole additionnel (18 mai 1954) à l'égard du Danemark, l'affaire constituant d'après lui un tout indissociable; qu'il fait en outre valoir que, du moment que les effets de la violation persistent, les dispositions de la Convention et du Protocole additionnel doivent s'appliquer à toute violation de ces instruments, quand bien même cette violation aurait été commise avant l'entrée en vigueur desdits instruments;

Considérant, quant à la violation alléguée de l'*article Ier du Protocole Additionnel* (cf. le point A ci-dessus), que, de l'avis de la Commission, il ressort tant du texte même de cet article que des travaux préparatoires que cette disposition n'a pas affecté le régime des peines pécuniaires, tel que pratiqué par les Etats civilisés, matière qui autrement, vu son importance, aurait certainement fait l'objet d'une réglementation quelconque dans le Protocole, ce qui n'est pas le cas;

Que le fait que l'article ler du Protocole n'a point affecté ledit régime est également indiqué par la constatation qu'aucun des Etats signataires n'a formulé de réserve en ce qui concerne les peines pécuniaires qui étaient et sont prévues par les législations de la totalité des Parties Contractantes et des Etats civilisés en général;

Qu'en supposant le contraire, on aboutirait à la conclusion que les Parties Contractantes auraient, sans discussion et sans réserve aucune, admis la véritable révolution juridique qu'impliquerait une interprétation différente de l'article ler du Protocole, lequel n'a réglé et n'a pu régler que les cas qui y sont expressément visés;

Que, par conséquent, les griefs que le requérant formule à ce sujet ne peuvent s'appuyer sur les dispositions de l'article ler du Protocole Additionnel; qu'à cet égard la requête est donc *manifestement mal fondée*; qu'il y a lieu, dès lors, de la rejeter de ce chef, par application de l'article 27, § 2 de la Convention;

Qu'il importe de relever, en tout état de cause, que les décisions judiciaires qui ont prononcé la confiscation d'une partie des biens du requérant remontent à une période antérieure au 18 mai 1954, date d'entrée en vigueur du Protocole à l'égard du Danemark; que, selon les principes de droit international généralement reconnus, ledit Protocole ne régit, pour chaque Partie Contractante, que les faits postérieurs à son entrée en vigueur à l'égard de cette Partie; qu'il y a donc lieu de rejeter cette partie de la requête également de ce chef, comme irrecevable *ratione temporis*;

Considérant, quant à la violation alléguée de *l'art. 6 § 2 de la Convention* (cf. le point B ci-dessus), que les abus incriminés se sont passés entre 1946 et 1949 et remontent donc à une période antérieure au 3 septembre 1953, date d'entrée en vigueur de la Convention à l'égard du Danemark; que, selon les principes de droit international généralement reconnus, la Convention ne régit, pour chaque Partie Contractante, que les faits postérieurs à son entrée en vigueur à l'égard de cette Partie; qu'il y a donc lieu de rejeter cette partie de la requête, comme irrecevable *ratione temporis*;

Qu'il est vrai que le requérant s'en prend également, sous ce rapport, aux décisions des deux juridictions spéciales qu'il avait saisies d'une demande en révision, décisions rendues postérieurement à l'entrée en vigueur de la Convention à l'égard du Danemark; qu'il importe toutefois de souligner que, loin de méconnaître le principe de l'article 6, § 2 de la Convention, lesdites décisions le consacrent implicitement; qu'il en résulte que, sur ce point, la requête est manifestement mal fondée; qu'il y a lieu, par conséquent, de la rejeter de ce chef par application de l'article 27, § 2 de la Convention;

Considérant, quant à la violation alléguée de *l'article 6 § 3 d) de la Convention* (cf. le point C ci-dessus), que les faits dont s'agit remontent à une période antérieure au 3 septembre 1953; qu'il s'ensuit qu'il y a lieu de rejeter cette partie de la requête, comme irrecevable *ratione temporis*;

Considérant, quant à la violation allégüée de *l'art. 6 § 1 de la Convention* (cf. le point D ci-dessus), qu'il importe tout d'abord de relever que tous les moyens invoqués par le requérant dans sa requête à l' "Ankenaevn" ont été présentés à nouveau par lui, et même amplifiés, devant le Cour spéciale d'appel; que, dès lors, le grief relatif à la non-récusation du magistrat en question, même s'il a une certaine apparence de fondement, manque actuellement de pertinence, la cause ayant été réexaminée complètement par la juridiction saisie en dernier lieu et aux délibérations de laquelle ne participait pas ledit magistrat; que, sur ce point particulier, il appert donc que la requête est *manifestement mal fondée*; qu'il y a lieu, par conséquent, de la rejeter de ce chef par application de l'article 27, § 2 de la Convention;

Qu'en ce qui concerne, d'autre part, la procédure qui s'est déroulée devant la Cour spéciale d'Appel, l'examen du dossier ne permet pas de dégager l'apparence d'une violation de l'un des droits et libertés reconnus dans la Convention, notamment à l'article 6; qu'il appert donc que cette partie de la requête est *manifestement mal fondée*; qu'il y a lieu, par conséquent, de la rejeter également de ce chef par application de l'article 27, § 2 de la Convention;

Considérant, quant à la violation alléguée des *articles 5, § 3 et 6 § 1 de la Convention* (cf. le point E ci-dessus), que les instances ordinaires incriminées se sont déroulées de 1946 à 1949 et remontent, par conséquent, à une période antérieure au 3 septembre 1953, date d'entrée en vigueur de la Convention à l'égard du Danemark; que, selon les principes de droit international généralement reconnus, la Convention ne régit, pour chaque Partie Contractante, que les faits postérieures à son entrée en vigueur à l'égard de cette Partie; qu'il y a donc lieu de rejeter cette partie de la requête, comme irrecevable *ratione temporis*;

Par ces motifs,
Déclare la requête irrecevable"

[Décision rendue le 19 décembre 1957]

10. ALLEGED ERRORS OF MUNICIPAL TRIBUNALS

10. ERREURS DE FAIT OU DE DROIT IMPUTEES AUX JURIDICTIONS INTERNES

A number of applications are addressed to the Commission alleging errors of fact or of law on the part of municipal tribunals although the errors complained of – even supposing them to have been committed – are not within the purview of the Convention or the Protocol. The applicants in these cases thus appear to consider the Commission as an international court of superior instance whose task it is to hear appeals on such grounds. It is plain, however, both from Article 19 and from the preparatory work for the Convention, that the sole task of the Commission is to ensure that the Contracting Parties respect their obligations under the Convention and Protocol, having particular regard to Article 6 (the proper administration of justice).

Up to 31st December, 1957, the Commission had declared more than 35 individual applications inadmissible as being manifestly ill-founded (Article 27(2) of the Convention) wholly or partly on the ground that they alleged errors of fact or law on the part of municipal tribunals of which the Commission was not competent to judge. Three of these decisions are given below [1].

De nombreux requérants se plaignent devant la Commission d'erreurs de fait ou de droit que les juridictions internes auraient commises à leur détriment, sans que ces erreurs – à supposer leur existence établie – puissent avoir un rapport quelconque avec la Convention et le Protocole additionnel. Ce faisant, ils paraissent assimiler la Commission à une Cour internationale d'appel ou de Cassation chargée de connaître des recours alléguant de telles erreurs de fait ou de droit. Or, la Convention (article 19) et les travaux préparatoires indiquent clairement que tel n'est pas le rôle de la Commission, qui a pour seule fonction d'assurer le respect des engagements assumés par les Parties Contractantes en vertu de la Convention et du Protocole additionnel, et spécialement en vertu de l'article 6 de la Convention (bonne administration de la justice).

Au 31 décembre 1957, la Commission avait déclaré plus de trante-cinq requêtes individuelles irrecevables comme manifestement mal fondées (article 27, § 2 de la Convention) pour le motif, parfois combiné avec d'autres, que ces requêtes imputaient à des juridictions internes des erreurs de fait ou de droit que la Commission n'avait pas compétence pour apprécier. Trois de ces décisions se trouvent reproduites ci-après [1]:

No. 94/55

"

...

Vu la requête introduite le 27 septembre 1955 par X ... contre la République Fédérale d'Allemagne, enregistrée le 30 septembre 1955 sous le N° de dossier 94/55;

Vu le rapport prévu à l'article 45, § 1, du Règlement intérieur de la Commission;

Après avoir délibéré,

Considérant que le requérant prétend avoir exercé, de 1929 à 1932, les fonctions de professeur de l'enseignement primaire et, de 1932 à 1939, celles de professeur de l'enseignement secondaire dans une école d'Etat; qu'à cette dernière date il aurait été mis à la retraite à cause de son attitude anti-nazie; qu'il aurait ensuite trouvé un emploi dans une école privée, mais que les nazis l'auraient obligé le

---

[1] See also decisions regarding the admissibility of the following applications: Nos. 172/56 (under 7 above, Rights and freedoms guaranteed), 254/57 (under 1 above, Exhaustion of domestic remedies) and 261/57 (under 11 below, *Ex officio* examination).

[1] Voir également les décisions rendus au sujet de la recevabilité des requêtes No. 172/56 (sous 7 supra, Droits et Libertés garantis), 254/57 (sous 7 supra, Epuisement des voies de recours internes) et 261/57 (sous 11 infra, Examen d'office).

29 mars 1941, et pour les mêmes motifs, à quitter son nouveau poste; qu'après la guerre, il aurait été engagé par le Maire de B ..., le 21 décembre 1945, comme professeur à l'école secondaire de B ..., mais cet engagement aurait été résilié dès le 27 décembre 1945 "par un ordre des autorités supérieures"; que le requérant attribue cette décision à l'intervention arbitraire de l'Oberpräsident du Land de C ..., qui aurait ainsi abusé de ses pouvoirs; qu'il prétend avoir subi de ce fait un dommage de 2.995,93 RM, soit 299,59 DM, représentant la perte de son salaire jusqu'à la reprise de ses fonctions de professeur le ler septembre 1946; que le requérant a réclamé ladite somme en justice, mais que sa demande a été successivement rejetée par le Tribunal (*Landgericht*) de D ... (date non précisée), par la Cour d'Appel de F ... (arrêt du 28 février 1952) et par la Cour fédérale de Cassation (*Bundesgerichtshof*) de Karlsruhe (arrêt du ... décembre 1953) pour le motif que les faits allégués ne constitueraient pas un abus de pouvoir de la part de l'Oberpräsident du Land de C ...; que le requérant voit dans lesdites décisions judiciaires une violation de ses droits fondamentaux, notamment de son droit à une sécurité sociale équitable comme de son droit au travail;

Considérant que le requérant se plaint en outre de ce que l'administration du Land de C ..., par décision du 5 septembre 1949, ait injustement fixé au ler octobre 1948 le point de départ de la durée de ses fonctions, pour calculer le montant de sa retraite de professeur de l'enseignement secondaire, sans prendre en considération ses activités antérieures de professeur de l'enseignement primaire, notamment entre le 21 février 1929 et le 31 août 1946; que le recours du requérant contre ladite décision a été rejeté par le Tribunal administratif régional (*Landesverwaltungsgericht*) de D ... le 25 mai 1951; que le requérant a appelé de ce jugement devant le Tribunal administratif supérieur (Oberverwaltungsgericht) du Land de C ...; que, par arrêt du 27 janvier 1955, ce Tribunal a confirmé la plus grande partie dudit jugement; que, sur le conseil de son avocat, le requérant ne s'est pas pourvu en cassation, contre cet arrêt, devant la Cour fédérale Administrative (*Bundesverwaltungsgericht*) de Berlin, laquelle se serait, par le passé, constamment déclarée incompétente pour connaître de cas semblables à celui du requérant; que ce dernier demande à la Commission de prendre "une décision juste";

Considérant que les faits dont se plaint le requérant se placent à une période antérieure à l'entrée en vigueur de la Convention à l'égard de la République Fédérale d'Allemagne (3 septembre 1953); que la Convention ne régit que les faits postérieurs à son entrée en vigueur à l'égard de la Partie Contractante intéressée; qu'il y a donc lieu de rejeter la requête, de ce chef, comme irrecevable *ratione temporis*;

Considérant, quant aux instances et actions judiciaires soutenues par le requérant après la date de l'entrée en vigueur de la Convention à l'égard de la République Fédérale d'Allemagne, que l'examen du dossier ne permet pas de dégager l'apparence d'une violation d'un des droits reconnus dans la Convention, et notamment du droit à une bonne administration de la justice, sous les conditions et dans les limites prescrites par l'article 6 de cette Convention; qu'il importe de relever que la Commission européenne des Droits de l'Homme n'a pas été instituée pour connaître ou redresser, en tant qu'instance supérieure, les erreurs prétendues de droit ou de fait commises par les tribunaux internes des Parties Contractantes, alors que leurs décisions sont rendues dans la plénitude de leur juridiction, mais, selon l'article 19, pour assurer le respect des engagements assumés par les parties en vertu de la Convention; que la compétence de la Commission ne saurait donc s'exercer que dans les seuls cas où les décisions internes auraient été rendues au mépris des droits fondamentaux protégés par la Convention, ce qui n'est pas le cas en l'espèce; qu'il en est de même en ce qui concerne l'impossibilité dans laquelle s'est trouvé le requérant d'exercer son prétendu droit devant la Cour administrative de Berlin en tant que troisième instance judiciaire, l'exercice d'un tel droit étant subordonné aux règles de procédure établies par la loi interne;

Qu'il y a donc lieu, par conséquent, de rejeter la requête de ces deux derniers chefs, en vertu de l'article 27, § 2 de la Convention, comme manifestement mal fondée;

Par ces motifs
Déclare la requête irrecevable".

[Décision rendue le 29 mai 1956]

No. 125/55

" ...

Vu la requête introduite le 24 novembre 1955 par X ... contre la Suède, enregistrée le 28 novembre 1955 sous le N° de dossier 125/55;

Vu le rapport prévu à l'article 45, § 1, du Règlement intérieur de la Commission;

Après avoir délibéré,

Considérant que le requérant se plaint d'avoir été débouté à tort par le Tribunal de première instance (Radhusrätt) de B ... (Suède) le 27 août 1954, puis par la Cour d'Appel (*Svea Hovrätt*) de B ... le 6 mai 1955, et enfin par la Cour Suprême suédoise (*Högsta Domstol*) le ... 1955, d'une action par lui intentée contre les nommés C ... et D ..., huissiers près le Tribunal de B ..., lesquels auraient, le 22 janvier 1954, violé son domicile et lui auraient infligé des vexations; que ces faits se seraient produits à l'occasion d'une exécution forcée ordonnée par ce Tribunal pour assurer le paiement de frais de justice au versement desquels le requérant avait été condamné lors d'un précédent procès;

Considérant que le requérant conteste la légalité de cette exécution forcée et allègue la violation de l'article 8 de la Convention; qu'il affirme, d'autre part, que les décisions des juridictions précitées sont erronées, car elles reposeraient sur les paragraphes 59 et 60 de la Loi suédoise d'exécution, alors que d'autres dispositions auraient dû s'appliquer en l'espèce, à savoir le chapitre 20, § 6, alinéa 2, le chapitre 15, § 26, le chapitre 11, § 11 et le chapitre 25, § 4 du Code Pénal suédois;

Considérant que l'examen du dossier ne permet pas, de façon générale, de dégager l'apparence d'une violation d'un des droits reconnus dans la Convention européenne des Droits de l'Homme, notamment aux articles 6 et 8; qu'il importe spécialement de relever, en ce qui concerne les décisions judiciaires incriminées, que la Commission européenne des Droits de l'Homme n'a pas été instituée pour connaître, en tant qu'instance supérieure, des erreurs prétendues de droit ou de fait commises par les tribunaux internes des Parties Contractantes, alors que leurs décisions sont rendues dans la plénitude de leur juridiction mais, selon l'article 19 de la Convention, pour assurer le respect des engagements assumés par les Parties en vertu de la Convention; que la compétence de la Commission à se prononcer sur les décisions desdits tribunaux internes ne saurait donc s'exercer que dans la seule hypothèse où ces décisions paraîtraient avoir été rendues au mépris des droits et libertés garantis par la Convention; que l'examen du dossier ne permet pas de dégager l'apparence d'une telle violation; qu'il appert, dès lors, que la requête est manifestement mal fondée; qu'il y a lieu, par conséquent, de la rejeter en vertu de l'article 27, § 2 de la Convention;

Par ces motifs,
Déclare la requête irrecevable".

[Décision rendue le 29 septembre 1956]

No. 285/57

" ...

Vu la requête introduite le 27 novembre 1956 par Mme X ... contre la République Fédérale d'Allemagne, enregistrée le 20 mai 1957 sous le N° de dossier 285/57;

Vu le rapport prévu à l'article 45, § 1 du Règlement intérieur de la Commission;

Après avoir délibéré,

Considérant que la requérante, ressortissante allemande, avait déjà saisi la Commission, le 19 avril 1956, d'une première requête qui avait été enregistrée sous le N° de dossier 171/56; que, par cette requête, elle se plaignait notamment de ce que le Regierungspräsident de B ... et le Tribunal (*Landgericht*) de la même ville eussent, le premier le 23 novembre 1954, le second à une date non précisée, refusé de l'indemniser du préjudice que lui aurait causé son internement dans un asile d'aliénés de 1940 à 1945, et ce pour le motif qu'elle avait subi ledit internement non pour raisons politiques, mais pour faiblesse mentale;

Considérant que, le 28 septembre 1956, la Commission déclara cette première requête irrecevable *ratione temporis*, pour autant que les faits allégués remontaient à une période antérieure au 3 septembre 1953 et, pour le surplus, manifestement mal fondée et incompatible avec les dispositions de la Convention;

Considérant que, par sa présente requête, la requérante réitère les griefs qu'elle avait formulés précédemment; qu'il ressort en outre des nouvelles pièces qu'elle a versées au dossier qu'elle a été condamnée le 6 juillet 1956, par le Tribunal d'échevins (*Schöffengericht*) de C ..., à six semaines d'emprisonnement pour vol puis, le 9 novembre 1956, par le Tribunal d'arrondissement (*Amtsgericht*) de C ..., à la restitution d'une partie des objets volés; qu'elle proteste de son innocence, affirmant que les objets en question lui avaient été remis, à titre de don ou de salaire, suivant le cas, par la personne chez qui elle travaillait à l'époque comme domestique; qu'elle réclame le versement du salaire auquel elle estime avoir droit;

Pour autant que la requête reproduit les griefs énoncés dans la requête No 171/56

Considérant que, selon l'article 27, § 1 b) de la Convention de Sauvegarde des Droits de l'Homme et des Libertés fondamentales, la Commission ne retient aucune requête introduite par application de l'article 25 lorsqu'elle est essentiellement la même qu'une requête précédemment examinée par la Commission et si elle ne contient pas de faits nouveaux; qu'il appert que la présente requête est essentiellement la même que la requête No 171/56 et qu'elle ne contient pas de faits nouveaux; qu'il y a donc lieu de la rejeter de ce chef par application des dispositions précitées de l'article 27, § 1 b) de la Convention;

Pour autant que la requête se distingue de la requête No 171/56

Considérant, d'une part, qu'aux termes de l'article 26 de la Convention, la Commission ne peut être saisie qu'après l'épuisement des voies de recours internes, tel qu'il est entendu selon les principes de droit international généralement reconnus et dans le délai de six mois, à partir de la date de la décision interne définitive; que la requérante n'a pas interjeté appel contre les deux jugements incriminés, alors qu'elle en avait la faculté; qu'au surplus l'examen du dossier, tel qu'il se présente, ne permet pas de dégager l'existence de circonstances particulières de nature à relever la requérante, selon les principes de droit international généralement reconnus, de l'obligation d'épuiser les voies de recours internes dont elle disposait; qu'il appert donc que la requérante n'a pas observé les prescriptions précitées de l'article 26 de la Convention en ce qui concerne l'épuisement des voies de recours internes; qu'il y a lieu, dès lors, de rejeter la requête de ce chef par application de l'article 27, § 3 de la Convention;

Considérant, d'autre part, que l'examen du dossier, tel qu'il se présente, ne permet pas, de façon générale, de dégager l'apparence d'une violation d'un des droits et libertés reconnus dans la Convention de Sauvegarde des Droits de l'Homme et des Libertés fondamentales, et notamment du droit à une bonne administration de la justice, sous les conditions fixées et dans les limites définies à l'article 6 de ladite Convention;

Qu'il importe spécialement de relever, en ce qui concerne les deux jugements incriminés, que la Commission européenne des Droits de l'Homme n'a pas été instituée pour connaître, en tant qu'instance supérieure, des erreurs prétendues de droit ou de fait commises par les tribunaux internes des Parties Contractantes, alors que leurs décisions sont rendues dans la plénitude de leur juridiction mais, selon l'article 19 de la Convention, pour assurer le respect des engagements assumés par les Parties en vertu de cette Convention; que les erreurs de fait ou de droit qu'auraient commises les tribunaux n'intéressent donc la Commission, au stade de l'examen de la recevabilité des requêtes, que dans la mesure où elles sembleraient avoir entraîné la violation de l'un des droits et libertés limitativement énumérés dans la Convention; que, plus généralement, la Commission n'a compétence pour se prononcer sur les décisions desdits tribunaux que dans la seule hypothèse où ces décisions paraîtraient avoir été rendues au mépris des droits et libertés garantis par la Convention; que l'examen du dossier ne permet pas de dégager l'apparence d'une telle violation;

Qu'il appert, dès lors, que la requête est manifestement mal fondée; qu'il y a lieu, par conséquent, de la rejeter également de ce chef, par application de l'article 27, § 2 de la Convention;

Par ces motifs,
Déclare la requête irrecevable".

[Décision rendue le 29 août 1957]

II. EX OFFICIO EXAMINATION

II. EXAMEN D'OFFICE

The Commission was set up to ensure that the Contracting Parties respected their obligations under the Convention and Protocol. It interprets this task of safeguarding human rights as implying that it has authority, in cases properly referred to it, to examine the whole file *ex officio* and independently of any arguments presented by the applicant. This *ex officio* examination is one of the fundamental rules of its jurisprudence [1]. The decision given below clearly illustrates this point [2].

La Commission a été instituée afin de veiller au respect des engagements assumés par les Parties Contractantes en vertu de la Convention et du Protocole additionnel. Chargée d'assurer la sauvegarde des Droits de l'Homme, elle interprète sa tâche comme impliquant le pouvoir, lorsqu'elle se trouve régulièrement saisie, d'examiner d'office l'ensemble du dossier, indépendamment de l'argumentation présentée par le requérant. Cette notion d'examen d'office domine toute sa jurisprudence [1]. La décision reproduite ci-après l'illustre avec une netteté particulière [2].

No. 261/57

" ...

Vu la requête introduite le 26 février 1957 par X ... contre la République Fédérale d'Allemagne, enregistrée le 27 février 1957 sous le N° de dossier 261/57;

Vu le rapport prévu à l'article 45, § 1, du Règlement intérieur de la Commission;

Après avoir délibéré,

Considérant que les faits de la cause peuvent se résumer comme suit:

I. Le requérant, ressortissant allemand, avait saisi la Commission, le 20 décembre 1955, de la requête N° 135/55, qui a été déclarée irrecevable, le 31 mai 1956, comme manifestement mal fondée.

Par cette première requête, le requérant se plaignait:

a) d'avoir été condamné comme récidiviste, le 18 juin 1955, par un tribunal allemand à une peine d'emprisonnement pour homosexualité;

b) d'avoir vu son appel rejeté et l'appel incident du Ministère Public accueilli, ce qui a entraîné une majoration de la durée de son emprisonnement;

---

[1] See Doc. H (57) 1, pp. 31–32.

[2] See also decisions regarding admissibility of applications Nos. 99/55 (under 4-A above, Limitation *ratione personae*: Applicant), 202/56 (under 5 above, Applications essentially the same) and 172/56 (under 7 above, Rights and freedoms guaranteed).

[1] A ce sujet, cf. le Doc. H (57) 1, pp. 31–32.

[2] — Voir également les décisions rendues au sujet de la recevabilité des requêtes No. 99/55 (sous 4-A) supra, Compétence ratione personae quant au demandeur, No 202/56 (sous 5 supra, Requêtes essentiellement les mêmes) et No 172/56 (sous 7 supra, Droits et libertés garantis).

c) d'avoir été condamné par suite d'irrégularités de procédure et, notamment, de faux témoignages;

d) d'avoir reçu une rémunération insuffisante pour le travail effectué pendant son emprisonnement.

II. Par la présente requête, tout en réitérant les susdits griefs, le requérant soutient que la condamnation précitée a été essentiellement motivée par son origine ethnique polonaise et par son attitude politique anti-fasciste.

Il affirme, en outre, que l'interdiction générale de l'homosexualité en Allemagne viole les Droits de l'Homme, étant donné d'une part que ce même comportement sexuel n'est pas punissable dans d'autres pays et que, d'autre part, même en Allemagne, l'homosexualité n'est pas punie à l'égard des femmes.

III. Le requérant se plaint, enfin, du rejet – à une date non précisée – de sa demande en révision (formulée le ... 1956) par l'instance judiciaire compétente ...

IV. Le requérant n'a produit aucun document ayant un rapport direct avec sa requête. Il a, toutefois, après plusieurs rappels du Secrétariat, fait parvenir à la Commission, le ler novembre 1957, quelques coupures de presse ainsi qu'une copie d'un arrêt rendu le 10 mai 1957 par la Cour Fédérale Constitutionnelle. Cet arrêt déclare que la répression de l'homosexualité par le droit pénal allemand, et la limitation de cette répression à l'homosexualité entre hommes, ne sont pas incompatibles avec la loi fondamentale (*Grundgesetz*). Le requérant prétend que la procédure qui a abouti à l'arrêt précité devrait être considérée comme un "procès-test" à l'égard de son propre cas. Il estime que cet arrêt, par lequel la Cour Fédérale Constitutionnelle a définitivement fixé sa jurisprudence en la matière, le relève de l'obligation d'épuiser, quant à sa présente requête, les voies de recours internes dont il dispose en Allemagne.

Pour autant que la requête a trait à la condamnation du réquerant pour homosexualité

Considérant que, selon l'article 27, § 1 b), de la Convention, la Commission ne retient aucune requête introduite par application de l'article 25 lorsqu'elle est essentiellement la même qu'une requête précédemment examinée par la Commission et si elle ne contient pas de faits nouveaux;

Considérant que la présente requête ne se distingue de la requête No 135/55, sur le point susmentionné, que par deux moyens juridiques nouveaux que fait valoir le requérant (§ II ci-dessus); que ces moyens ne sont pas, en l'espèce, de nature à modifier le fait juridique qui constitue le fondement du droit invoqué;

Considérant, d'autre part, qu'aux termes de l'article 19 de la Convention, la Commission a été instituée "afin d'assurer le respect des engagements" assumés par les Parties Contractantes; qu'il incombe donc à la Commission, dès qu'elle est saisie par un particulier, de rechercher si, dans le cas qui lui est soumis, il y a ou non apparence de violation de la Convention; que la Commission procède d'office à cette recherche afin de déterminer si l'objet de la plainte tombe, de par sa nature même, dans le champ d'application de la Convention, sans que le requérant doive nécessairement se prévaloir d'un article de la Convention nommément désigné; qu'en l'espèce la Commission avait effectivement relevé, dans sa décision précitée du 31 mai 1956, que l'examen du dossier ne permettait pas de dégager même d'office, "l'apparence d'une violation, par les tribunaux allemands, d'un des droits reconnus dans la Convention", y compris, par conséquent, aux articles 8 et 14, sur lesquels semblent reposer les deux moyens juridiques nouveaux du requérant; qu'au demeurant la Commission avait, en se prononçant, le 17 décembre 1955, sur la recevabilité de la requête No 104/55, constaté que la Convention permet à une Haute Partie Contractante d'ériger, dans sa législation, l'homosexualité en infraction punissable, le droit au respect de la vie privée et familiale pouvant faire l'objet, dans une société démocratique, d'une ingérence prévue par la loi de cette Partie pour la protection de la santé ou de la morale; que, dans cette même decision, ainsi que dans celle qu'elle a rendue le même jour sur la recevabilité de la requête No 54/55, la Commission a en outre proclamé que l'article 14 de la Convention, relatif à la discrimination quant au sexe, n'exclut pas la possibilité, pour une Haute Partie Contractante, d'opérer une différenciation entre les sexes dans les mesures qu'elle prend pour la protection de la santé ou de la morale conformément à l'article 8 § 2 de la Convention; que les moyens juridiques nouveaux du requérant s'avèrent dès lors incompatibles avec la jurisprudence de la Commission, jurisprudence antérieure à la date du rejet de la requête No 135/55 et d'ailleurs confirmée depuis lors;

Considérant qu'il résulte de ce qui précède que la présente requête est essentiellement la même que la requête N° 135/55 et qu'elle ne contient pas de faits nouveaux; qu'il y a donc lieu de la rejeter de ce chef par application de l'article 27, § 1 b) précité, de la Convention;

Pour autant que la requête vise la demande de révision du procès du requérant

Considérant, d'une part, que l'examen du dossier, tel qu'il se présente, ne permet pas de dégager l'apparence d'une violation de l'un des droits et libertés reconnus dans la Convention européenne de Sauvegarde des Droits de l'Homme et des Libertés fondamentales, et notamment du droit à une bonne administration de la justice sous les conditions fixées et dans les limites définies par l'article 6 de ladite Convention; qu'il importe spécialement de relever, en ce qui concerne les décisions judiciaires incriminées par le requérant, que la Commission européenne des Droits de l'Homme n'a pas été instituée pour connaître, en tant qu'instance supérieure, des erreurs prétendues de droit ou de fait commises par les tribunaux internes des Parties Contractantes, alors que leurs décisions sont rendues dans la plénitude de leur juridiction mais, selon l'article 19 de la Convention, pour assurer le respect des engagements assumés par les Parties en vertu de la Convention; que les erreurs de droit ou de fait qu'auraient commises les tribunaux nationaux n'intéressent donc la Commission, au stade de l'examen de la recevabilité des requêtes, que dans la mesure où elles sembleraient avoir entraîné la violation de l'un des droits et libertés limitativement énumérés dans la Convention; que, plus généralement, la Commission n'a compétence pour se prononcer sur les décisions desdits tribunaux que dans la seule hypothèse où ces décisions paraîtraient avoir été rendues au mépris des droits et libertés garantis par la Convention; que l'examen du dossier ne permet pas de dégager l'apparence d'une telle violation; qu'il appert, dès lors, que cette partie de la requête est manifestement mal fondée; qu'il y a lieu, par conséquent, de la rejeter de ce chef, en vertu de l'article 27, § 2 de la Convention;

Considérant, d'autre part, qu'aux termes de l'article 26 de la Convention, la Commission ne peut être saisie qu'après l'épuisement des voies de recours internes, tel qu'il est entendu selon les principes de droit international généralement reconnus et dans le délai de six mois, à partir de la date de la décision interne définitive; que le requérant n'a point exercé, pour attaquer la décision rejetant sa demande en révision, les recours judiciaires dont il disposait, notamment devant la Cour Fédérale Constitutionnelle (*Bundesverfassungsgericht*), pour faire valoir, tout au moins, les griefs qu'il aurait pu, le cas échéant, formuler en raison de certaines violations d'ordre procédural dont il aurait éventuellement été victime; qu'au surplus, l'examen du dossier ne permet pas de dégager l'existence de circonstances particulières de nature à relever le requérant, selon les principes de droit international généralement reconnus, de l'obligation d'épuiser les voies de recours internes qui lui étaient ouvertes; qu'il appert donc que le requérant n'a pas observé les prescriptions précitées de l'article 26 de la Convention en ce qui concerne l'épuisement des voies de recours internes; qu'il y a lieu, dès lors, de rejeter cette partie de la requête également de ce chef, par application de l'article 27, § 3 de la Convention;

Par ces motifs,
Déclare la requête irrecevable".

[Décision rendue le 16 décembre 1957]

CHAPTER V

THE EUROPEAN COURT OF HUMAN RIGHTS

In accordance with Article 44, 45, 47 and 48 of the Convention, the Commission or a High Contracting Party may, in certain circumstances, bring a case concerning the interpretation and application of the Convention before the European Court which is set up in accordance with Article 19 (b).

It follows from Article 48 of the Convention that the jurisdiction of the Court only extends to those Contracting Parties which have, in accordance with Article 46, accepted its jurisdiction as being obligatory or which may choose in a particular case to submit to its jurisdiction.

Furthermore, the establishment of the Court is subject to the provision contained in Article 56, paragraph 1, that the first election of members of the Court shall not be held until the declarations by the High Contracting Parties mentioned in Article 46 have reached a total of eight. Paragraph 2 of the same Article specifies that no case can be brought before the Court before this election.

At the end of 1957, the jurisdiction of the Court as compulsory *ipso facto* and without special agreement has been recognised by the following States: Belgium, Denmark, the Federal Republic of Germany, Ireland and the Netherlands.

Three more declarations were therefore needed before the Court could be established.

CHAPITRE V

LA COUR EUROPEENNE DES DROITS DE L'HOMME

Selon les articles 44, 45, 47 et 48 de la Convention, la Cour européenne prévue à l'article 19 b) peut, sous certaines conditions, être saisie par la Commission ou par une Haute Partie Contractante d'une affaire concernant l'interprétation et l'application de la Convention.

Il ressort de l'article 48 de la Convention que la compétence de la Cour s'exerce à l'égard des seules Parties Contractantes qui, en vertu de l'article 46, ont déclaré reconnaître cette compétence comme obligatoire, ou qui, du moins, l'acceptent dans une affaire déterminée.

En outre, la création de la Cour est subordonnée à la réalisation des conditions stipulées à l'article 56. Cet article dispose, en effet, en son paragraphe 1er que la première élection des membres de la Cour n'interviendra que lorsque huit Parties Contractantes auront accepté la compétence de la Cour. De plus, le même article précise au paragraphe 2 qu'avant cette élection, aucune affaire ne pourra être portée devant la Cour.

A la fin de l'année 1957, cinq Etats avaient reconnu la juridiction de la Cour comme obligatoire de plein droit et sans convention spéciale: la Belgique, le Danemark, la République Fédérale d'Allemagne, l'Irlande et les Pays-Bas. Il manquait donc encore trois déclarations pour que la Cour puisse être constituée.

DOCUMENTATION AND BIBLIOGRAPHY / DOCUMENTATION ET BIBLIOGRAPHIE

A. COUNCIL OF EUROPE DOCUMENTS [1]

DOCUMENTS DU CONSEIL DE L'EUROPE [1]

1. *Reports of the debates of the Consultative Assembly* / 1. *Comptes rendus des débats de l'Assemblée Consultative*

Bilingual version, except as from 1955. / Version bilingue, sauf pour les années 1955 et suivantes

1949

3rd sitting/3ème séance

pp. 76–77: MM. Boothby and/et Philip
pp. 68–73: MM. Moutet, Mackay and/et Mollet

4th sitting/4ème séance

pp. 106–107: Agenda / ordre du jour

5th sitting/5ème séance

pp. 125–129: Agenda / ordre du jour
pp. 152–153: Lord Layton
pp. 202–205: M. Jakobsen

6th sitting/6ème séance

pp. 236–239: M. Macmillan
pp. 284–285: M. Churchill

8th sitting/8ème séance

pp 404–469: General discussion / Discussion générale

16th sitting/16ème séance

pp. 1066–1067: MM. Boggiano-Pico and/et Larock

---

[1] The documents set out below refer only to documents available to the public. The numerous documents of a confidential nature are not mentioned.

[1] La liste des documents ci-après ne se réfère qu'aux documents accessibles au public. Les nombreux documents de caractère confidentiel ne s'y trouvent pas mentionnés.

17th sitting/17ème séance

pp. 1122–1127: Adoption of urgent procedure / Adoption de la procédure d'urgence
pp. 1142–1161: M. Teitgen

18th sitting/18ème séance

pp. 1164–1293, Discussion on a report and vote / Discussion d'un rapport et vote 1294–1299, 1308–1327

1950

5th sitting/5ème séance

pp. 212–213: Lord Layton
pp. 282–285: M. Mac Bride

6th sitting/6ème séance

pp. 322–355: General discussion / Discussion générale

9th sitting/9ème séance

pp. 494–543: General discussion / Discussion générale

16th sitting/16ème séance

pp. 884–919: Discussion on a report / Discussion d'un rapport

17th sitting/17ème séance

pp. 926–949: Discussion on a report and vote / Discussion d'un rapport et vote

18th sitting/18ème séance

pp. 1282–1283: Count Sforza / Comte Sforza
pp. 1292–1297: MM. Teitgen and/et O'Higgins)
pp. 1300–1305: MM. Serrarens and/et Maccas
pp. 1308–1315: MM. Mitchison and/et Rolin
pp. 1322–1327: Lord Layton

1951

3rd sitting/3ème séance

p. 50: M. Schmal
pp. 55–56: M. Rolin

8th sitting/8ème séance

pp. 175–176 R. Stikker
pp. 187–190: Reference back to the committee / renvoi à la commission

9th sitting/9ème séance

M. Roth

17th sitting/ 17ème séance

pp. 433–435: M. Stanford
p. 437: M. Mitchison
pp. 440–441: M. de la Vallée Poussin
pp. 449-451: Vote

34th sitting/34ème séance

p. 898–908: Discussion on a report/Discussion d'un rapport

35th sitting/35ème séance

pp. 911–925: Discussion on a report and vote / Discussion d'un rapport et vote

1952

12th sitting/12ème séance

p. 308: Lord Layton

14th sitting/14ème séance

pp. 365–367: MM. Tillmanns and/et Pernot
p. 371: M. Senghor

22nd sitting/22ème séance

pp. 575–576: MM. Altmaier and/et Rolin

23rd sitting/23 ème séance

pp. 597–601: MM. Lannung, Hyde, Pernot
p. 603: M. Crosbie
pp. 609–610: M. Hyde

1953

4th sitting/4ème séance

p. 40: M. Healye
pp. 49–52: M. Rolin

6th sitting/6ème séance

pp. 105–106: Lord Layton

10th sitting/10ème séance

p. 200: M. Finn Moe

12th sitting/12ème séance

pp. 255–256 Lord Layton

16th sitting/16ème séance

pp. 339–345: General discussion / Discussion générale

22nd sitting/22ème séance

pp. 610–617: Discussion on a report and vote / Discussion d'un rapport et vote

1954

5th sitting/5ème séance

p. 97 M. Mercouris
p. 99: M. Droulias
p. 100: M. Fletcher-Cooke

7th sitting/7ème séance

pp. 149–151: M. Lannung

8th sitting/8ème séance

pp. 159–160 M. Rolin

9th sitting/9ème séance

p. 217: M. Finn Moe

13th sitting/13ème séance

p. 318: The President, Le Président

14th sitting/14ème séance

pp. 344–345: M. Rolin
p. 351: M. Erler

15th sitting/15ème séance

pp. 369–372: MM. Lannung, Schmal and/et Bell

26th sitting/26ème séance

pp. 708–713: Discussion on a report / Discussion d'un rapport

27th sitting/27ème séance

p. 751: Vote

33rd sitting/33ème séance

p. 992: M. Trittelwitz
pp. 995–995: MM. Braun and/et Erler
pp. 998–999: MM. Braun and/et Lütkens

35th sitting/35ème séance

pp. 1056–1066: Saar / Sarre (passim)

1955

2nd sitting/2ème séance

p. 16: M. Gudmundsson
pp. 18–20: MM. Crosbie, Lannung and/et Bettiol

4th sitting/4ème séance

pp. 72–74: MM. Lannung and/et Kiesinger
pp. 80–82: Lord Layton

9th sitting/9ème séance

p. 295: M. Rolin
p. 298: M. Rolin

15th sitting/15ème séance

p. 439: M. Santero

16th sitting/16ème séance

pp. 450–452: M. Federspiel
pp. 457–458: Mme. Weber
pp. 470–471: Lord Layton

24th sitting/24ème séance

pp. 725–729: Discussion on a report and vote / Discussion d'un rapport et vote

25th sitting/25ème séance

pp. 771–774: MM. Bichet et Erler, Mlle Klompé, the President/le Président, M. Bichet

1956

1st sitting/1ème séance

p. 5: Lord Layton

2nd sitting/2ème séance

pp. 19–20: M. Crosbie
p. 27: M. Martino
p. 28: M. Smitt-Ingebretsen

6th sitting/6ème séance

pp. 135–136: M. Kallias
p. 139: M. Droulias

10th sitting/10ème séance

pp. 257–258: M. Bichet

12th sitting/12ème séance

pp. 362–364: Discussion on Article 15 / Discussion relative à l'article 15

14th sitting/14ème séance

p. 408: M. Martins

27th sitting/27ème séance

pp. 879–882: Adoption of a report / Adoption d'un rapport

1957

2nd sitting/2ème sèance

p. 47: M. Jacobs

6th sitting/6ème séance

pp. 159–164: MM. Rolin and/et Conte
pp. 167–170: MM. Legendre and/et Rolin
pp. 194–195: M. Finn Moe

8th sitting/8ème séance

pp. 257–260: MM. Van Remortel et/and Teitgen

11th sitting/11ème séance

p. 328: M. Boggiano-Pico

17th sitting/17ème séance

p. 468: M. van Remortel

27th sitting/27ème séance

pp. 752–757: MM. Flanagan, Lucifero, Toncic and/et Ebner
pp. 768–773: Discussion on a report and vote / Discussion d'un rapport et vote

2. *Working papers of the Consultative Assembly / Documents de séance de l'Assemblée Consultative*

(i) Preparatory work of the Convention and Protocol / Travaux préparatoires de la Convention et du Protocole additionnel

1949

Doc. n° 3	pp. 19–20
Doc. n° 57–A, § 3,	p. 102
Doc. n° 57–T, § 4,	pp. 124–126
Doc. n° 77,	pp. 197–209
Doc. n° 80	
Doc. n° 81	
Doc. n° 82	
Doc. n° 83	pp. 219–226
Doc. n° 84	
Doc. n° 85	
Doc. n° 86	
Doc. n° 88	
Doc. n° 89	
Doc. n° 90	
Doc. n° 91	
Doc. n° 92	pp. 233–240
Doc. n° 93	
Doc. n° 94	
Doc. n° 95	
Doc. n° 97	
Doc. n° 98	pp. 242–245
Doc. n° 99	
Doc. n° 103	
Doc. n° 104	
Doc. n° 105	pp. 254–257
Doc. n° 106	
Doc. n° 108	pp. 261–264
Doc. n° 113	p. 274
Doc. n° 115, § 1 f),	p. 280
Doc. n° 116, § 6,	pp. 288–289
Doc. n° 117, § 7,	pp. 294–295

1950

Doc. n° 6	pp. 517–535
Doc. n° 7, Annex/Annexe I, § 6,	p. 546
et Annex/Annexe II, § 7,	pp. 551–552
Doc. n° 8, §§ 54–63,	pp. 570–572
Doc. n° 9	pp. 593–594
Doc. n° 11, § 1,	p. 600
et Annexe A,	pp. 602–619
Doc. n° 30	p. 744
Doc. n° 55	p. 793
Doc. n° 59	p. 797
Doc. n° 93, with two amendments / avec deux amendements,	pp. 980–989
Doc. n° 104	pp. 1028–1045
Doc. n° 105, § 5,	p. 1061
Doc. n° 119, § 5,	p. 1089
Doc. n° 136, Annex/Annexe § 1,	pp. 1117–1118
Doc. n° 137	pp. 1126–1127

1951

Doc. n° 5, §§ 53–57	pp. 56–57
Doc. n° 7	p. 136
Doc. n° 18, § 31,	p. 332
Doc. n° 25 and amendment / et amendement	pp. 425–427
Doc. n° 57, § 11,	p. 546
Doc. n° 60, §§ 33–35,	pp. 583–584
Doc. n° 78	pp. 813–816
Doc. n° 81	pp. 825–829
Doc. n° 84	pp. 833–838
Doc. n° 93 and amendment / et amendement	pp. 909–914
Doc. n° 111, § 25,	p. 1025

1952

Doc. n° 2, §§ 85–90	pp. 30–32
and Annex / et Annexe	pp. 36–38

(ii) Documents subsequent to the signature of the Convention and Protocol / Documents postérieurs à la signature de la Convention et du Protocole additionnel

1952

Doc. n° 57	procedure of ratification	pp. 769–770
Doc. n° 59	procédure de ratification	p. 773
Doc. n° 87	,, ,, ,,	pp. 927–928

1953

Doc. n° 94	procedure of ratification procédure de ratification	pp. 1–3

Doc. n° 96	relations between the Convention and the draft Statute of the European political Community rapports entre la Convention et le projet de Statut de la Communauté politique européenne	pp. 48–49 et 89–90
Doc. n° 105	(idem)	pp. 165–170
Doc. n° 122	procedure of ratification procédure de ratification	§§ 54–56, pp. 298–300
Doc. n° 131	relations between the Convention and the draft Statute of the European political Community rapports entre la Convention et le projet de Statut de la Communauté politique européenne	§ 6, pp. 350–353
Doc. n° 195	procedure of ratification procédure de ratification	p. 1046
Doc. n° 205	articles 25, 46, 63 and 66 of the Convention, 4 and 6 of the Protocol articles 25, 46, 63 et 66 de la Convention, 4 et 6 du Protocole additionnel	pp. 1145–1147
Doc. n° 215	(idem)	p. 1213

1954

Doc. n° 225	(Saar) passim, in particular (Sarre) passim, notamment	pp. 44–47 et 82–96
Doc. n° 237	articles 20–22, 37, 58, 63 and 66 of the Convention and 6 of the Protocol articles 20 à 22, 37, 58, 63 et 66 de la Convention et 6 du Protocole additionnel	§§ 47–49, p. 567–568
Doc. n° 261	articles 20–22, 25, 46, 63 and 66 of the Convention, 4 and 6 of the Protocol articles 20 à 22, 25, 46, 63 et 66 de la Convention, 4 et 6 du Protocole additionnel	p. 793
Doc. n° 272	articles 20–22, 25, 46, 63 and 66 of the Convention and 4 and 6 of the Protocol articles 20 à 22, 25, 46, 63 et 66 de la Convention et 4 et 6 du Protocole additionnel	§ 2, p. 979 et §§ 43–49, pp. 991–993
Doc. n° 280	national minorities minorités nationales	p. 1050
Doc. n° 307	article 25 article 25	pp. 1229–1232
Doc. n° 313	articles 25 and 66 articles 25 et 66	pp. 1257–1258
Doc. n° 314	national minorities minorités nationales	p. 1281

1955

Doc. n° 332	articles 21 and 22 articles 21 et 22	p. 5
Doc. n° 334	national minorities minorités nationales	pp. 44–45

Doc. n° 355	article 21 and generalities article 21 et généralités	pp. 10–11 et 19–20
Doc. n° 357	articles 21, 22, 25, 36, 46, 66 of the Convention and 6 of the Protocol articles 21, 22, 25, 36, 46, 66 de la Convention et 6 du Protocole additionnel	§§ 74–80, pp. 18–19
Doc. n° 394	article 24	
Doc. n° 414	article 25	§§ 4–5, p. 2
Doc. n° 415	articles 25 and 46 articles 25 et 46	§§ 42–44, pp. 10–11
Doc. n° 439	compatibility of the functions of member of the Commission with those of member of the Consultative Assembly compatibilité des fonctions de membre de la Commission avec celles de membre de l'Assemblée Consultative	pp. 2–4
Doc. n° 449	article 24	
Doc. n° 469	article 25	
	1956	
Doc. n° 485	articles 21, 22, 24, 25, 37, 63 and 66 of the Convention and 4 and 6 of the Protocol articles 21, 22, 24, 25, 37, 63 et 66 de la Convention et 4 et 6 du Protocole additionnel	§§ 54–62, pp. 22–24
Doc. n° 502	compatibility of the functions of member of the Commission with those of member of the Consultative Assembly compatibilité des fonctions de membre de la Commission avec celles de membre de l'Assemblée Consultative	p. 2
Doc. n° 508	national minorities minorités nationales	
Doc. n° 522	national minorities minorités nationales	
Doc. n° 540	article 15	
Doc. n° 543	articles 15, 24, 25 and 59 articles 15, 24, 25 et 59)	§§ 67–80, pp. 15–17
Doc. n° 551	national minorities minorités nationales	pp. 7–8
	1957	
Doc. n° 624	articles 15 and 24 articles 15 et 24	
Doc. n° 635	articles 15, 21, 22, 24, 25, 46 and 64 of the Convention and 6 of the Protocol articles 15, 21, 22, 24, 25, 46 et 64 de la Convention et 6 du Protocole additionnel	§§ 123–141, pp. 24–28
Doc. n° 170	articles 21, 22, 25 and 59 articles 21, 22, 25 et 59	§§ 122–129, pp. 24–26
Doc. n° 716	article 15	pp. 2–3
Doc. n° 731	national minorities minorités nationales	
Doc. n° 757	articles 25 and 46 articles 25 et 46	

3. *Texts adopted by the Consultative Assembly / Textes adoptés par l'Assemblée Consultative*

1949

Recommendation N° 38 on the concluding of a European Convention of collective guarantee of human rights Recommandation N° 38 tendant à la conclusion d'une Convention européenne de garantie des Droits de l'Homme	pp. 49–52

1950

Recommendation N° 24 on the draft Convention of Safeguarding Recommandation N° 24 sur le projet de Convention de Sauvegarde	Volume I (1950), p. 33

1951

Reply to the Report and Message of the Committee of Ministers (§ 11) Réponse au Rapport et au Message du Comité des Ministres (§ 11)	Volume II (1951) pp. 10–11
Recommendation N° 15 on the draft Protocol Recommandation N° 15 sur le projet de Protocole additionnel	Volume II (1951), pp. 58–59

1952

Reply to the Supplementary Report of the Committee of Ministers Réponse au Rapport supplémentaire du Comité des Ministres	Volume II (1952), p. 29

1953

Recommendation N° 45 relating to the draft Statute of the European Political Community Recommendation N° 45 relative au projet de Communauté politique européenne	Volume I (1953), pp. 8–14
Letter from the President of the Assembly to the President of the Committee of Ministers Lettre du Président de l'Assemblée au Président du Comité des Ministres	Volume III (1953), p. 3
Reply to the Supplementary Report of the Committee of Ministers Réponse au Rapport supplémentaire du Comité des Ministres	Volume III (1953), p. 8
Recommendation N° 52 on new measures to be taken by Member States Recommandation N° 52 sur de nouvelles mesures à prendre par les Etats membres	Volume III (1953), p. 33
Order N° 43 (interpretation of Article 21 of the Cuovention)	

Directive N° 43 (modalités d'application de l'article 21 de la Convention	Volume III (1953), p.57

1954

Reply to the Report of the Committee of Ministers Réponse au Raport du Comité des Ministres	Volume I (1954), pp. 8–9
Reply to the Supplementary Report of the Committee of Ministers Reponse au Rapport supplémentaire du Comité des Ministres	Volume II (1954), pp. 50–51
Opinion N° 12 (§ 42) (national minorities) Avis N° 12 (§ 42) (minorités nationales)	Volume II (1954), p. 71
Résolution N° 58 (competence of the European Commission of Human Rights in the matter of individual recourse Resolution N° 58 (compétence de la Commission européenne des Droits de l'Homme en matière de recours individuels	Volume II (1954), p. 111

1955

Recommendation N° 83 relating to individual petitions Recommandation N° 83 relative aux réclamations individuelles	Volume II (1955) pp. 1–2

1956

Resolution N° 96 (§ 3) compatibility of the functions of member of the Commission with those of member of the Consultative Assembly Résolution N° 96 (§ 3) compatibilité des fonctions de membre de la Commission avec celles de membre de l'Assemblée Consultative	Volume II (1956), p. 1
Recommendation N° 103 (interpretation of Article 15, § 3, of the Convention) Recommandation N° 103 (interprétation de l'article 15, § 3, de la Convention)	Volume II (1956)

1957

Recommendation N° 137 (Round Table dedicated to Human Rights) Recommandation N° 137 (Table Ronde consacrée aux Droits de l'Homme)	Volume II (1957)
Resolution N° 136 (national minorities) Résolution N° 136 (minorités nationales)	Volume III (1957)

4. *Conclusions of the Sessions of the European Commission of Human Rights / Conclusions des sessions de la Commission européenne des Droits de l'Homme.*

DH (54) 3	–	1st session –	1ère session
DH (55) 8 déf.	–	2nd session –	2ème session
DH (55) 13	–	3rd session –	3ème session
DH (55) 15	–	4th session –	4ème session
DH (56) 8 déf.	–	5th session –	5ème session
DH (56) 17	–	6th session –	6ème session
DH (57) 2	–	7th session –	7ème session
DH (57) 7	–	8th session –	8ème session
DH (57) 8	–	9th session –	9ème session
DH (57) 9	–	10th session –	10ème session
DH (57) 11	–	11th session –	11ème session

5. *Miscellaneous / Divers*

DH (55) 9 déf. – Work of the Commission relating to the drawing up of its Rules of Procedure
– Travaux de la Commission relatifs à l'élaboration de son Règlement intérieur

H (56) 2 and et H (57) 1 – Procedure and Jurisprudence of the Commission in respect of individual applications
– Procédure et Jurisprudence de la Commission en matière de requêtes individuelles.

The European Convention of Human Rights. Brochure by the Directorate of Press and Information of the Council of Europe (1952, 70 pages)

La Convention européenne des Droits de l'Homme. Brochure de la Direction de la Presse et de l'Information du Conseil de l'Europe (1952, 70 pages).

B. DOCUMENTS OF THE EUROPEAN MOVEMENT

DOCUMENTS DU MOUVEMENT EUROPEEN

1) Political and Cultural Resolutions of the Congress of the Hague (May, 1948)
Résolutions Politique et Culturelle du Congrès de La Haye (mai 1948)
2) *European Court of Human Rights*
Cour Européenne des Droits de l'Homme
Doc. INF/2/F (INF/2/E), Février 1949.
3) *European Convention on Human Rights*
Convention européenne des Droits de l'Homme
Doc. INF/S/F/R/ (INF/S/E/R/), Juillet 1949, 35 pages.

C. SELECTIVE BIBLIOGRAPHY OF PUBLICATIONS CONCERNING THE EUROPEAN CONVENTION OF HUMAN RIGHTS

C. LISTE DES PRINCIPALES PUBLICATIONS CONCERNANT LA CONVENTION EUROPEENNE DES DROITS DE L'HOMME

ADAM, H. T., Le Droit de propriété dans la Convention européenne des Droits de l'Homme, in: *Revue de Droit Public et de la Science Politique en France et à l'Etranger*, 1953, pp. 317–366.

BASTID, S., L'organisation européenne et le traitement réciproque des nationaux, in: *Revue Critique de Droit International Privé*, 1953, pp. 472 et seq.

BREITNER, F., Menschenrechtsschutz und Europäische Integration, in *Europa Archiv*, 1954, pp. 6559–6568.

BRÜGEL, J. W., Die Konvention des Europarats über die Menschenrechte, in: *Europa Archiv*, 1951, pp. 3615–3626

BRÜGEL, J. W.: "Das Zusatzprotokoll zur Strassburger Konvention über die Menschenrechte",
in: *Europa Archiv*, 1952, pp. 5137–5140.

BRÜGEL, J. W., The right to petition on international authority; in: *International and Comparative Law Quarterly*, October 1953, pp. 542–563.

BRÜGEL, J. W., Die Strassburger Vorschläge zur Sicherung der Menschenrechte; in: *Europa Archiv*, 1950, pp.2794–2800.

CARSTENS, K., *Das Recht des Europarats*. Berlin 1956, pp. 196–209.

CASSIN, R., La Déclaration Universelle des Droits de l'Homme, in: *Recueil des Cours*, 1951, II, pp. 237–367. Académie de Droit International de La Haye.

CASTAGNE, A., *Le Conseil de l'Europe et le problème de la structure politique européenne*. Thèse, Montpellier 1950, pp. 141–148.

CASTANOS & SIDJANSKI, La Convention européenne des Droits de l'Homme, in: *Journal du Droit International*, 1955, pp. 580–603.

DUPUIS, R. J., La Commission européenne des Droits de l'Homme; in: *Annuaire Français de Droit International*, Vol. III, 1957, pp. 449–477.

ECHTERHÖLTER, Die Europäische Menschenrechtskommission im Rahmen der Verfassungsmässigen Ordnung, in: *Juristenzeitung*, 1955, pp. 689–693.

ECHTERHÖLTER, Die Europäische Menschenrechtskonvention in der juristischen Praxis, in: *Juristenzeitung*, 1956, pp. 142–146.

EISSEN, M. A., La Convention européenne des Droits de l'Homme, in: Bulletin de liaison des anciens étudiants de la Faculté de Droit de Strasbourg, mars 1957.

EHRUN, EKREM, *La Convention européenne des Droits de l'Homme*, Thèse, Paris 1953.

EUSTATHIADES, C. TH., Les sujets du droit international et la responsabilité internationale – Nouvelles tendances, in: *Recueil des Cours*, 1953, III, pp. 538–539, 544, 591 et seq., Académie de Droit International de La Haye.

EUSTATHIADES, C. TH., La Convention européenne des Droits de l'Homme et le Statut du Conseil de l'Europe, in: *Die Friedens-Warte*, Vol. 52, pp. 332–361, Vol. 53, pp. 47–69.

EUSTATHIADES, C. TH., Les recours individuels à la Commission des Droits de l'Homme, in: *Mélanges Spiropoulos*, Bonn 1957, pp.111–139.

GARCIA, M. A., Las libertades individuales y su garantia, in: *Revista de Estudios Politicos*, Madrid, 1956.

GECK, W. K., Die Erschöpfung der "domestic remedies" gemäss Art. 26 der Europäischen Menschenrechtskonvention, in: *Deutsches Verwaltungsblatt* Vol. 72, No. 2, 1957, pp. 41–50.

GOLSONG, H., Die Verfahrensordnung der Europäischen Kommission für Menschenrechte, in: *Europa Archiv*, 1955, pp. 8349–8355.

GOLSONG, H., Die Entscheidung der Europäischen Menschenrechtskommission über die Beschwerde der K.P.D., in: *Neue Juristische Wochenschrift*, 1957, pp. 1349–1350.

GOLSONG, H., The European Convention for the Protection of Human Rights and Fundamental Freedoms in a German Court, in: *British Yearbook of International Law*, 1957, pp. 317–321.

GREEN, L. C., The European Convention on Human Rights, in: *World Affairs* 1951, pp. 423–444.

HEYDTE (VON DER) F. A., *Völkerrecht*, Vol. I. Cologne 1958, pp. 269–272.

HODLER, Die Freiheit der Person nach der neuen europäischen Menschenrechtskonvention; in: *Neue Juristische Wochenschrift*, 1953, pp. 531 et seq.

HORVATH, B., The European Court of Rights, in: *Österreichische Zeitschrift für öffentliches Recht*, pp. 166–191.

JESCHECK, H. H., Die europäische Konvention zum Schutze der Menschenrechte und Grundfreiheiten, in: *Neue Juristische Wochenschrift*, 1954, pp. 783–786.

KAMEL, H., La Convention européenne des Droits de l'Homme, in: *Revue Egyptienne de Droit International*, 1955, pp. 208–210.

KISS, A., Les fonctions du Secrétaire Général du Conseil de l'Europe comme dépositaire des conventions européennes, in: *Annuaire Français de Droit International*, 1956, pp. 680–688.

KOROWICZ, The problem of the international personality of individuals, in: *American Journal of International Law*, 1956, p. 561.

KYRIACOPOULOS, Zur Einwirkung der Europäischen Menschenrechtskonvention; in: *Mélanges Spiropoulos*, Bonn 1957, pp. 285–307.

LAUTERPACHT, H., *International Law and Human Rights*. London 1950, pp. 435 et seq.

LAUTERPACHT, H., The proposed European Court of Human Rights, in: *Transactions of the Grotius Society*, 1950, Vol; 35, N° 1, pp. 25 et seq.

LAUTERPACHT, E., European Convention on Human Rights – Suspension of its application to Cyprus, in: *The International and Comparative Law Quaterly*, 1956, pp. 432–434.

MENEU MONLEON, J. P., La Commision y la Corte Europeas de los Derechos del Hombre – Jurisprudencia, in: *Revista de Derecho Espanol y Americano*, Nov.–Dec. 1957, Vol. 11, No. 10, pp. 3–11.

MERLE, M., La Convention européenne des Droits de l'Homme et des Libertés fondamentales, in: *Revue de Droit public et de la Science Politique*, 1951, pp. 705–735.

MODINOS, P., *La Charte de la Liberté de l'Europe*. Brochure N° 11, Société Egyptienne de Droit International, 1951.

MODINOS, P., La Convention européenne des Droits de l'Homme, ses origines, ses objectifs, ses réalisations, in: *Annuaire Européen*, Vol. I, pp. 141–172

MODINOS, P., La Convention européenne des Droits de l'Homme, in: *Europa Aeterna*, Vol. III, 1957, pp. 140–145.

MYERS, D. P., Human Rights in Europe, in: *American Journal of International Law*, Vol. 48 (1954), pp. 299–302.

MYERS, D. P., The European Commission on Human Rights, in: *American Journal of International Law*, Vol. 50 (1956), pp. 949–951.

NONNENMACHER, G., La Convention de Sauvegarde des Droits de l'Homme, in: *Notre Europe*, 1953, N° 20, pp. 20.

OPPENHEIM, L. – LAUTERPACHT, H., *International Law – A Treatise*, Vol. I, 8ème Edition, London 1955, pp. 746–749.

PARTSCHEK, J., Die Entstehung der Europäischen Menschenrechtskonvention, in: *Zeitschrift für Ausländisches Öffentliches Recht und Völkerrecht*, 1954, pp. 631–660.

PILOTTI, M., Le recours des particuliers devant la Justice Internationale, in: *Mélanges Spiropoulos*, Bonn 1957, pp. 351–363.

ROBERTSON, A. H., Convention for the Protection of Human Rights and Fundamental Freedoms, in: *Yearbook on Human Rights for 1950*, United Nations, 1952, pp. 418–419.

ROBERTSON, A. H., The European Convention on Human Rights, in: *Yearbook on Human Rights for 1951*, United Nations, 1953, pp. 491–493.

ROBERTSON, A. H., The European Convention for the Protection of Human Rights, in: *British Yearbook of International Law*, 1950, pp. 145-163.

ROBERTSON, A. H., The European Convention for the Protection of Human Rights – Recent developments, in: *British Yearbook of International Law*, 1951, pp. 359–365.

ROBERTSON, A. H., The European Convention for the Protection of Human Rights – Recent developments, in: *British Yearbook of International Law*, 1952, pp. 452–454.

ROBERTSON, A. H., *The Council of Europe – Its Structure, Functions and Achievements*. London 1956, pp. 146–169.

ROLIN, H., Une étape marquante dans la protection des Droits de l'Homme, in: *Le Monde Diplomatique*, août 1955, p. 1 et seq.

ROLIN, H., Le rôle du requérant dans la procédure prévue par la Commission européenne des Droits de l'Homme, in: *Revue Hellénique de Droit International*, 1957, pp. 3–14.

SAUER, W., *System des Völkerrechts*. Bonn 1952, pp. 41–42.

SCUPIN, H. N., Über die Menschenrechte; in: *Mélanges Laun*, 1953, pp. 173-200.

SIBERT, M., *Traité de Droit International Public – Le Droit de la Paix*, Vol. I. Paris 1951, pp. 455–460.

SIDJANSKI, D. et CASTANOS, S., La Convention européenne des Droits de l'Homme, in: *Journal du Droit International*, 1955, pp. 580-603.

SIMON, M., Le Conseil de l'Europe et la Protection des Droits de l'Homme, in: *Revue de Droit International, de Sciences Diplomatiques, Politiques et Sociales*, Genève, 1950, pp. 30–38.

SÜSTERHENN, A., Die Europäische Konvention zum Schutze der Menschenrechte und Grundfreiheiten, in: *Deutsches Verwaltungsblatt*, 1955, pp. 753-758.

WEBER, (VON) H., Die strafrechtliche Bedeutung der europäischen Menschenrechtskonvention, in: *Zeitschrift für die gesamte Strafwissenschaft*, Vol. 65, 1953, pp. 334-350.

WEBER, (VON) H., Die Durchsetzung der Grundrechte der europäischen Menschenrechtskonvention in der innerdeutschen Strafrechtspflege, in: *Monatsschrift für Deutsches Recht*, 1955, pp. 386-389.

WEISS, C., Die Europäische Konvention zum Schutze der Menschenrechte und Grundfreiheiten, in: *Dokumente*. Forschungsstelle für Völkerrecht und ausländisches öffentliches Recht der Universität Hamburg, No. XV, 1954, Frankfurt a.Main.